التربية الخاصة
في الأردن

التربية الخاصة في الأردن

تأليف

د. أحمد نايل الغرير

2010

رقم الإيداع لدى دائرة المكتبة الوطنية
(2009/7/3326)

371.9

الغرير، أحمد نايل

التربية الخاصة في الأردن/ أحمد نايل الغرير. - عمان:

دار الشروق، 2009

( ) ص

ر. إ. : 2009/7/3326

الواصفات: التربية الخاصة//صعوبات التعلم/

• تم إعداد بيانات الفهرسة الأولية من قبل دائرة المكتبة الوطنية

يتحمل المؤلف كامل المسؤولية القانونية عن محتوى مصنفة ولا يعبّر هذا المصنف عن رأي دائرة المكتبة الوطنية أو أي جهة حكومية أخرى

ISBN 978-9957 - 00 - 422-4

- التربية الخاصة في الأردن .
- تأليف : د .أحمد نايل الغرير .
- الطبعة العربية الأولى : الإصدار الأول 2010 .

- جميع الحقوق محفوظة © .

دار الشروق للنشر والتوزيع

هاتف : 4618190 / 4618191 / 4624321 فاكس : 4610065

ص.ب : 926463 الرمز البريدي : 11118 عمان - الاردن

Email : shorokjo@nol.com.jo

دار الشروق للنشر والتوزيع

رام الله - المصيون : نهاية شارع مستشفى رام الله

هاتف 2975632 - 2991614 - 2975633 فاكس 02/2965319

Email : shorokpr@palnet.com

■ الاخراج الداخلي وتصميم الغلاف وفرز الألوان و الأفلام :

دائرة الإنتاج / دار الشروق للنشر والتوزيع

هاتف : 4618190/1 فاكس 4610065 / ص.ب . 926463 عمان (11118) الأردن

الاهداء

إلى العاملين والباحثين والقراء في التربية الخاصة

إلى كل انسـان تعـامل مع ذوي الحاجـات الخاصة

المؤلف

الفهرس

تمهيد

عندما شاهدت جلالة الملك عبدا لله الثاني بن الحسين المعظم على شاشة التلفزيون يوجه كلمة لجمع من المدعوين في الحفل الخاص لتسلم جلالته جائزة روزفلت لذوي الاحتياجات الخاصة والكلمات القيمة والعميقة التي انطلقت كنسمات طيبة تداعب الفكر والوجدان .. وكوني من المختصين في هذا المجال فقد قويت عزيمتي واشتد ساعدي واستنار فكري.. والقائد تتدفق الكلمات من بين شفتيه كأنها الدرر.. فقد هالني ما شاهدت من أفعال وما سمعت من أخبار من على الشاشة الصغيرة ومن آخر أقطار الدنيا..حول حدث اقل ما يقال عنه بأنه إنجاز نفاخر ونتباهى به أمام الدنيا..إذ كنا ونحن المختصين نقف عند أعتاب أبواب بعض من المسئولين نحثهم على أن عملنا مع ذوي الاحتياجات الخاصة عمل ذو قيمة، ولكن كنا نعود كل مرة مخيبين الآمال.. أما وقد رأيت القائد العظيم يقف هذا الموقف ويتحدث عن هذا الإنجاز وبتسلم هذه الجائزة .. فقد أذهلني بحق هذا الموقف وهو ليس بجديد على جلالة الملك المعظم فهو صاحب الزيادة والحداثة والمواقف المشرفة.. موقف يرد الروح ويلهم الفكر ويغذي الوجدان.. لأجد نفسي- ارفع سماعة الهاتف على بعض من زملاء في الاختصاص وأزف لهم البشرى ونطالع الصحف وندعو طلبتنا في التربية الخاصة للتعرف على هذا الإنجاز العظيم، ونجمع المادة والصور والخطاب لنجد أن الجميع يعيش لحظات النشوة للانتصار الذي حققه سيدنا لهذه الفئة من أبناء المجتمع الأردني..إن الأمانة تقتضي بان نفاخر بإنجازاتنا على هذا المستوى ومع هذه الفئة

فحري بنا أن نفاخر بجميع ما أنجزنا في هذا الوطن وان نرفع هاماتنا عالية لتبقى الراية خفاقة وتعتلي مع كل إنجاز لبناء وطننا وطن العزة والسؤدد والعيش الأمن الكريم ..

يشرفني أن أتقبل هذه الجائزة نيابة عن جميع الأردنيين بمن فيهم ذوي الاحتياجات الخاصة الذين يعملون بنجاح كبير لتحسين حياة ذوي الاحتياجات الخاصة ومستقبلهم.. يجول في خاطري اليوم بشكل خاص ذكرى مرور ستين عاما على فجيعة العلم برحيل فرانكلين ديلانو روزفلت والتي ستحل خلال بضعة أسابيع .

ويثني جلالته على مؤسس الجائزة بالقول:

هذا الرجل الذي انطلق من شلل قدميه ليصبح نصيرا للحرية العالمية.. وبالمعنى الأوسع فقد أدرك روزفلت انه إذا أريد لهذه الأرض أن تزدهر وتنمو أحوالها فأنه يتوجب أن يتمتع جميع الناس بحرية الوصول إلى الوعد.. لقد عمل روزفلت على إيجاد حياة أفضل ليس لنفسه أو لوطنه فحسب بل لأبناء العالم كله. إن الذين يعملون منا في هذه الأيام من اجل التنمية والإصلاح العالميين يحتذون بنموذج روزفلت .. إننا نعلم أن على المجتمعات الحرة والناجحة تفتح أبواب الفرص والأمل للجميع لان لكل شخص الحق في أن يعيش حياته على أفضل نحو ممكن ولكل شخص دور يسهم من خلاله بخدمة وطنه.

ويتحدث جلالته عن التربية الخاصة في الاردن ويقول:

تشكل هذه الفلسفة محور التزام الأردن نحو ذوي الاحتياجات الخاصة وهو التزام يبدأ بالعمل المخلص من قبل أناس كثيرين.. واستذكر هنا أولا وقبل كل شيء والدي المغفور له الملك الحسين طيب الله ثراه ورسالته الخالدة بان الإنسان الأردني هو اغلى ما نملك كما اذكر مسؤولي القطاع العام المخلصين والعاملين في المنظمات غير الحكومية وكذلك المواطنين العاديين الذين يقومون بمبادرات هائلة في هذا المجال.

لقد كان قانون رعاية المعوقين الذي أصدره الأردن في عام 1993 معلما رئيسيا بارزا .. فهذا القانون يؤكد على حق المواطنين من ذوي الاحتياجات الخاصة في المجتمع.. واسسس المجلس الوطني لرعاية المعوقين وهذا المجلس يضم في صفوفه قادة من كافة شرائح المجتمع الذين يتحدثون باسم ذوي الاحتياجات الخاصة ويسعون لتلبية احتياجاتهم وضمان حقوقهم.. وقد أسفر العمل العظيم الذي يقوم به المجلس الوطني عن برامج عديدة لتشخيص مشكلات المواطنين من ذوي الاحتياجات الخاصة والعمل على وضع الحلول المناسبة لها.

أما بخصوص البرامج والخطط التنموية ذات العلاقة بالمعوقين فيقول جلالته:

واسمحوا لي أن اضرب بضعة أمثلة فهناك برامج جديدة للكشف المبكر واستشارات جينية جديدة بأدوية متطورة وبطاقات تأمين صحي مجاني لذوي الاحتياجات الخاصة ومرافق تعليمية مصممة خصيصا لهم ومواصفات بناء جديدة وتعليم جامعي مع الإعفاء من دفع تسعين بالمائة من الرسوم للأردنيين من ذوي الاحتياجات الخاصة الذين يجتازون امتحان شهادة الدراسة الثانوية ووحدة تنفيذ خاصة تشرف على فرص العمل وتوفير لغة الإشارة خلال نشرات الأخبار

11

المحلية التلفزيونية وفي المساجد خلال صلاة الجمعة وهناك قيد الإنشاء مركز تدريب وطني لإعادة تأهيل المجتمع المحلي .

ويشير جلالته على المستوى العالمي والنهضة التي يشارك بها الأردن بالقول:

لقد انضم الأردن أيضا إلى المجتمع الدولي في دعم النشاطات الرياضية وكنا فخورين جدا بمشاركة الأردن في اللعاب شبه الاولمبية لذوي الاحتياجات الخاصة التي أقيمت مؤخرا في أثينا.

لا بد من القول أن البلدان النامية تواجه تاريخيا تحديا خاصا في مساعدة ذوي الاحتياجات الخاصة إذ يبدو من الصعب على الاقتصاديات الضعيفة تلبية الاحتياجات الاستثنائية من رعاية صحية وتعليم متخصص والاستيعاب في المجتمع وأماكن العمل والخدمات المناسبة الكافية للنقل والاتصال كما يمكن أن يؤدي الضرر الذي يحدثه الصراع الإقليمي إلى إعاقة التقدم.

إن نهج الأردن إزاء ما يواجهه من تحديات هو الاستثمار في مكامن قوتنا فنحن مقتنعون بأن نهجا شاملا إزاء التنمية والإصلاح يسهم في تقدم المجتمع بأسره لذلك التزمنا بضمان أن تكون أنظمتنا الاجتماعية والتربوية والاقتصادية مفتوحه أمام مواطنينا من ذوي الاحتياجات الخاصة.

لا كن لا يمكن لآي بلد وحده أن يحقق النجاح في هذا العالم المترابط وفي الوقت الذي نمضي فيه قدما فأننا نسعى إلى دعم جميع أعضاء الأمم المتحدة في صياغة اتفاقية حول حقوق ذوي الاحتياجات الخاصة، دعونا نتكاتف من اجل تحقيق هذا الهدف المشترك وان ننظر إلى الأمر باعتباره قضية ملحة إلى أقصى درجة.

ويختتم جلالته كلماته في هذا الخطاب بالاشارة إلى كل من يساهم من أجل

الانسانية بالقول:

أود أن اغتنم هذه الفرصة للتعبير عن تقديري العميق لجميع الأردنيين الذين حظي عملهم بالتقدير بمنحهم الجائزة في هذا اليوم ومن بينهم عدد كبير من المسئولين الحكوميين والبرلمانيين وكثير من الأفراد بمن فيهم أمراء من عائلتي ممن عملوا بقلوب صادقة وبذلوا أقصى ما لديهم من جهد على مدى عقود عديدة خدمة لهذه القضايا.

لابد لي أن أعرب عن اعترافي بفضل كثير من ممثلي المجتمع الدولي المخلصين والمنظمات غير الحكومية واعتقد أننا استلهمنا ديناميكية اللورد موريس من مانشستر وعمله الجاد وهو الرائد في حقوق ذوي الاحتياجات الخاصة .. وأود أن اخص بالشكر رئيس اللجنة العالمية لذوي الاحتياجات الخاصة ألان رايخ والسفير وليم فاندن هوفل من مؤسسة فرانكلين ديلانو روزفلت وأفراد عائلة روزفلت البارزين والأمين العام للأمم المتحدة كوفي عنان وفريقه.

أيها الأصدقاء.. لقد اعتبر فرانكين ديلانو روزفلت في عام 1931 دعم ذوي الاحتياجات الخاصة بأنه قضية كبرى وواحدة من أعظم قضايا الإنسانية وهي اليوم قضيتنا والأردن يفخر بكونه جزءا من تلك الجهود.. إننا ندعو الجميع للانضمام ألينا للعمل من اجل مستقبل حافل بالفرص والأمل.

المؤلف

مقدمة الموضوع

"عندما يتعلق الأمر بالمعوقين أو الأسوياء أو بالاثنين معاً، فإن ذلك يتطلب منا جميعاً أن نعمل بجد ومثابرة من أجل منظومة إنسانية سليمة"

أن أبدأ بهذا القول، فهذا حمل ثقيل على أي إنسان باستطاعته أن يؤديه، ولكن، هي نفسي راودتني منذ زمن ليس ببعيد أن أرددها بين الحين والآخر، وجاءت مناسبة كتابي هذا لاستشهد بها، فعسى أن تكون مدخلاً مباشراً إلى موضوع كتابي، ودون إبطاء، إنها كلمات جاءت على هذه الصورة لتبقى رؤية وشهادة وتحليلاً واقعياً لما سوف أدلي به عبر صفحات الكتاب.

فالإنسان – أي إنسان – سواء أكان عادياً أو غير عادي هو إنسان، مشاعر وأحاسيس وانفعالات، دم ولحم، والروح هي الروح، والقلب هو القلب، ولا فرق بين العاديين وغير العاديين إلا بالدرجة وليس النوع، فالذكاء صفة تتغير بين فرد وآخر، فهذا ذكي وذاك أقل ذكاء وآخر متدن في الذكاء، هذا ضعيف وذاك قوي، وهذا معوق بصرياً وذاك معوق حركياً وآخر أكثر تخلفاً، ولكنهم في النتيجة بشر، والإنسانية سيان عند المعوق أو العادي، فجميعهم يبكون ويشكون، يتألمون ويفرحون ويحزنون، وإن كان ثمة فروق في شدة الإعاقة ودرجتها ونوعها، فالاختلاف هو درجة الذكاء أو شدة السمع أو قوة البصر أو نوعية الاضطراب الانفعالي وشدته أو ميكانيكية التنقل والحركة، وما العناصر الأخرى في الحياة المادية وغير المادية إلا أدوات يمكن توظيفها لخدمة جميع هؤلاء.

فإذا لماذا نحاول دائماً أن نبحث عن هؤلاء؟

ولماذا نعمل من أجلهم؟ ولماذا نتحدث هكذا؟

هل من دافع يدفعنا من أجل ذلك؟ أم أن إنسانية الواحد منا هي التي تدفعه للعمل مع هذه الفئات؟

أقول نعم! ونعم! إنها إنسانية الإنسان التي تدفعه لهذا الاتجاه، إنسانية الرسالة التي بعث بها الله الإنسان إلى الأرض، فالعمل مع فئات المعوقين أجمل رسالة في الحياة، رسالة إنسانية وأخلاقية ... تتمثل في مدى التفاعل الإنساني ومد يد العون والمساعدة للمعوقين وإنقاذهم، ومن باب الحقوق والواجبات الإنسانية والمواطنة الصالحة، لا من باب الشفقة والعطف، إذ تحتم علينا أخلاقنا الدينية النابعة من الدين الحنيف والعقيدة السمحة أن نعمل مع المعوقين بكل صدق وأمانة واخلاص، وهي رسالة اجتماعية ثقافية.. تتمثل في دمجهم في المجتمع والبيئة التي يعيشون فيها، وتعليمهم وتثقيفهم وإرشادهم وتوعيتهم وأسرهم، وبيان الصورة الجميلة والواضحة عن واقع العمل معهم والاهتمام بهم، فالمجتمع - أي مجتمع - الذي يولي أفراده المعوقين اهتماماً مميزاً هو بالتأكيد مجتمع ميز ثقافياً واجتماعياً وسياسياً وفكرياً من منطلقات رعايته واهتمامه وتكريمه للإنسان. والعمل مع المعوقين رسالة اقتصادية ... تتمثل في مدى تحقيق الفائدة والنتاج والمردود الاقتصادي نتيجة تدريبهم وتعليمهم وتأهيلهم وبالتالي تهيئة الظروف المعيشية المناسبة لهم، وتشغيلهم ليصبحوا أعضاء منتجين في المجتمع، يشاركون في مسيرة البناء، وعناصر رفد للقوى العاملة البشرية والإنتاج ضمن ما يتوفر لديهم من قدرات وإمكانات تدريبية ومهنية، وإسهامهم في بناء مقدرات الوطن والإنسان، وهذا يتطلب دعماً مستمراً وكافياً من كافة القطاعات التنموية في المجتمع والعمل على دعم المؤسسات القائمة على تدريبهم.

والعمل مع المعوقين رسالة فكرية وتاريخية وعلمية، تمتزج فيها الجغرافيا والتاريخ وعلم الاجتماع وعلم النفس وكافة العلوم الأخرى ... ويتمثل ذلك في مدى الحرص والاهتمام على مدى التاريخ بفئات المعوقين وفي كافة أقطار العالم، إضافة إلى اهتمام العلماء والباحثين والدارسين بهذه الفئات، وإنتاج الكثير من المواد الفكرية والمؤلفات والبحوث ذات العلاقة بالمعوقين.

وبعد، تبقى التساؤلات مطروحة، ما التربية الخاصة؟ وما الإعاقة؟ ومن هم المعوقين؟ هل هم المعوقون عقلياً؟ سمعياً؟ حركياً؟ بصرياً؟ انفعالياً؟ أم أنهم جميع هؤلاء؟ وأمام هذه التساؤلات تبرز قضايا ومشكلات، لا بد من السعي لحلها.

وتبرز تساؤلات أخرى حول موضوع الإعاقة، هل الإعاقة مرض؟ أم واقعة اجتماعية ترتبط ببنية الأسرة؟ أم بظروف محيطة مادية واجتماعية ونفسية ... الخ؟ ونتساءل: هل يجوز أن يبقى الإنسان المعوق في المنزل محجوراً عليه؟ أم ينطلق ليشق طريقه ويعيش ضمن المدرسة والمجتمع؟

هي تساؤلات، ما زالت قائمة، قد نملك الإجابة على بعضها ولكن من يملك الإجابة على البعض الآخر؟ من المسؤول عن كل هذا؟

هل هي مسؤولية الأسرة؟

هل هي مسؤولية المجتمع؟

هل هي مسؤولية الدولة؟

أم هي مسؤولية هؤلاء جميعاً؟

وللإجابة ، أقول: لا يمكن أبداً من تحميل المسؤولية لطرف دون الآخر، فالجميع يتحملون المسؤولية تجاه المعوقين، ولكن إلى متى تبقى الحال على ما نرى؟ ولماذا يبقى الموضوع قائماً على ما هو عليه: وأين يكمن الحل؟ ومن

أصحاب السلطة والقرار؟ إنها أسئلة تحتاج إلى إجابة شافية لصدور الآباء والأمهات التي تمتلئ حسرة قلوبهم .. وقهراً صدورهم .. يبكون ليلهم ونهارهم .. ويندبون حظهم العاثر وهم يرون فلذات أكبادهم يموتون ببطء بين أيديهم وأمام أعينهم.

عل كل حال، ليست هذه القضية الوحيدة فقط، فهناك قضايا ومشكلات أكثر عمقاً، وأوسع جرحاً، فلماذا نجد في مستشفيات الأمراض العقلية (النفسية) وجنباً إلى جنب معوقين عقلياً؟ ولماذا نجد في دور الرعاية والمسنين عجزة معوقين عقلياً وإنفعالياً وسمعياً وبصرياً وحركياً؟ ولماذا نجد في مراكز الأحداث والنزلاء والسجون معوقين إنفعالياً وعقلياً وسمعياً وبصرياً وحركياً؟

ماذا يعني هذا؟ هل يعني موتاً رمزياً لكل هؤلاء؟

لماذا نجد أنفسناً وجهاً لوجه مع أطفال معوقين في مدارسنا دون رقيب أو رعاية أو عناية؟

ولماذا نجد أنفسنا أمام أسوياء غير متكيفين انفعالياً واجتماعياً في مدارسنا ومراكزنا ومؤسساتنا؟ ولماذا نجد أنفسنا أمام معاق عقلياً في مجتمع مرفوض؟ في حين نجده في مجتمع آخر مقبولاً؟ لماذا ؟ أسئلة كثيرة تتنتظر الإجابة.

كل هذه ونحن نقف على أعتاب القرن الحادي والعشرين، والتحديات ما زالت قائمة ورهيبة، إنها تحديات مئات الألوف من المعوقين بدون خدمات، ورغم التحديات التي أوصلت الإنسان إلى غزو الفضاء، والبحث عن أسرار الحياة، والوقوف على قمة التحديات التكنولوجية والعلمية وما أنتجته من وسائل إلا أنها ما زالت عاجزة ومتعثرة في التفاعل والتعامل مع تحدي من نوع آخر، تحدي إنساني عجز عنه السلف وامتد إلى الخلف، وبدا مع بداية الحياة، ولن ينتهي إلا مع نهاية الحياة، بدون مواجهة حقيقية لمثل هذا التحدي، ألا وهو الإعاقة، فرغم

عهد الليزر والاتصالات الفضائية الرهيبة وتطور الطب فإن المعوق ما زال يجد نفسه شـاذاً وغريباً، ويبدو مكافحاً لينفي عنه الصورة السيئة التي انطبعت في أذهان الناس، وما هـي إلا صورة من صنع الإنسان، خاتماً قولي ... كان الله في عون المعوقين وأسرهم آباء وأمهات وأشقاء ومربين ومربيات.

و الله من وراء القصد

المؤلف

1

الفصل الأول

التربية الخاصة في الأردن

" التربية الخاصة هي الطريق الذي يقود إلى بر الامان ويحمي المعوقين

ويحقق لهم جزءا من حقوقهم في الحياة "

من الملحوظ أن مفهوم التربية الخاصة يتغير تغيراً دائماً مثله مثل مفهوم التربية والتعليم التي تعد مفاهيم متغيرة في ضوء ما يستجد من أحداث ويطرأ من تغيرات على صعيد السياسة التربوية في المجتمع، وما يستحدث من نظريات في شتى ميادين العلوم الإنسانية مثل التربية وعلم النفس وعلم الاجتماع وغيرها من العلوم الانسانية والتطبيقية.

ومن هذا المنطلق فإن التربية الخاصة خضعت لتطورات غير عادية وواسعة جنباً إلى جنب مع تطور العلم والحياة، إذ أولت الكثير من دول العالم المتقدمة منها ودول العالم الثالث - الساعية إلى التقدم - موضوع التربية الخاصة كل العناية والاهتمام من أجل بناء منظومة شاملة في تربية وتدريب الأفراد المعوقين بمختلف فئاتها، وكان للولايات المتحدة وبريطانيا وفرنسا والسويد وغيرها من الدول أن أخذت زمام السبق والمبادرة في سن التشريعات وتوفير الخدمات والبرامج التي تسهم في منح الحقوق للأفراد المعوقين، وأولت تلك الدول موضوع التربية الخاصة أهمية ضمن خطط وبرامج التنمية المستمرة في سبيل خدمة الإنسان.

وبالرغم من أن مفهوم التربية الخاصة كان يقتصر على تصنيف فئات الأفراد المعوقين عقلياً وسمعياً وبصرياً وحركياً، إلا أنه بدأ أن التركيز أصبح يتجه نحو العمليات التربوية والخصائص النفسية والخدمات الاجتماعية الممكن أن نميز من خلالها العمل مع هذه الفئات، إضافة إلى أن المفهوم الخاص بالتربية الخاصة أخذ يتسع ليشمل فئات أخرى في المجتمع مثل المعوقين انفعالياً وذوي الاحتياجات الخاصة من فئة بطء التعلم وصعوبات التعلم والموهوبين.

23

وهنا يمكن الإشارة إلى أن الفئات التي أصبحت تشملها التربية الخاصة هي ما يلي:-

أولاً: المعوقون عقلياً.

ثانياً: المعوقون سمعياً.

ثالثاً: المعوقون بصرياً.

رابعاً: المعوقون حركياُ.

خامساً: المعوقون انفعاليا.

سادساً: ذوو الاحتياجات الخاصة (صعوبات التعلم وبطء التعلم واضطرابات النطق والكلام).

سابعاً: الموهوبون.

أن هذا التقسيم جاء في ضوء ما توصل إليها العلماء والباحثين من خلال دراساتهم وقناعاتهم بضرورة إدخال فئات مختلفة تحت مظلة التربية الخاصة حتى أنها شملت في بعض الأحيان ووفق التعريف الحديث للتربية الخاصة إلى شمول غالبية أفراد المجتمع، ومع قناعتي التامة بأن مفهوم التربية الخاصة يشمل جميع الفئات السابقة باستثناء "الموهوبين" التي يمكن عدها فئة مستقلة خارج الإطار الشامل للتربية الخاصة للفئات ذات الحاجات الخاصة من المعوقين، فإن المفاهيم العالمية تؤكد حالياً أن هناك التربية العادية لفئات الأفراد العاديين، والتربية الخاصة لفئات الأفراد المعوقين، فأنه يمكن إيجاد التربية المتميزة للموهوبين بوصفهم فئة متميزة وقادرة على الإبداع والتطور والخلق والابتكار ، وان هذا التقسيم لا يعني التمييز بقدر ما هو فتح مجال اخر وباب جديد في العلوم.

ويعود ظهور مفهوم التربية الخاصة في العالم إلى بدايات القرن العشرين

وتحديداً في الأربعينات، إذ ظهر قانون التربية الخاصة ذو الرقم 142/94 في الولايات المتحدة الأمريكية وقانون التربية الخاصة في بريطانيا عام 1944، والتي يمكن عدها عنصراً أساسياً في تطور مفهوم التربية الخاصة في دول العالم، حيث أسهمت هذه القوانين وغيرها في إيجاد إسناد قانوني للأفراد المعوقين يرتكزون عليه لتحصيل جزء من حقوقهم، التي قضت بنودها ضرورة تعليم الأطفال المعوقين وتدريبهم بوصف ذلك حقاً من حقوقهم في الحياة.

ويذكر هنا جوتلب (Gottlib, 1974) أن ثمة عوامل أدت إلى ظهور مفهوم التربية الخاصة في الولايات المتحدة وهي:-

1. تطور مناهج الدراسة وخاصة المناهج الفردية (الخطة التربوية الفردية (IEP)).

2. حصول الأقليات الأمريكية على مزايا مختلفة عن غيرها.

3. دراسات جدوى تعليم المعوقين في المدارس الخاصة أكثر أهمية من تعليم هؤلاء مع العاديين في المدارس العامة.

ويشير هيجارتي (Hegarty, 1981) إلى مجموعة من العوامل التي أدت إلى ظهور مفهوم التربية الخاصة وهي:-

1. ردود فعل بعض المجتمعات الداعية إلى ضرورة فصل الطفل المعاق عن الطفل العادي وتوفير مدارس خاصة ترعى هذه الفئات.

2. تطور عملية القياس والتقويم التي أدت إلى نتائج ترتب عليها ضرورة توفير برامج لهؤلاء الأطفال.

3. الاهتمام المتزايد بحقوق الإنسان، وعد المعوقين فئة من المجتمع يجب صون حقوقها

25

4. خبرات الدول المختلفة في العالم ساهمت بشكل عام في تطور مفهوم التربية الخاصة.

ومع التطورات التي شهدها العالم في مجالات العلم المختلفة فقد ظهرت الحاجة الفعلية والماسة إلى تطوير برامج وتوفير خدمات التربية الخاصة لإحداث توافق وتلائم مع النظريات المختلفة والجديدة في علم النفس والتربية والسلوك.

وقد أخذ مفهوم التربية الخاصة يتطور تطوراً متسارعاً، فبعد أن كان يقتصر على تصنيف الفئات الخاصة، أصبح أكثر شمولية واتساعاً بحيث أصبح يشمل مجموعة الخدمات التربوية المنظمة والمتخصصة التي تقدم لفئة من الأفراد الغير عاديين بهدف مساعدتهم على التكيف وتنمية قدراتهم إلى أقصى حد ممكن، وهذا ما أشار إليه العالم كوفمان (Kauffman,1981).

وتعرف الخدمات الرئيسية في التربية الخاصة والخدمات المصاحبة (Related Services) هي مجموعة الخدمات الإضافية والضرورية لتمكين المعوقين من الاستفادة من برامج التعليم الخاص (الفردي)، وقد اشتملت فقرة (P1) من قانون رقم 142/94 الأمريكي على تعريف هذه الخدمات ومنها (العلاج الطبيعي، الخدمات النفسية والإرشادية والتشخيص والتقييم والعلاج النطقي والتدريب السمعي والتدريب المهني والكشف المبكر للإعاقة والمواصلات ... وغيرها من الخدمات الهادفة والمناسبة لطبيعة الإعاقة ونوعها.

ولا بد هنا من الإشارة إلى أن أقدم الخدمات التي كانت تقدم للمعوقين، كانت تتم من خلال مراكز الإقامة الدائمة، التي انطلقت فكرة إنشائها من كون المعوقين مصدر إزعاج للمجتمع ويجب عزلهم، إذ تعد هذه إحدى الانتقادات الرئيسة التي وجهت لمثل هذا النمط من الخدمات، الذي أدى فيما بعد إلى ظهور نمط آخر من الخدمات عرف بمدارس ومراكز خاصة نهارية، حيث يشغل

الطفل فيها جزء من وقته في تلقي البرامج والتدريب ويعود بعد ذلك على منزله، ثم تطور الأمر، وظهر نمط آخر من الخدمات يُعرف بصفوف ملحقة بالمدارس العامة الذي يعد نمطاً يسعى من خلاله إلى تحقيق فكرة الدمج، إذ يساعد هذا النمط فئات التربية الخاصة من صعوبات التعلم وبطء التعلم والإعاقة السمعية والبصرية والإعاقة العقلية البسيطة على حل مشكلاتهم.

ثم ظهرت أنماط أخرى تمثلت في الدمج الاجتماعي والدمج الأكاديمي والدمج الوظيفي وتعد من الأفكار الحديثة للتربية الخاصة التي يتم من خلالها دمج المعوقين في المدارس العامة وإشراكهم في النشاطات المدرسية وتلقيهم نفس النمط التعليمي والمنهج الدراسي للعاديين وإشراكهم وتفاعلهم ضمن المجتمع المحلي وضمان حقوقهم في العمل والوظيفة المناسبة والمشاركة الاجتماعية الشاملة سعياً إلى تحقيق الاستقلالية وتكوين الأسرة للقادرين على التعايش والزواج والإنجاب.

إضافة إلى ذلك تطورت الخدمات الإرشادية النفسية والأسرية الموجهة نحو المجتمع بهدف مساعدة الأفراد المعاقين وأسرهم في فهم الحياة الأسرية ومسؤولياتها لتحقيق الاستقرار والتوافق وحل المشكلات الناجمة عن الإعاقة، كذلك تطورت خدمات التشخيص والتقييم المتخصصة الهادفة على الحكم على حالة الطفل المعاق بعملية قياس تكاملية وشاملة للجوانب العقلية والجسمية والنفسية والاجتماعية والتربوية، وهذه تؤدي إلى تحديد مستوى الأداء الحالي والمكان المناسب ونوعية الخدمات الممكن تقديمها للفرد المعاق، وعادة ما تتم عملية القياس والتشخيص من خلال فريق متعدد التخصصات.

إضافة الى أن هناك الخدمات المصاحبة كالعلاج الطبيعي والعلاج النطقي وحل المشكلات السلوكية وغيرها من الخدمات التي برزت بصورة مستمرة

27

ومتطورة في مجال التربية الخاصة ومفاهيمها التي أخذت تحتل مكانة مميزة ومتميزة بين العلوم الإنسانية باعتبارها تمس مباشرة واقع حياة الفرد المعاق.

وفي السنوات الأخيرة، بدأت الدول تنتهج سياسة جديدة يتم من خلالها التركيز على الكشف عن الإعاقة والتدخل المبكر في رسم السياسة التربوية والتعليمية والنفسية والاجتماعية للطفل المعاق لما له من أهمية في اختصار للوقت والجهد وتنمية لقدراته ومهاراته المختلفة.

وللحديث عن مفاهيم التربية الخاصة لا بد من الإشارة إلى فئات الإعاقة المختلفة وإعطاء صورة واضحة عنها، وفيما يلي تعريف موجز بالفئات الأساسية للإعاقة وهي:

أولاً: الإعاقة العقلية (Mentally Retardation)

الشخص المعوق عقلياً هو كل فرد ينخفض أداءه عن المتوسط في اختبار ذكاء مقنن بمقدار انحرافين معياريين أو أكثر، يصاحبه قصور في السلوك ويظهر في مراحل العمر النمائية الممتدة من الولادة حتى سن الثامنة عشرة.

ويصنف المعوقين عقلياً حسب شدة إعاقتهم إلى الفئات التالية:-

- المعوق عقلياً بدرجة بسيطة ""mild وتقع درجة ذكائه بين (55-70) حسب مقياس ستانفورد بينيه.
- المعوق عقلياً بدرجة متوسطة ""Moderate. وتقع درجة ذكائه بين (54-40).
- المعوق عقلياً بدرجة شديدة ""Severe وتقع درجة ذكائه بين (25-39).
- المعوق عقلياً بدرجة شديدة جداً "اعتمادي" وتقع درجة ذكائه دون (24).

ثانياً: صعوبات التعلم (Learning Disabilities):

صعوبات التعلم هي اضطراب في واحدة أو أكثر في العمليات النفسية الأساسية ذات الصلة بفهم اللغة المكتوبة أو المنطوقة، ويعبر عن تلك الصعوبات بعدم القدرة على الكتابة أو الاستماع أو القراءة أو التهجئة أو الحساب.

ثالثاً: الإعاقة السمعية: (Hearing Impaired)

المعوق سمعياً هو كل فرد يعاني قصوراً أو عجزاً في قدرته السمعية يعيق أداءه التعليمي أو المهني أو فرص تفاعله مع المثيرات البيئية والاجتماعية وتشمل الإعاقة السمعية الصمم وضعف السمع.

رابعاً: الإعاقة البصرية:(Visual Impaired)

المعوق بصرياً هو كل فرد يعاني قصوراً أو عجزاً في قدرته البصرية يعيق أداءه التعليم أو المهني أو فرص تفاعله مع المثيرات البيئية والاجتماعية ويحد من قدرته على الانتقال، ويصنف المعوقون بصرياً إلى فئتين ضعيف البصر والكفيف.

خامساً: الإعاقة الحركية: (Motor Impaired)

المعوق حركياً هو كل فرد يعاني قصوراً أو عجزاً جسمانياً أو حركياً يؤثر في فرص تعليمه أو عمله أو انتقاله مما يستدعي إدخال تعديلات تربوية أو بيئية وتوفير أجهزة ووسائل مساعدة ليتمكن من التعلم والعمل والعيش، وتشمل الإعاقة الحركية حالات الشلل الدماغي وشلل الأطراف العليا والسفلى وبتر الأطراف وضمور العضلات وحالات الصرع .. الخ.

سادساً: الإعاقة الانفعالية: (Emotional Impaired)

المعوق انفعاليا هو كل فرد يظهر أنماطاً من السلوكيات غير المناسبة أو مشاعر

وعواطف غير عادية في المواقف العادية، مما يعيق قدرته وقدرة من حوله على القيام بوظائفهم بطريقة مناسبة، وغالباً ما يتم الحكم على السلوك الذي يظهره الشخص بأنه غير عادي أو منحرف عن العادي بناء على تكراره أو شدته أو مدته أو شكله.

مبادئ التربية الخاصة:

تستند التربية الخاصة إلى جملة من المبادئ التي يجب مراعاتها إذا كنا نسعى إلى إعداد برامج التربية الخاصة إعداداً فاعلاً وتشمل هذه المبادئ ما يلي:

أولاً: تعليم الأطفال ذوي الحاجات الخاصة في البيئة التربوية القريبة من البيئة العادية، فالتربية الخاصة تنادي بعدم عزل المعوق عن المجتمع، وهذا ما يسمى بالدمج، الذي يتضمن توفير بدائل تربوية بعيداً عن الحياة المعزولة في مؤسسات خاصة وقد يكون الدمج أكاديمياً أو اجتماعياً.

ثانياً: تقدم التربية الخاصة برامج تربوية فردية وتتضمن تحديد مستوى الأداء الحالي وتحديد الأهداف طويلة المدى وقصيرة المدى وتحديد معايير الأداء الناجح والمواد والأدوات اللازمة وتحديد موعد البدء بتنفيذ البرنامج وموعد الانتهاء.

ثالثاً: توفير خدمات التربية الخاصة للمعوقين يتطلب وجود فريق متعدد التخصصات ويشمل الفريق: معلم التربية الخاصة والمعالج الطبيعي والمعالج الوظيفي والأخصائي النفسي ومشرف التربية الرياضية وأخصائي النطق واللغة واخرين حسب الحاجة.

رابعا: انسنة التربية الخاصة للتعامل في برامجها من خلال المختصين واعتبارها تمس الجانب الإنساني للفرد ذو الحاجة الخاصة وتقدم له على إشكال عديدة تحفظ له كرامته وتعزز من مكانته ودوره في الانخراط بالبرامج والأنشطة المدرسية والاجتماعية، مما يشكل لغة جديدة وإنسانية في التعاملات العديدة مع ذوي الاحتياجات الخاصة من قبل الإطراف المتعاملة كافة.

2

الفصل الثاني

تطور التربية الخاصة
في الأردن

" التنمية الشاملة هي التي لا تغفل الإنسان أيا كان والتطور الذي

لا يرافقه تغيير لا يعد تطورا "

مقدمة:

إيماناً بأهمية التربية الخاصة والتعليم للجميع، وانطلاقا من المادة السادسة من الدستور الأردني واستناداً إلى التشريعات الخاصة بالمعوقين التي تضمنها القانون ذي الرقم (12) لسنة 1993 وقانون الأشخاص المعوقين رقم(31) لسنة 2007 وما ورد في الميثاق الوطني الأردني 1990، فقد ضمنت جميعها للإنسان المعوق جزءاً من حقوقه في التعليم والتدريب والتشغيل والحياة الكريمة، مما عكس مدى حرص الدولة الأردنية على ضرورة الاستمرار في تقديم أفضل الخدمات للمعوقين باعتبارهم الفئة الأقل حظاً في المجتمع.

وقد شهدت التربية الخاصة في المملكة الأردنية الهاشمية تطوراً هائلاً وكبيراً خاصة في العشرين سنة الأخيرة من القرن العشرين وبدايات القرن الحادي والعشرين، وتحديداً بعد إعلان الأمم المتحدة عام 1981 عاماً دولياً للمعاقين، وما انبثق عنه من توصيات مهمة تسهم في العمل لرفع مكانة المعوقين حتى أصبحت الأردن في طليعة الدول العربية، لا بل دول العالم الثالث، وذلك لما أبدته من اهتمام خاص ومحدد وملموس في إبراز قضية الإعاقة كإحدى القضايا الاجتماعية الهامة التي يتطلب العمل الجاد والحقيقي من أجلها وإعادة صياغة التوجهات ورسم السياسات بما يتلاءم مع تقديم أفضل البرامج والخدمات التربوية والتدريبية والإرشادية والرعاية المؤسسية للأفراد المعوقين كافة، وفق قدراتهم متفاعلين وعاملين منتجين في المجتمع الذي يعيشون فيه، وفقاً لنظرة متساوية ومتعادلة ورؤية واضحة وخطط متوازية نحو بناء الإنسان الأردني فوق التراب الأردني بكل عزة وإباء وشموخ.

ومع شح الموارد والعبء الكبير الذي تتحمله الدولة الأردنية تجاه مواطنيها وما يرتبط منه بفئات التربية الخاصة وارتفاع كلفة العمل معهم ومحدودية مصادر الدعم، فإن الدولة عملت جاهدة تحث الخطى وبسعي دءوب من خلال مؤسسات رسمية وتطوعية بإبلاء موضوع الإعاقة والمعوقين كل العناية والاهتمام.

فبدءاً من ثلاثينات القرن العشرين شهدت الأردن اهتماماً بالمعوقين، والذي كان بتأسيس أول مدرسة للمكفوفين في القدس عام 1938/1939 سميت المدرسة العلائية التي تعنى بشؤون المكفوفين، وقد تسارع الاهتمام بالمعوقين وتطورت الخدمات التربوية والعلاجية وتتابعت مسيرة البناء في عقود الستينات والسبعينات والثمانينات، حيث ظهرت المدارس والمراكز والمؤسسات التي تقدم خدمات لمختلف فئات المعوقين عقلياً وسمعياً وبصرياً وحركياً سواء من قبل الجهات الرسمية أو التطوعية، وظهر التحول والتطور النوعي للبرامج والخدمات المتميزة في بداية عقد التسعينات، واكبه توسع كمي في أعداد المراكز والمدارس والصفوف لمواجهة تزايد الأعداد طالبة الخدمة من المعوقين في مناطق الأردن، وذلك لتحقيق العدالة وإيصال الخدمات لمستحقيها في مناطق سكناهم، إذ بلغت أعداد هذه المؤسسات والمراكز والصفوف أواسط التسعينات من القرن الماضي حوالي (112) مائة واثنتي عشرة مؤسسة تتبع لمختلف القطاعات الحكومية والأهلية والتطوعية ووكالة الغوث الدولية وتزايد عددها بشكل ملحوظ في السنوات التالية حتى وصلت عام 2008 إلى أكثر من 240 مؤسسة ومركزاً وأكثر من 480 غرفة مصادر صفية عاملة في المدارس موزعة على كافة محافظات المملكة.

إن خدمات التربية الخاصة في الأردن هي خدمات مؤسسية أكثر منها مجتمعية حيث تقدم الخدمات من خلال المراكز والمدارس والصفوف التي

أحدثت نقلة شاملة وواسعة في مستوى خدماتها مقارنة في العقود السابقة وخاصة في الستينات والسبعينات والتي كانت تفتقر لمثل هذه الخدمات والبرامج القائمة حالياً، وأصبحت البرامج والخدمات شاملة للجوانب التربوية والتعليمية والإرشادية والصحية والتدريب المهني والتشغيل والرعاية المؤسسية الداخلية والإعفاءات والتسهيلات الضريبية والبيئية الممكنة، وهذا عكس صورة جميلة من الوعي والثقافة المميزة للمجتمع الأردني عن غيره من المجتمعات.

وبسبب غياب سياسة وطنية للتربية الخاصة في الأردن، وتعدد الجهات الرسمية وغير الرسمية التي تعمل في مجال التربية الخاصة، إلا أن هناك نوعاً من التوافق في توجه عمل هذه المؤسسات بعيداً عن الصراع والسلبية، حيث تعمل جميع الجهات من أجل مصلحة المعوقين رغم أن هناك اختلالات واضحة في بعض الجوانب، وقد منحت الدولة الأردنية الفرصة للقطاعات الدولية والمحلية من أجل الانخراط في العمل الاجتماعي مع كافة الفئات في التربية الخاصة، وتقديم جميع أشكال الدعم لهذه القطاعات وبرامجها وخدماتها دون استثناء وفي جميع أنحاء المملكة في الريف والبادية والمدن والمخيمات، وتعد وزارة التنمية الاجتماعية الجهة الرسمية التي تشرف على توجيه سياسة التربية الخاصة الأكثر التزاماً تجاه الأفراد المعوقين وما يستجد من إحداث للمؤسسات التي تعنى بهم بالتعاون والتنسيق مع الجهات الأخرى مثل:-

- صندوق المملكة علياء للعمل الاجتماعي والتطوعي.

- وزارة التربية والتعليم.

- الاتحاد العام للجمعيات الخيرية.

- الهيئات والمنظمات الدولية.

- الجمعيات الخيرية والقطاعات الأهلية والخاصة.الاتحادات والأندية الرياضية الخاصة بالمعوقين.

وقد أنيط أخيراً ارتباط سياسة المعوقين بالمجلس الأعلى للأشخاص المعوقين والذي تم تأسيسه في عام 2007 وأحدثت فيه مديريات مختلفة لشؤون العمل مع الأشخاص المعوقين.

ولتفعيل التوجهات الحكومية، فقد أحدثت مديرية التربية الخاصة في وزارة التنمية الاجتماعية عام 1973م لتتحمل مسؤولية إدارة برامج التربية الخاصة في الأردن وتخطيط الساسة المستقبلية لها، وتتولى حالياً المديرية المهمات والمسؤوليات التالية:-

أولاً: توفير الرعاية المؤسسية والخدمات التربوية والتعليمية والنفسية للمعوقين ضمن سياسة تربوية خاصة من خلال مجموعة المدارس والمراكز والصفوف المختلفة التي تقدم الخدمات كافة.

ثانياً: رسم سياسة خدمات التربية الخاصة في الأردن وتبني المشروعات الريادية وتجهيزها ووضع الخطط المناسبة للإجراءات العملية فيها.

ثالثاً: توفير خدمات التدريب والتأهيل المهني والتشغيل للمعوقين من مختلف فئات المعوقين من خلال مراكز التأهيل المهني وبرامج التشغيل التي يتوافر فيها التدريب على مهن الحدادة والنجارة والخياطة والتجليد وتنسيق الزهور والتجميل وتجليس ودهان وميكانيك السيارات والتنجيد والتريكو والأشغال البسيطة.

رابعاً: دعم برامج الإرشاد والتوعية والتثقيف الاجتماعي لأسر المعوقين والمجتمع المحلي التي تهدف إلى الوقاية من الإعاقة والإجراءات المتبعة في التعامل مع الطفل المعوق والعلاقة مع المدرسة والعمل على تعديل اتجاهات المجتمع نحو المعوق ودعم برامج الإعلام في التلفزيون والراديو والصحف والمجلات والتنسيق مع الجهات المعنية لإيصال البرامج الإرشادية إلى المعنيين.

خامساً: إجراء الدراسات والبحوث وإقامة الندوات والدورات وتشخيص الإعاقات وتقديم الاستشارات النفسية (تربوية ونفسية ومهنية) للمعوقين وأسرهم وغيرهم من الباحثين والدارسين والمهتمين في مجالات الإعاقة المختلفة.

سادساً: تشغيل المعوقين ومنح التسهيلات والإعفاءات والامتيازات لهم حسب القوانين والأنظمة المعمول بها.

سابعاً: الإشراف على المراكز والمدارس والصفوف التي تقدم خدمات التربية الخاصة سواء في القطاع الحكومي أو الخاص ومتابعة البرامج والنشاطات المختلفة وتقييمها والعمل المستمر في تحديثها وتطوير أساليب التعامل مع المعوقين وتعديل الخطط والمناهج لتتلاءم مع كل فئة من فئات التربية الخاصة.

وتعتبر قضية الإعاقة واحدة من القضايا الاجتماعية ذات الأبعاد التربوية والاقتصادية التي أصبحت محط اهتمام المجتمعات المختلفة وعنايتها، فالإعاقة لا تشكل عبئاً على الشخص المعوق وأسرته فحسب، بل إن آثارها تمتد لتطال قطاعاً كبيراً من المجتمع، وعليه أخذ العديد من المجتمعات في النصف الثاني من هذا القرن بإصدار التشريعات والقوانين التي تحدد مسؤولية المجتمع حيال الأفراد المعوقين، وتنظم استجابته لاحتياجاتهم في مجال الوقاية والرعاية والتدريب والتأهيل.

إن الأشخاص المعوقين جزء من هذا المجتمع لهم الحق في العيش فيه كسائر أفراده إلا أنهم يعانون من صعوبات تحول دون قيامهم بالكثير من الأدوار والمهمات المتوقعة من نظرائهم غير المعوقين، وبذلك فهم بحاجة إلى خدمات خاصة يمكن بواسطتها العمل على تنمية قدراتهم إلى أعلى درجة ممكنة ليتمكنوا من تحقيق المتطلبات الشخصية والاجتماعية المتوقعة من نظرائهم غير المعوقين.

ولعل تزايد الاهتمام بتقديم الخدمات للمعوقين يرجع إلى ارتفاع حجم المشكلة إذ تشير التقديرات إلى أن شخصاً واحداً من كل عشرة أشخاص أي بنسبة (10%) من سكان العالم هم معوقون، نتيجة الحروب والكوارث الطبيعية وغير الطبيعية والأمراض الخلقية والمعدية والفقر وسوء التغذية وحوادث العمل والطرقات والإدمان على المخدرات والكحول (ILO, 1990).

أما منظمة الصحة العالمية (WHO) فهي تقدر عدد المعوقين في العالم (500) مليون شخص، وللأسباب الآنفة الذكر ومعظمها في دول العالم النامية.

تشير منظمة الأسكوا (ESCWA) إلى أن عدد من المسوح الواسعة النطاق التي جرت في البلدان الصناعية أن نسبة المعوقين وصلت حوالي (10%) من السكان، وقد أجريت حوالي مائة دراسة ومسوح وتعددات سكانية في البلدان النامية، وإن كانت المقارنة بين نتائج هذه الدراسات لا تخلو من الصعوبة بسبب اختلاف الأساليب المستخدمة، ومع ذلك يفترض أن حوالي (220) مليون نسمة من البلدان النامية أي ما يعادل (7%) من السكان من المعوقين.

ومن هذا المنطلق أخذت وزارة التنمية الاجتماعية على عاتقها الجزء الأكبر من المسؤولية في تقديم الخدمات للأشخاص المعوقين، وذلك بتصميم البرامج التدريبية والتأهيلية التي تتناسب مع حاجاتهم الفردية من خلال إنشاء المراكز التي تعنى بهذه الفئة، وكذلك بدعمها للهيئات التطوعية العاملة في الميدان، وهدفها مساعدة الأشخاص المعوقين على تحقيق مقدار كافٍ من التدريب والتأهيل والرعاية يمكّنهم من التكيف ضمن المجتمع كل حسب قدراته.

كما أسهم القطاع الخاص والتطوعي إسهاماً كبيراً في هذا الميدان فأخذ على عاتقه نهج السير على طريق التكافل الاجتماعي طبقاً لشعار «إن مسؤولية المعوقين هي مسؤولية اجتماعية كلنا مسؤول عنها».

وتطورت مجالات خدمة الأشخاص المعوقين في الأردن تطوراً سريعاً وشاملاً وفعالاً شمل جميع مناحي الحياة الاجتماعية والاقتصادية والتدريبية والمهنية والطبية والعلاجية والمعيشية، وجاء هذا الاهتمام متزامناً مع العام الدولي للمعاقين عام (1981) والتي أعلنته الجمعية العامة للأمم المتحدة في قرارها (132/31) المؤرخ في (16/كانون الأول/1976)، وهذه بحد ذاتها ساهمت مساهمة كبيرة في إيقاظ كثير من المجتمعات وتنبيهها إلى أهمية العمل الجاد والمنظم لخدمة المعوقين والعمل على تطوير حياتهم، كما كان هذا الحدث علامة بارزة للمعوقين أنفسهم في كفاحهم الطويل ضد التمييز ومن أجل التساوي في الحقوق.

وتمثلت إحدى النتائج الهامة للسنة الدولية في برنامج العمل المتعلق بالمعوقين الذي اعتمدت الجمعية العامة في قرارها (52/37) المؤرخ في (3/كانون الأول/1982).

وقبل الشروع في الحديث عن مراكز التربية الخاصة في الأردن يبدو من المهم أن نعرّف المفاهيم التالية،

المعوق: كل شخص مصاب بقصور كلي أو جزئي بشكل مستقر في أي من حواسه أو قدراته الجسمية أو النفسية أو العقلية إلى المدى الذي يحد من إمكانية التعلم أو التأهيل أو العمل بحيث لا يستطيع تلبية متطلبات حياته العادية في ظروف أمثاله من غير المعوقين.

التربية الخاصة: الخدمات التربوية والتعليمية التي تقدم للمعوقين بهدف تلبية حاجاتهم وتنمية قدراتهم ومساعدتهم على الاندماج في المجتمع.

التأهيل: الخدمات والأنشطة التي تمكن المعوق من ممارسة حياته بشكل

أفضل على المستويات الجسمية والاجتماعية والذهنية والنفسية والمهنية.

مراكز التربية الخاصة: هي المراكز التي تقدم الخدمات التدريبية والتأهيلية والعلاجية والترفيهية والإيوائية والتمريضية للأشخاص المعوقين من مختلف الفئات العمرية ودرجات الإعاقة.

التهيئة المهنية: هي الفترة التي يتم من خلالها تزويد المعوق بالمهارات التي تمكنه من القيام بالتدريب المهني على مهنة تتناسب وإمكاناته واستعدادته وميوله وقدراته، أو مزاولة مهنة مساعدة لا تحتاج إلى كفاءة معينة، وهي مرحلة تبدأ من سن الرابعة عشرة وتستمر حتى بداية مرحلة التدريب المهني يتدرب المعوق من خلالها على ممارسة التدريب على عدة عمليات أساسية واستخدام أدوات أساسية من مختلف المهن.

المشاغل المحمية: يعتبر هذا النظام من الأساليب الناجحة في تشغيل المعوقين كي يتعرف المجتمع على قدراتهم على العمل والإنتاج في ظل ظروفهم وقدراتهم المحددة أحياناً.

مراكز ومدارس التربية الخاصة في الأردن:

تقدم خدمات التربية الخاصة للأشخاص المعوقين في الأردن بمختلف فئاتهم العمرية، وعلى اختلاف فئات الإعاقة ودرجاتهم من قِبَل المؤسسات الحكومية والتطوعية والخاصة والدولية من خلال (240) مركز ومؤسسة يبلغ عدد المنتفعين منها فيها حوالي (26000) ألف منتفع موزعين حسب الجدول التالي:

وفيما يلي جدول يبين توزيع المؤسسات حسب القطاع والتبعية وعدد المنتفعين والنسبة المئوية.

الرقم	القطاع	إقليم الوسط	إقليم الشمال	إقليم الجنوب	المجموع	عدد المنتفعين	النسبة المئوية
.1	وزارة التنمية الاجتماعية	7	5	2	14	1007	%3.88
.2	وزارة التربية والتعليم	6	3	3	12	900	%3.46
.3	وزارة الصحة	2	-	-	2	11425	%43.96
.4	القطاع الخاص	29	2	-	61	2550	%5.30
.5	القطاع التطوعي	38	13	21	72	8738	%33.6
.6	القطاع الدولي	8	5	-	13	1380	%9.80
.7	التطوعي/ تشخيصية وعلاج طبيعي	-	-	-	-	-	%13.86

بالإضافة إلى (6) لجان فرعية لبرنامج التأهيل المجتمعي تقدم خدمات التربية الخاصة والعلاج الطبيعي للمعوقين عقلياً من الدرجة الشديدة والمتعددة، وعدد المستفيدين (350) في (إقليم الوسط، إقليم الشمال، إقليم الجنوب، مركز مادبا، غور الصافي، معان).

أولاً: خدمات مراكز التربية الخاصة في وزارة التنمية الاجتماعية

1. خدمات تدريبية وتأهيلية وتشغيلية للمعاقين عقلياً وسمعياً وبصرياً.

2. خدمات التوعية والإرشاد لأسر المعاقين.

3. خدمات تهيئة مهنية.

4. خدمات تأهيل مهني وتشغيل.

5. خدمات صحية وتمريضية.

6. الموصلات من وإلى المركز.

7. خدمات علاجية.

8. خدمات إيوائية.

9. خدمات تأهيل مجتمعي.

10. خدمات ترفيهية وترويحية.

موزعة على النحو التالي:

أ. مراكز التنمية الفكرية:

عدد هذه المراكز (9) موزعة في معظم محافظات المملكة، تقدم الخدمات التدريبية والتهيئة المهنية والأنشطة الترفيهية والترويحية للمعاقين عقلياً من الدرجة البسيطة والمتوسطة من سن (6-16) سنة لكلا الجنسين، تطبق الخطة التربوية الفردية والمهارات الاستقلالية والعناية الذاتية والمهارات المهنية والاجتماعية وبرامج التوعية والإرشاد والمواصلات من وإلى المركز لكل درجة من درجات الإعاقة حسب قدراتهم الجسمية والذهنية، وعدد المنتفعين (567).

ب. مراكز الرعاية والتأهيل:

عددها (3) مراكز موزعة على محافظات (جرش، مادبا، الكرك) تقدم الخدمات التدريبية والتأهيلية والعلاجية والتمريضية والإيوائية للمعاقين عقلياً

من الدرجة البسيطة والمتوسطة والشديدة والمتعددة من سن (4-40) سنة لكلا الجنسين، من مختلف محافظات المملكة وعدد المنتفعين (272) منتفع.

ج. مراكز التأهيل المهني والتشغيل:

عدد هذه المراكز اثنان أحدهما في محافظة الزرقاء، والثاني في محافظة اربد، تقدم الخدمات التأهيلية والتدريبية والتشغيلية للمعوقين عقلياً وسمعياً وحركياً، وضعاف البصر من سن (16-25) سنة لكلا الجنسين، ويتلقى المتدربون من الذكور التدريب على عدد من المهن: النجارة، صناعة الحقائب، صناعة الأحذية، الخياطة، تجليس ودهان، تمديدات صحية، حاسوب، تنجيد كنب، تجليد كتب، التجميل، أما الإناث تتلقى التدريب على مهنة: التجميل، الأشغال اليدوية، الخياطة، وعدد المستفيدين (168) منتفع من المعوقين سمعياً وحركياً وعقلياً.

وبلغ عدد الخريجين لعام 2006 (120) متدرب بعد انهاء المده الزمنية المقرره لهم في المركز والتي لا تقل عن سنتين.

ويبلغ عدد المتدربين الذي يتم تشغيلهم في مؤسسات المجتمع المدني لا يقل (60) شخص من ذوي الاعاقة السمعية والحركية والبصرية حتى عام 2006.

ولتفعيل برنامج التعاون والشراكة مع القطاع التطوعي وتوسيع قاعدة العمل الاجتماعي وزيادة عدد المستفدين من خدمات التربية الخاصة تقوم وزارة التنمية الاجتماعية بشراء خدمات الأشخاص المعوقين في المؤسسات التابعه للقطاع التطوعي بموجب انفاقات تعاون يتم من خلالها تقديم دعم مالي ومواد اعاشه من خلال صندوق المعونة الوطنية في وزارة التنمية الاجتماعية، وبلغ عدد الحالات المحوله من الوزارة إلى الجمعيات (255) شخص معوق من مختلف الاعاقات.

ثانيا:مدارس وزارة التربية والتعليم:

استناداً للماده الرابعه من قانون رعاية المعوقين رقم 12 لسنة 1993 والمكرر في قانون رقم (31) لسنة2007، تولت وزارة التربية والتعليم مسؤوليه تعليم المعوقين سمعيا وبصريا، وعدد المدارس التابعه لها (12) مدرسه موزعه في مختلف محافظات المملكه، وتقدم لهم الخدمات التعليمية والتربوية وفق منهاج وزارة والتر بية وفق منهاج وزارة التربية والتعليم وعدد المنتفعين (900) طالب وطالبه من الروضة ولغاية الصف السابع الاساسي، ونظراً لأرتفاع نسبة الاطفال ذوي الصعوبات والمشكلات التعليمية باختلاف انواعها ودرجاتها التي تتراوح ما بين 12%18% من اجمالي مجموع الاطفال الملتحقين بالتعليم فقد استحدثت (480) حتى عام 2008 غرفه مصادر لصعوبات التعلم ضمن المدارس التابعة لها، كما تشير قيود وزارة التربية والتعليم أن (10%) من حالات الإعاقة العقلية البسيطة مدمجون في المدارس الخاصة والحكومية.

ثالثاً: مراكز القطاع الخاص:

ترخص هذه المراكز من وزارة التنمية الاجتماعية بموجب المادة التاسعة من قانون رعاية المعوقين رقم (12) لسنة (1993)قانون (31) لسنة2007، عددها (61) مركز موزعة في محافظة (العاصمة، الزرقاء، اربد) توفر الخدمات النهارية والإيوائية للمعاقين عقلياً من مختلف الفئات العمرية ودرجات الإعاقة وحالات التوحد، تقدم الخدمات التدريبية والتأهيلية والعلاج الطبيعي والخدمات الصحية، ويستفيد منها (3550) معوق، وتقوم وزارة التنمية الاجتماعية بالإشراف الفني على المؤسسات ومتابعة الخطط الفردية والبرامج والأنشطة المقدمة لهذه الفئة.

رابعاً: مراكز القطاع الأهلي (الجمعيات التطوعية):

ترخص من وزارة التنمية الاجتماعية استناداً لقانون الأشخاص المعوقين

عددها (72) مركز وموزعة في مختلف محافظات المملكة، ومن أهم الخدمات التي تقدمها تدريبية وتأهيلية وتشخيصية وتدريب نطق وعلاج طبيعي وعدد المستفيدين من خدماتها (8738) من المعوقين عقلياً وسمعياً وحركياً، والشلل الدماغي من الأطفال والكبار وبرامج التأهيل المجتمعي التي تقدم للمعوقين وأسرهم ضمن منازلهم ومجتمعاتهم المحلية وتسهم هذه المراكز في تحقيق مبدأ الدمج الأكاديمي، وفق الأنظمة والتعليمات المعمول بها لديها.

خامساً: مؤسسات القطاع الدولي:

بعضها يتبع لوكالة الغوث الدولية والبعض الآخر لمنظمات دولية تقدم الخدمات التدريبية والتأهيلية والعلاجية للمعوقين عقلياً بمختلف مستوياتها وللإعاقة السمعية والحركية والبصرية وعدد هذه المؤسسات (13) مؤسسة، وعدد المستفيدين من الخدمات (1380) شخص من الأطفال والكبار من كلا الجنسين.

سادساً: مراكز تابعة لوزارة الصحة:

ترخص هذه المراكز من وزارة الصحة كونها تقدم خدمات تشخيصية للأطفال المعوقين دون سن (18) سنة لبيان نوع ودرجة الإعاقة وخدمات التدريب النطقي والعلاج الطبيعي وتقديم معينات تأهيلية مساندة لمساعدة الأشخاص المعوقين على ممارسة حياتهم اليومية والحياتية بشكل مستقر، وعدد هذه المراكز اثنان في محافظة العاصمة، ويستفيد من خدماتها (11425) طفل.

وتدعم وزارة التنمية الاجتماعية عدد من التوصيات وهي:

1. إنشاء مراكز نهارية لتقدم الخدمات التدريبية للمعوقين للفئة العمرية دون سن (18) سنة بهدف الكشف المبكر والتدخل المبكر.

2. إعداد كوادر فنية مؤهلة في التربية الخاصة والعلاج الطبيعي والوظيفي.

3. فتح صالات علاج طبيعي (وتدريب متطوعين من أبناء المجتمع).

4. تشجيع برامج التأهيل المجتمعي.

5. إقامة مراكز خدمية شاملة للمعوقين.

بالإضافة إلى وزارة التنمية الاجتماعية، فقد جرت محاولات متعددة من جهات مختلفة أخذت تعمل من أجل تقديم الخدمات في مجال التربية الخاصة، وفيما يلي عرض لمحاولات وتجارب هذه الجهات والتي سوف أقدمها حسب الأولويات التي بدأت من خلالها التربية الخاصة وهي:-

أولاً: صندوق الملكة علياء للعمل الاجتماعي التطوعي(الصندوق الأردني الهاشمي):

واكب صندوق الملكة علياء الذي تأسس عام 1979م بإرادة ملكية سامية نهضة التربية الخاصة في الأردن، وعمل القائمون عليه على تطوير البرامج وتوسيع الخدمات والإسهام في نشر الوعي والتثقيف الاجتماعي ورفد الوطن بمشروعات وبرامج متطورة لرعاية المعوقين وإحداث صفوف بطء التعلم وصعوبات التعلم والإعاقة العقلية (البسيطة والمتوسطة) والسمعية والحركية، إضافة إلى إحداث قسم للتربية الخاصة في الصندوق للإشراف على برامج التربية الخاصة ومتابعتها في انحاء المملكة، كذلك إسهامات الصندوق من خلال تبني العديد من البرامج التدريبية والدورات للعاملين في مجال التربية الخاصة وتأهيل الكوادر وتوجيه الأسر وإرشادهم والمشاركة في عقد الندوات المتخصصة واللقاءات المستمرة لتحديث الخطط والبرامج والكتب والنشرات ذات العلاقة بالمعوقين، وطباعة المؤلفات والكتب والأدلة التعليمية والتدريبية، حتى غدى للصندوق حضوراً مميزاً في هذه الخدمات والبرامج والطابع المميز في النشاطات والفعاليات

التي يؤديها القائمين على الصندوق في كافة المؤسسات ذات العلاقة سواء الوطنية أو الدولية، ويمكن تحديد الدور الذي يقوم به الصندوق في مجال التربية الخاصة من خلال الإشارة إلى ما يلي:-

1. المسح الشامل للمعوقين في الأردن والذي قام به الصندوق عام 1978 ونشرت نتائجه عام 1979.

2. الدعم الفني والمادي للمؤسسات العاملة في مجال التربية الخاصة والتأهيل وأسر المعوقين.

3. الدورات التدريبية للكوادر والأسر والرائدات الريفيات وإجراء الدراسات والبحوث الميدانية.

4. دعم المؤلفات وطباعة الكتب وإصدار النشرات ذات العلاقة في التربية الخاصة.

5. تبني البرامج وإنشاء المؤسسات والصفوف في كافة مناطق المملكة.

6. تبني الندوات والمحاضرات والمؤتمرات ذات العلاقة بالتربية الخاصة.

ويعمل القائمين على صندوق الملكة علياء باستمرار على تكثيف جهودهم والتنسيق مع المؤسسات المختلفة والمشاركة الفاعلة في كافة النشاطات والفعاليات المتعلقة بالتربية الخاصة.

ثانياً: الاتحاد العام للجمعيات الخيرية:

يعتبر الاتحاد العام للجمعيات الخيرية في الأردن من الهيئات المحلية المميزة التي تعطي الكثير في مجال التربية الخاصة، ويأتي دوره مكملاً لدور المؤسسة الرسمية في المساهمة في تأمين الاحتياجات للمعوقين، من منطلق الإحساس بالمسؤولية الاجتماعية تجاه هذه الفئة من المواطنين، حيث ارتفع عدد الجهات

الخيرية التي تقدم خدمات للمعوقين وكذلك الجمعيات الخاصة بالمعوقين، ويمكن الإشارة على أبرز الملامح التي قدمها الاتحاد العام للجمعيات الخيرية في الأردن على النحو التالي:-

1. أقام الاتحاد العام (18) مراكز للإعاقة العقلية في كافة محافظات المملكة في مجال رعاية متعددي الإعاقة الداخلية وضمن الجمعيات الخيرية حيث أخذت طابع الخدمات والتأهيل والتدريب التشغيل بهدف دمجهم في المجتمع.
2. تبني مشروعات تأهيلية للمعوقين من خلال إنشاء الأكشاك للمعوقين والتي بلغت ما يزيد على (50) كشكا بكلفة 50 ألف دينار للحد من البطالة وتوفير فرص عمل للمعوقين.
3. تبني برامج التوعية والتثقيف والعمل مع أسرة الطفل المعوق والدورات التدريبية لأهالي المعوقين والمجتمعات الملحية.
4. مجموعة البرامج والخدمات الهادفة في مجال التربية الخاصة والتي ساهم بها الاتحاد العام للجمعيات الخيرية من خلال إحداث قسم التربية الخاصة ومسؤولياته المختلفة في الإشراف على المراكز التابعة للاتحاد ومشاركته مع المؤسسات الأخرى الرسمية وغير الرسمية في النشاطات والفعاليات المختلفة والتنسيق بصورة مميزة من أجل رفع سوية التربية الخاصة وتطورها.
5. التعاون مع وزارة التنمية الاجتماعية من خلال إحداث ما يزيد على (26) صفاً للإعاقة العقلية والسمعية في الجمعيات الخيرية.

ثالثاً: وزارة التربية والتعليم:

لما كانت مسؤولية وزارة التربية والتعليم مقصورة في السنوات السباقة على الإسهام بطريقة غير مباشرة في تلبية حاجات التربية الخاصة من خلال تزويد

المراكز والمدارس بالمعلمات من ملاك وزارة التربية والتعليم، إلا أنها في الوقت الحالي نشطت في مجال التربية الخاصة وذلك بعد صدور قانون المعوقين ذي الرقم (12) لسنة 1993م و 2007 والذي أعطى وزارة التربية والتعليم المسؤولية الكاملة عن تربية الأطفال المعوقين وتعليمهم، إذ أحدثت وزارة التربية والتعليم مديرية التربية الخاصة، وتسعى هذه الوحدة لتقديم الخدمات التعليمية التي تتناسب واحتياجات كل فئة من فئات الطلبة ذوي الاحتياجات الخاصة وخاصة فئة بطء التعلم وصعوبات التعلم من خلال توفير غرف مصادر في كل مدرسة من المدارس العامة، ويمكن إيجاز تطور خدمات التربية الخاصة في وزارة التربية والتعليم كما يلي:

- افتتاح أول صف لدمج الطلبة ذوي الحاجات الخاصة عام 1989 بالتعاون مع صندوق الملكة علياء ووزارة التربية والتعليم في مدرسة الخنساء/عي/الكرك، وافتتاح صفان في مدرسة فقوع الأساسية/لواء القصر ومدرسة الحسينية/لواء الأغوار.

- افتتاح غرف مصادر في عام 1991 و1992 وعددها أربع في محافظة الطفيلة والكرك وعمان وكذلك فتح غرف مصادر في مدرسة عبدون وحي نزال وبذلك أصبح عدد غرف المصادر اثنتي عشرة غرفة صفية.

- التخطيط لبرامج تدريب المعلمين والمعلمات والتنسيق مع كافة الجهات ذات العلاقة.

وقد توسع العمل في مديرية التربية الخاصة في وزارة التربية والتعليم والتي تعنى بشؤون التربية الخاصة، إلا أنها من خلال القائمين عليه أظهرت المشاركة الفعلية في النشاطات والفعاليات وإظهار أهمية التربية الخاصة جنباً إلى جنب مع التربية العادية وضمن المدارس العامة حتى وصلت اعداد الصفوف الخاصة

حوالي 480 عام 2008 يستفيد منها أكثر من عشرة آلاف طالب وطالبة ويعمل فيها حوالي 400 معلم ومعلمة تربية خاصة.

- التوسع في إحداث وتشغيل غرف المصادر بعدد تجاوز 400 غرفة يستفيد منها اكثر من طالب وطالبة من ذوي الصعوبات والمشكلات التعليمية والتوسع كذلك في عملية الدمج للطلبة القابلين للتعلم.

- انخراط الطلبة الصم والمكفوفين والمدارس الخاصة بهم ضمن منظومة التربية والتعليم واعتبار هذه المدارس تابعة للتربية والتعليم فنيا واداريا.

رابعاً: الهيئات الدولية والخاصة:

فقد تميزت هذه الهيئات والمؤسسات والمراكز في أعمالها مع المعوقين بمختلف فئاتها، وسعت جاهدة على الصعيد الفردي أو الجماعي بإنشاء وتأسيس مراكز ومؤسسات وصفوف للتربية الخاصة وتأسيس الخدمات الداخلية الخارجية، مما ترك أثراً طيباً في نفوس الأفراد المعوقين لاهتمام كافة شرائح المجتمع بهم، وتتمثل هذه المؤسسات في المؤسسة السويدية للإغاثة الفردية ودار المحبة وبيت الأمل ومركز نازك الحريري للتربية الخاصة وجمعية الشابات المسلمات وغيرها من المراكز والمؤسسات الهامة، ودورها بارز وظاهر للعيان في كافة أنحاء المملكة من خلال ما تقدم من خدمات للمعوقين ومشاركة فعالة مع المؤسسات الرسمية وغير الرسمية في كافة النشاطات والفعاليات.

وتعد التوجيهات التي يطلقها قائد الوطن جلالة الملك عبدالله الثاني بن الحسين حفظه الله علامات بارزة في التأسيس لانطلاقة متينة للدولة الأردنية ومنارات لابد من التوجه للعمل بها من اجل رفعة الوطن وتنمية شخصية الإنسان الأردني ينما كان ومهما كانت طبيعته وقدراته ومهاراته ليسهم في التنمية الشاملة.

كما وان المتابع للحكومات يرى مدى حرص جلا لته على اعتبار موضوع الأطفال بمختلف فئاتهم ذو أهمية بالغة وضرورة تقديم العناية والرعاية والحماية وتوفير المناخ الملائم لهم للعيش الكريم، كما وعهد للحكومات المتعاقبة بضرورة تقييم مستوى الخدمات المقدمة لهم وتطوير البرامج وتوفير الاحتياجات الضرورية لهم.

والملاحظ بان مفهوم التربية الخاصة يتغير بشكل سريع ودائم في ضؤ ما يستجد من إحداث ويطرأ من تغيرات على صعيد السياسة الاجتماعية والتربوية السائدة في المجتمع الأردني، إذ أن المراقب لما يجري على الساحة الأردنية من تغيرات شاملة يدرك حقيقة واحدة بأنه لا يجوز له أن يقف متسمرا في مكانه سواء كانوا أفرادا أو مؤسسات أو جماعات ، وإلا بقي خارج الركب بعيدا عن مبدأ ممارسات التحديث والتطوير إلى الدرجة التي لن يجد فيها مكانا له بين الآخرين ، مما يشكل له حالة من الجمود والتقهقر وبطء الحركة .

من هنا وفي ضؤ ما تشهده المؤسسات من حاجة مستمرة للتطوير والتحديث وتنمية مهارات العاملين الإداريين والفنيين وإعادة هيكلتها ، فأن المؤلف يرى ومن خلال تماسه المباشر بتلك المؤسسات ضرورة التحرك السريع للعمل على تقييم تلك المؤسسات والمباشرة في عملية التطوير والتحديث من خلال النتائج المباشرة وغير المباشرة التي أظهرتها عملية التقييم وتحديد الأوليات،للانطلاق إلى العمل الفعلي والنهوض بالمؤسسات والمراكز التي هي بأمس الحاجة إلى إعادة تأهيلها ، ناهيك عن المعاناة وشدة الضغوط وتعدد المشكلات التي تواجه مختلف مستويات العاملين الإداريين والفنيين فيها.

واستمرت الدولة الأردنية في نهجها وخططها الموسعة الرامية إلى تطوير برامج وخدمات التربية الخاصة لمختلف فئات التربية الخاصة، والسعي لتوفير أكبر

قدر ممكن من البدائل التربوية المناسبة، والتي تمثلت في المدارس والمراكز النهارية والإقامة الداخلية وصفوف الأحياء ضمن الجمعيات الخيرية وغرف المصادر ضمن المدارس العامة والورش الجماعية والمراكز الشاملة للتأهيل المهني.

ولتنفيذ تلك التوجهات فقد رصدت الدولة الأردنية في الموازنات السنوية العامة للدولة خلال السنوات الماضية مئات الملايين بهدف تطوير وبناء منظومة متكاملة للتربية الخاصة لخدمة الفئات المحرومة، إذ بلغت المبالغ المرصودة وإجمالي النفقات خلال العقدين الأخيرين وحتى نهاية عام 2008 أكثر من (250) مليون دينار أردني ساهمت فيها جهات حكومية وغير حكومية، وقد تمثلت تلك النفقات في إقامة الأبنية الخاصة برعاية وإيواء المعوقين من مختلف الفئات، إضافة إلى التجهيزات واللوازم والأثاث وأجور ورواتب العاملين مع تلك الفئات والنفقات السنوية الجارية، وما زالت الدولة مستمرة لاستقطاب أكبر قدر من الدعم والمساعدات في هذا الجانب لرفع مستوى الخدمات المقدمة للمعوقين ومساواتهم بغيرهم من أقرانهم العاديين.

أما التشريعات والقوانين والأنظمة الخاصة بالأفراد المعوقين، فقد عمدت الأجهزة المختصة في الدولة ا لأردنية إلى إصدار القوانين وسن التشريعات وإحداث التعليمات التي تهيئ فرص الحياة الكريمة للأفراد المعوقين وحصولهم على حقوقهم التي توجت بالقانون الخاص برعاية المعوقين ذي الرقم (12) لسنة 1993م ومن بعده قانون الأشخاص المعوقين رقم (31) لعام 2007.

ولإحداث مزيد من النقلة النوعية في مجال التربية الخاصة، سعت الدولة الأردنية من خلال مؤسساتها المختصة برفد مراكز ومدارس وصفوف الجمعيات التي تقدم خدمات وبرامج للأفراد المعوقين بالخبرات والكوادر البشرية المؤهلة في شتى مجالات العلوم المختلفة، إضافة إلى مواكبة المستجدات الحديثة التي تؤمن للأفراد المعوقين حياة كريمة وحصولهم على أفضل الامتيازات والتسهيلات، إذ

تميزت القوانين والتشريعات بضمان حقوق الأشخاص المعوقين في التعليم والتدريب والتأهيل والتشغيل والإعفاءات الجمركية للسيارات ومستلزمات الحياة التي يحتاج إليها هؤلاء الأفراد، إضافة إلى وسائط النقل الخاصة بالمعوقين مثل الباصات المستخدمة في المدارس والمراكز والجمعيات، وتخفيض تذاكر السفر لغايات العلاج والتأمينات الصحية، إضافة على امتيازات كثيرة وفرتها الدولة للترفيه عن المعوقين ومشاركتهم في النشاطات والمهرجانات الرياضية والثقافية الداخلية والخارجية بإشراف الاتحاد الأردني لرياضة المعوقين والذي أسهم إسهاماً مميزاً في مجال رياضة المعوقين، وكذلك الالومبياد الخاص بالمعوقين.

ولأهمية الإحصاءات في حياة الأمم والشعوب، فقد أولت الدولة الأردنية هذا الموضوع بعض الاهتمام وإن كان لم يتحقق الهدف المنشود لتوفير أرقام دقيقة ومعلومات وبيانات إحصائية كافية ذات علاقة بالإعاقة والمعوقين في الأردن، واستمرت جهود المؤسسات الوطنية في محاولات منها للحصول على بيانات وأرقام كافية عن إحصاءات الإعاقة والمعوقين ، لكنها ظلت تصطدم بعقبات سرعان ما تتبدد أية عملية إحصائية دون توضيح للأسباب، وكان أول من تصدى لهذه العملية وقام بإحصاء الإعاقة والمعوقين صندوق الملكة علياء للعمل الاجتماعي التطوعي عام 1979م إذا تم إجراء مسح شامل لكافة مناطق المملكة، وأظهرت تلك الإحصاءات أن عدد المعوقين كان على النحو التالي:

المجموع الكلي 18829 معوق.

المعوقين عقلياً 5325 معوق.

المعوقين حركياً 6479 معوق.

المعوقين بصرياً 2088 معوق.

المعوقين سمعياً 4937 معوق.

كذلك قامت دائرة الإحصاءات العامة بإجراء مسح مصاحب للمسوح الزراعية في عام 1983م، إذ أظهرت عملية المسح أن عدد المعوقين بلغ حوالي (16) ألف وهذا الرقم أقل من مسح عام 1979 الذي أعلنه صندوق الملكة علياء ، كذلك كان آخر المسوح إحصاءات عام 2004(لم تظهر نتائجها النهائية)، مما يؤكد وجود خلل مستمر في عملية إحصاء المعوقين تعود لأسباب كثيرة منها عدم وجود خطة وطنية حاسمة في هذا المجال وعدم وجود سجل وطني لتسجيل المعوقين(والذي وجد جزئيا في وزارة الصحة عام 2004) وانخفاض مستوى التعاون والتنسيق بين الأجهزة الرسمية المختصة ذات العلاقة وعدم وجود وعي كافي وثقافة إحصائية على مستوى المؤسسات والأفراد في المجتمع الأردني.

وبالرغم من الجهود التي تبذلها المؤسسات الحكومية وغير الحكومية التي كان آخرها قرار دائرة الإحصاءات العامة عام 1994م بإجراء عملية إحصاء لما مجموعه 10% من الأسر في المملكة لغايات إحصاء الإعاقة والمعوقين، وإحصاء عام 2004 فإن الإحصاءات الخاصة بالمعوقين ما زالت غير متوفرة، مما يستدعي باستمرار اللجوء على تقدير حجم الإعاقة والمعوقين من خلال العودة إلى النسب المئوية التي أقرتها منظمة الصحة العالمية، والتي تشير على أن الإعاقة التي تظهر في أي مجتمع تتراوح بين 10%-7% من سكان المجتمع، وهذا يعني بالنسبة للأردن أن هناك ما بين (200-300) ألف معوق مقارنة بعدد السكان الذي أظهرته المسوح الأخيرة.

ومن هنا تبرز الحاجة الفعلية والملحة على ضرورة إيجاد أو وضع منهجية وآلية مناسبة لإحصاء المعوقين بهدف التعرف على حجم الإعاقة وأعداد المعوقين واحتياجاتهم في الأردن وتوفير أرقام مرجعية حقيقية تفيد الباحثين وراسمي السياسات وصانعي القرارات ووضع الخطط والبرامج الملائمة لطبيعة تلك المشكلات.

وفي مجال الوقاية من الإعاقة، فقد عمدت الدولة الأردنية على العناية والاهتمام بالنواحي الصحية والطبية، حيث كانت إحدى الأولويات الوطنية ومن خلال المؤسسات الرسمية مثل وزارة الصحة والمؤسسات الطبية المدنية والعسكرية ومختلف المستشفيات والمراكز الصحية بالعمل والتنسيق فيما بينها لوضع سياسة عامة وشاملة للنهوض بصحة الفرد الجسمية والنفسية ونشر الوعي والتثقيف الصحي والاجتماعي، والعمل على تعزيز برامج الوقاية المستمرة وتطعيم الأطفال ضد الأمراض السارية والمعدية، والوقاية من الحوادث وإصابات العمل والسير والحوادث المنزلية، والتركيز على أسباب الإعاقة ودراستها وتحليل العوامل المسببة لها من خلال الكشف المبكر، إضافة على الرسائل الإعلامية عبر الوسائل المختلفة مثل التلفزيون والراديو والصحافة والمجلات المتخصصة، والسعي المستمر على وضع نظام كشف وتشخيص مبكر والإرشاد والتوجيه الأسري والإرشاد الجيني والإرشاد النفسي والمتمثل في إحداث مراكز ومؤسسات متخصصة في مثل هذه البرامج.

وبما أن الأردن يعد من الدول التي أخذت على عاتقها حمل الأمانة وتحفيز العمل مع فئات المعوقين وتقديم جل العناية والرعاية والاهتمام ضمن ما يتوافر من إمكانات وإسهامها المستمر في تعويضهم بعضاً مما حرموا في الحياة، فقد أعطى لهم ولأسرهم فرصة المشاركة الاجتماعية وتوفير الوسائل المختلفة لدعمهم ومساعدتهم في التخلص من الآثار التي لحقت بهم جراء إعاقتهم أو تجاوز هذه الآثار أو الحد منها وتهيئة الظروف المعيشية الكريمة وفق قدراتهم وإمكاناتهم.

ومن خلال الجهات الرسمية المختصة وشبه الرسمية والتطوعية والأهلية أولت الدولة الأردنية جهوداً مميزة في متابعة تطور التربية الخاصة بفئاتها ومجالاتها وبرامجها وخدماتها سواء العلمية أو التربوية أو الصحية أو الاجتماعية أو النفسية أو المهنية وغيرها من النشاطات والفعاليات الهادفة، إضافة على

العمل باستمرار على نقل تجارب الدول المتقدمة في شتى الميادين والمجالات والاستفادة من تطبيقها بما يتلاءم مع البيئة والمجتمع ا لأردني وتأكيداً لما انبثق عن معتقداتنا الإسلامية من مبادئ ودستورنا الأردني من ثوابت.

ويمكن لنا إيجاز تطور التربية الخاصة في الأردن ضمن المراحل التالية:

Sالمرحلة الأولى: ما قبل عام (1970م):-

فمن خلال نظرة شاملة لسنوات سبقت عام 1970، نستطيع أن نميز هذه المرحلة عن المراحل اللاحقة، إذ يمكن تسميتها مرحلة التأسيس وما يمكن أن نطلق عليها المرحلة التمهيدية والتي من خلالها تم الانطلاق والخوض في تجربة فتح وإنشاء مدارس ومراكز التربية الخاصة والتي كانت تسمى مراكز (الصم والمتخلفين عقلياً)، وقد تميزت هذه المرحلة بالحذر والخوف والمجازفة في خوض غمار تجربة العمل مع فئات المعوقين، والتي كان العمل معها يتطلب بقائها معزولة أو شبه معزولة عن المجتمع وبعيدة عن السكان، إذ كان يطلق على من إصابتهم إعاقة أنهم متخلفون أو معتوهون ويجب عزلهم، إلا أن تصميم البعض من مؤسسات وأفراد على إيجاد المكان الملائم وتهيئة الظروف المناسبة لفئات المعوقين وإصرارهم على السير في هذا التوجه كان وراء نجاح هذه المرحلة التي شهدت ولادة خمس مؤسسات تعنى بشؤون المعوقين.

وقد شهد الأردن ولادة معهد (مؤسسة) الأراضي المقدسة للصم والبكم، التي افتتحها جلالة الملك الحسين طيب اللـه ثراه المعظم في عام 1964 وكانت تضم (30) طالباً و(3) مدرسين حين تأسيسها، أما في الوقت الحالي فهي تضم داخل حرمها (130) طالباً وطالبة و(50) موظفاً، وتقدم خدمات تربوية وتدريبية ومهنية ورعاية داخلية بدءاً من مرحلة الحضانة والروضة وحتى مرحلة التدريب المهني وحسب الترتيب التالي:-

- المرحلة التحضيرية (دون 6 سنوات).

- المرحلة الأساسية 6 سنوات - 14 سنة.

- المرحلة الثانوية والتأهيل المهني 14 - 18 سنة.

- كذلك شهد الأردن في هذه المرحلة ولادة أول مؤسسة تعنى بشؤون المتخلفين عقلياً، والتي تعد نواة لإحداث مؤسسات ومراكز للمعوقين عقلياً في الأردن، أسستها منظمة سويدية وأطلق عليها اسم المؤسسة السويدية للإغاثة الفردية عام (1978)، إذ كانت تقدم خدمات لحوالي (100) منتفع حين تأسيسها من فئة الإعاقة العقلية بدرجة المتوسط والشديد.

- وفي عام (1969) شهدت هذه المرحلة تأسيس ثلاثة مؤسسات حكومية والتي تمثلت فيما يلي:-

- معهد (مدرسة) النور للمكفوفين والذي يقدم خدمات تربوية وتعليمية للمكفوفين بقسميه الداخلي والخارجي وبطاقة استيعابية بلغت (60) منتفع في حينها تقدم لهم كافة البرامج والخدمات في حين تبلغ الطاقة الاستيعابية الآن حوالي (140) طالب وطالبة من المكفوفين تشرف على تدريسهم وتدريبهم هيئة إدارية وتدريسية قوامها (32) معلماً ومعلمة (انتقلت لاحقاً بوزارة التربية والتعليم وتم انشاء بناء خاص بها بدعم من جلالة الملك عبد الـلـه الثاني حفظه الـلـه.

- .معهد الأمل للصم/ عمان (مدرسة الأمل للتربية الخاصة) حالياً.

- معهد الأمل للصم/إربد (مدرسة الأمل للتربية الخاصة) حالياً.

- حيث تقدم من خلالها خدمات وبرامح تربوية وتعليمية وتدريبية لفئة الصم من الأعمار (4-8) سنوات في بداية التأسيس ولمرحلتي الروضة

والمدرسة، وبلغت الطاقة الاستيعابية في حينها (50) منتفع لكل معهد بقسميه الداخلي والخارجي.

- أما في الوقت الحالي فإن الخدمات المقدمة من خلال هاتين المؤسستين أصبحت متطورة جداً بحيث توسعت خدماتها لتشمل الأعمال من (4-18) سنة وبدءاً من الروضة الأولى وحتى الصف التاسع، وأصبح عدد الطلاب والطالبات المنتفعين في كل مدرسة حوالي (190) في القسمين الداخلي و الخارجي وبطاقة استيعابية لكل مبنى (200) منتفع، إضافة لوجود أعداد كبيرة من الكوادر المدربة والمؤهلة للتعامل مع فئة الصم والتي بلغت حوالي (80) موظفاً وموظفة في الوقت الحالي في كلا المؤسستين.

وبذلك يمكن القول أن هذه المرحلة قد منحت التربية الخاصة بعداً اجتماعياً مهماً تمثل في ضرورة تفعيل دور المؤسسات والأفراد في العمل الاجتماعي والتحول على عقد السبعينات وفتح الأبواب لمزيد من التوسع الكمي والنوعي في مجالات العمل مع كافة فئات المعوقين.

المرحلة الثانية (1971-1980):-

في حين تميزت المرحلة الأولى بالتمهيد والتأسيس لمراكز التربية الخاصة، فيمكن القول: إن المرحلة الثانية في عقد السبعينات يمكن أن نطلق عليها مرحلة التحول الطبيعي للدخول المباشر في جسم المؤسسات الاجتماعية، إذ تميزت هذه المرحلة بالزيادة في أعداد المراكز والمؤسسات والتي بلغت خمسة عشر مركزاً ومؤسسة تعنى بشؤون المعوقين وارتفع عدد المنتفعين فيها غل حوالي (500) طالب وطالبة، كذلك تميزت هذه المرحلة بإحداث برامج جديدة ذات صبغة تدريبية مهنية وتأهيلية ونشاطات منهجية متجددة ولا منهجية مميزة ومتطورة أكثر من عهدها السابق، وإدخال تعديلات على بعض المناهج وطرائق التدريس

والتنوع في الخدمات والبرامج المقدمة لفئات المعوقين.

وقد كان لجمعية الصحة النفسية ا لسبق في الاهتمام بمجال التربية الخاصة الذي تبين من خلال تأسيس مراكز تتبع للجمعية في جبل اللويبدة في عام 1972م ومركز البقعة في عام 1974م ومركز بيادر وادي السير في عام 1979م، إذ يتم من خلال هذه المراكز تقديم خدمات شاملة للمعوقين عقلياً في القسم الداخلي والخارجي والتي تتمثل في برامج التعليم والتدريب والتهيئة المهنية والإرشاد والرعاية الداخلية والنشاطات الترفيهية وغيرها من البرامج الهادفة، إذ يبلغ عدد المنتفعين في المراكز التابعة لجمعية الصحة النفسية في الوقت الحالي حوالي (200) طالب وطالبة.

وشهد عام (1973م) تأسيس مركز التأهيل المهني/الرصيفة لتدريب الأفراد من (16-45) سنة من فئات الإعاقة العقلية والسمعية والبصرية والحركية، وتم إحداث برامج وخدمات تتواءم مع فئات المنتفعين وتدريبهم على مجموعة من المهن المختلفة مثل النجارة والحدادة والخياطة وتجليس السيارات وأعمال القش والخيزران وصناعة الأحذية والجلديات وغيرها من المهن الممكن تدريب الطلبة عليها.

وشهد عام (1974م) تأسيس جمعية الشابات المسلمات/البنيات التي تميزت بتقديم خدمات التعليم والتدريب والتأهيل المهني للمعوقين عقلياً، حتى أصبحت من المراكز الرائدة والمتطورة في تقديم خدماتها لحوالي (160) منتفع.

وفي عام (1971م) تم تأسيس مركز جمعية الحسين لرعاية وتأهيل المشلولين/عمان والتي تقدم خدمات للأفراد المعوقين حركياً تتمثل في التعليم والتدريب والتأهيل المهني والعلاج الطبيعي في القسم الداخلي والخارجي.

وفي عام (1972م) تم تأسيس دار رعاية المشلولين/المفرق والتي أصبحت مركز رعاية وتأهيل المعوقين حركياً في الوقت الحالي ويقدم خدمات التعليم والتدريب والتأهيل المهني والعلاج الطبيعي في القسم الداخلي والخارجي وبطاقة استيعابية حالياً تبلغ حوالي (60) طالباً وطالبة.

وفي عام (1977م) قامت وزارة التنمية الاجتماعية بتأسيس مركز المنار/الزرقاء وبطاقة استيعابية بلغت (60) منتفع في حينها، أما في الوقت الحالي فيبلغ عدد المنتفعين في المركز حوالي (130) طالب وطالبة يتلقون خدمات تربوية وتعليمية ضمن طرائق تدريس فردية وتهيئة مهنية ويقدم خدمات للقسم الخارجي فقط.

كذلك تم في نفس العام إحداث مركز المنار/إربد بطاقة استيعابية بلغت (40) منتفع في حينها، أما في الوقت الحالي فإنه يقدم خدماته لحوالـــي (120) طالباً وطالبة في القسمين الداخلي والخارجي يلقون خدمات الرعاية المؤسسية الداخلية والتعليم والتدريب والتهيئة المهنية والنشاطات التربوية المختلفة.

وعلى صعيد المؤسسات التطوعية والأهلية، تم في عام (1975م) تأسيس مركز الرجاء لتعليم وتدريب وتأهيل الصم كمركز نهاري باشر عمله في عام 1977م وكان يضم (60) طالب وطالبة في حينها وللأعمار بين (3-10) سنوات، تقدم لهم خدمات تربوية وتعليمية مع تعديلات في المناهج وطرائق التدريس في أقسام الروضة والمدرسة، وتم زيادة سن الخدمة في المركز حتى (18) سنة وفتح صفوف جديدة ومراحل تعليمية حتى الثانوية العامة، حتى أصبح المركز يضم حالياً حوالي (180) طالباً وطالبة من مرحلة الروضة وحتى الثانوية العامة، إذ تعتبر تجربة مركز الرجاء في إيصال الطلبة إلى نهاية المرحلة الثانوية وتقديمهم لامتحان الثانوية العامة في عام 1994/1993م حيث بلغ عددهم (5) خمسة

طلاب وفي العام الدراسي 1995/1994م بلغ عددهم (18) طالباً وطالبة سوف يتقدمون لامتحان الثانوية العامة وتعبر هذه التجربة من أفضل الأعمال التي قدمت في مجال التربية الخاصة في الأردن.

وفي عام 1978م نشطت جمعية الملكة علياء لرعاية وتأهيل المعوقين سمعياً وإحداث مؤسسة الملكة علياء للسمع والنطق في عمان بهدف تدريب الأطفال في مراحل العمر الأولى على جميع المشكلات السمعية والنطقية حيث تقدم خدماتها سنوياً لمئات الأطفال ممن يعانون إعاقة سمعية ونطقية كلية أو جزئية.

وشهد عام (1978م) إحداث مراكز ومدارس للصم تمثلت في تأسيس وزارة التنمية الاجتماعية مركز (مدرسة) الملكة علياء للمعوقين سمعياً - الرصيفة (مدرسة الأمل/ ا لملكة علياء) حالياً وبطاقة استيعابية بلغت (40) طالباً وطالبة في حينها لقسم الروضة والمدرسة للأعمال من (4-8) سنوات واستمرت المدرسة في تقديم خدماتها حتى أصبحت حالياً تمثل نواة مدرسة ثانوية تمتد فيها المراحل من الروضة وحتى الصف التاسع الأساسي للأعمار من (4-18) سنة يتلقون خدمات تربوية وتعليمية وتدريب وتهيئة مهنية وبعد سن المدرسة يتم تحويلهم على مركز التأهيل المهني للتدريب على المهن المختلفة ويبلغ عدد المنتفعين من المدرسة حالياً (180) طالباً وطالبة.

وفد شهد عام (1979م) نشاطاً ملحوظاً للاتحاد العام للجمعيات الخيرية، إذ تم إنشاء مركز الأمل/الطفيلة وبطاقة استيعابية بلغت (20) منتفعاً، ومركز الجمعية الوطنية لرعاية المعوقين عقلياً في نفس العام وبطاقة استيعابية بلغت (40) منتفعاً في حينها.

وبذلك تكون هذه المرحلة قد شهدت تطوراً ملموساً في مجال خدمات المعوقين تمثلت في الزيادة الملحوظة في أعداد المراكز والمدارس ومشاركة جهات

تطوعية وخيرية مثل الاتحاد العام للجمعيات الخيرية والأفراد والجمعيات الأهلية وانخراط جميع هؤلاء في العمل الاجتماعي مع المعوقين، إضافة على أن هذه المرحلة تميزت بتقديم نوعية أفضل من الخدمات والبرامج الهادفة.

المرحلة الثالثة (1981-1990م):

في حين تميزت المرحلتين السابقتين بالتمهيد لتأسيس المراكز والمؤسسات للانخراط في جسم المؤسسات الاجتماعية والتطور في نوعية ومستوى الخدمات، فقد تميزت هذه المرحلة بالانطلاق والتوسع الكمي والنوعي في مجال رعاية المعوقين، إذ بدأت الانطلاقة الفعلية لكافة القطاعات الحكومية والتطوعية والأهلية، وذلك بعد الإعلان العالمي للأمم المتحدة بأن عام (1981م) العام الدولي للمعوقين والذي صدر عنه مجموعة من المبادئ والمواثيق المهمة والداعية الى العمل مع فئات المعوقين وكانت الاستجابة على المستوى المحلي عالية وصادقة.

وقد بدأت جهات عدة في الأردن تنخرط في العمل الاجتماعي مع المعوقين والتوسع في الخدمات والبرامج والمراحل التعليمية وخدمات ا لرعاية الداخلية والتأهيلية العلاجية والإرشادية، وظهر أن مركز ومؤسسات ومدارس وصفوف التربية الخاصة قد بدأت تنتشر خارج العاصمة شاملة لجميع محافظات المملكة دون استثناء.

وكذلك تميزت هذه المرحلة بظهور كليات ومعاهد متخصصة في إعداد الكوادر الفنية المؤهلة في تربية وتعليم المعوقين والتي دعت إليها الحاجة الفعلية لتوفير كوادر متخصصة للعمل في المجال، حيث أن الفترة السابقة شهدت نقص شديد في وجود كوادر متخصصة للتعامل مع هذه الفئات، وقد كان لتأسيس كلية الخدمة الاجتماعية-الأميرة رحمة حالياً- وكلية التربية في الجامعة الأردنية وكلية العلاج الطبيعي في الخدمات الطبية الملكية وغيرها أهمية خاصة في رفد

المراكز والمدارس بالأعداد اللازمة من المتخصصين في التربية الخاصة والعلاج الطبيعي والخدمة الاجتماعية، مما كان له أثر إيجابي في تربية وتعليم وتدريب المعوقين من مختلف فئاتهم.

وهنا يمكن اعتبار هذه المرحلة وفترة الثمانينات عقد العمل الاجتماعي، اذ شهدت الأردن في عام 1981م احتفالات بالعام الدولي للمعوقين ومشاركته دول العالم في جميع المناسبات ذات العلاقة بالمعوقين، واستمرت الانطلاقة الشاملة للعمل ومن مختلف الجهات بالتعاون والتنسيق فيما بنيها، إذ بلغ عدد المراكز والمؤسسات التي تم إحداثها خلال هذه المرحلة عشرين مؤسسة كانت غالبيتها تتبع للقطاع التطوعي والأهلية، وهذا يؤكد مدى حرص واهتمام المجتمع على النهوض بالأفراد المعوقين والتوجهات الإنسانية لهذه القطاعات أكثر من أي وقت مضى، ونلاحظ خلال هذه المرحلة أن القطاع الحكومي لم يؤد الدور المطلوب منه سوى إحداث مركزين في السلط وإربد، وهذا يبين الفجوة التي حصلت في تلك الفترة وما عانته من حالة جمود، وتشير الإحصاءات أن عدد المراكز والمدارس حتى نهاية تلك المرحلة قد بلغ حوالي (48) مؤسسة تقدم خدماتها لحوالي (1512) منتفعاً.

إذ شهد عام 1981م إحداث مركز ا لمنار/السلط للإعاقة العقلية وبطاقة استيعابية بلغت في حينها (40) منتفعاً تقدم لهم خدمات تعليمية وتدريبية بدءاً من سن (4-16) سنة، وتبعه في نفس العام (1981م) إحداث مركز الجوفة لرعاية ا لمعوقين عقلياً/ عمان والذي أصبح فيما بعد (مركز المنار/عمان) وبهدف تقديم خدمات تربية وتعليم لفئة المعوقين عقلياً من سن (4-16) سنة وجميعها تتبع لوزارة ا لتنمية الاجتماعية.

أما على صعيد التأهيل المهني فقد قامت وزارة التنمية الاجتماعية بتأسيس مركز التأهيل المهني في محافظة اربد بهدف تقديم خدمات التدريب والتأهيل

المهني لمختلف فئات المعوقين القادرين على التدريب للأعمار من (16-45) سنة وبطاقة استيعابية بلغت في حينها (80) منتفعاً.

ونشط في هذه المرحلة القطاع التطوعي والأهلي، حيث تم تأسيس مركز الأميرة بسمة/الزرقاء، وإربد للتربية الخاصة (1981م)، ومؤسسة جعفر للتربية الخاصة (1981م)، والمدرسة الإسلامية للكفيفات (1982م).

وبدعم من صندوق الملكة علياء للعمل الاجتماعي التطوعي تم تأسيس مركز مؤتة للتربية الخاصة عام (1983م) في محافظة الكرك وبطاقة استيعابية بلغت في حينها (50) منتفعاً من المعوقين عقلياً وسمعياً، أما ف الوقت الحالي فقد بدء العمل بمشروع لبناء مركز على قطعة الأرض التابعة لمركز مؤتة حيث تم وضع حجر الأساس في نهاية عام 1994م.

وقد نشطت القطاعات الأهلية في مجال العناية بالشلل الدماغي، حيث تم في عام (1983م) تأسيس جمعية أبن سيناء للعناية بالشلل الدماغي بهدف تدريب وتعليم حالات الشلل الدماغي.

كذلك نشطت وزارة الصحة في عام 1984م حيث تم إحداث قسم التخلف العقلي الشديد في المركز الوطني للصحة النفسية وبطاقة استيعابية بلغت في حينها (45) منتفعاً من الكبار.

وشهد عام (1985م) نشاطاً ملحوظاً تمثل في إحداث مركز الثغر للتربية الخاصة في مدينة العقبة وبطاقة استيعابية بلغت في حينها (40) منتفع من المعوقين عقلياً، وكذلك تم في العام نفسه تأسيس المدرسة النموذجية للتربية الخاصة/عمان وبطاقة استيعابية بلغت في حينها (40) منتفعاً، وتم تأسيس بيت الأمل لمتعددي الإعاقة/ الزرقاء في نفس العام وبطاقة استيعابية بلغت (40) منتفعاً من المعوقين عقلياً الشديدة والمتعددي الإعاقة للأعمار من(7-15) سنة.

وقد تأسس في نفس العام صرح مميز للتربية الخاصة وهو مركز نازك الحريري للتربية الخاصة والذي يعتبر معلم بارز ودليل واضح على تطور التربية الخاصة والذي أنشئ بدعم من القطاع الخاص ويقدم خدماته حالياً لحوالي (200) منتفع من فئة ا لمعوقين عقلياً البسيط والمتوسط تقدم لهم كافة خدمات ا لتربية الخاصة وبشكل مميز وبتوفير كوادر متخصصة إشرافية وفنية بلغت حوالي (60) موظفاً وموظفة بين معلمين وإداريين ومستخدمين آخرين.

وقد نشطت وكالة الغوث الدولية في عام 1987 في مجال التأهيل المجتمعي للمعوقين وتقديم خدمات التربية الخاصة والتأهيل لأبناء اللاجئين الفلسطينيين من فئة المعوقين عقلياً وحالات الشلل الدماغي، حيث تم تأسيس مراكز التأهيل المجتمعي في مخيم عزة ومخيم سوف والبقعة ومخيم الشهيد عزمي المفتي، وبطاقة استيعابية في كل مركز بلغت حينها (60) منتفع تقدم من خلالها خدمات التدريب والتعليم والإرشاد والعلاج.

وفي عام (1987م) تم تأسيس مركز الرازي للتربية الخاصة بطاقة استيعابية بلغت في حينها (40) منتفعاً من المعوقين عقلياً وكذلك تم تأسيس مركز الأميرة بسمة للتربية الخاصة _جمعية أبناء الجنوب) في محافظة معان وبطاقة استيعابية بلغت في حينها (21) منتفعاً.

وفي عام (1988م) تم تأسيس مركز الأمل/سحاب التابع للاتحاد العام للجمعية الخيرية وبطاقة استيعابية بلغت في حينها (47) منتفع من المعوقين عقلياً.

وشهد عام (1988م) كذلك تأسيس المركز الوطني للسمعيات بهدف تدريب الأطفال المعوقين سمعياً دون سن الخامسة عشرة، وكذلك تم تأسيس دار ا لمحبة لرعاية حالات الإعاقة الشديدة والمتوسطة.

وفي عام (1989م) تم تأسيس مركز تشخيص الإعاقات المبكرة بإشراف وزارة الصحة بحيث يقوم هذا المركز بمهمات الكشف عن الأطفال دون سن السادسة عشرة بهدف بيان مستويات قدراتهم العقلية والنفسية والجسمية وتزويد الجهات ا لمختلفة بالتقارير اللازمة عن الحالات المحولة لهذا المركز.

وبهذا العرض يتبين أن المرحلة الثالثة شهدت درجة متقدمة من التوسع والاهتمام من كل القطاعات، حيث كانت هذه مرتكزات الانطلاق إلى المرحلة اللاحقة.

المرحلة الرابعة (1991-1999):

لقد تميزت المراحل الثلاث السابقة بتأسيس المدارس والمراكز والتوسع في خدماتها والانخراط في صلب العمل الاجتماعي، وأصبحت مؤسسات إنسانية تعنى بشؤون المعوقين وذات بًعد اجتماعي واضح، مما أدى إلى ظهور مرحلة متميزة دعت إلى الانطلاقة الكبيرة نحو التحديث والتجديد والتطوير في مجالات التربية الخاصة من حيث المراكز والمدارس والخدمات المقدمة من خلالها والهيئات العاملة والمشرفة، إذ شهدت هذه المرحلة نمواً كبيراً وتقدماً متسارعاً في كل الصعد ويمكن تسمية هذه المرحلة (الرابعة) مرحلة الانطلاق والتسارع.

وقد تمثل ذلك في أعداد المراكز والمدارس والصفوف التي تم إحداثها سواء الحكومية منها أو التطوعية أو الأهلية والتي وصلت خلال سنوات هذه المرحلة على (120) مؤسسة تعنى بشؤون المعوقين عقلياً وسمعياً وحركياً وبصرياً ومتعددي الإعاقة وصفوف المدارس العامة، إضافة على التغير النوعي والتحديث الذي واكب برامج وخدمات التربية الخاصة الشاملة التربوية منها والتدريبية والإرشادية والتأهيلية والرعاية الداخلية والعلاج والتشغيل والانطلاق قدماً نحو التأهيل الشامل والدمج التربوي والوظيفي، وبروز تحولات جذرية في مستويات

الرعاية الداخلية، والدمج للأطفال القابلين للتعلم ضمن المدارس ا لعامة، والسعي لتوفير البيئة التعليمية المناسبة لهم داخل المدرسة والصفوف الخاصة الملحقة بالمدارس العامة، والتحاق فئات القابلين للتدريب في مراكز التأهيل والمصانع والمعامل والمشاغل المحمية، ولا أبالغ إذ قلت أن هذه ا لمرحلة يمكن اعتبارها مرحلة البدء بالتوجه للتربية الخاصة العصرية والتي يمكن أن نهيئ فيها الإنسان والمجتمع والمؤسسات للدخول في سنوات القرن الحادي والعشرين وقد حققنا أحلاماً كبيرة تمنيناها نحن كثيراً مختصين ومربين، ويتمناها معنا المعوقين وآبائهم سعياً لتحقيق الحياة الكريمة والفضلى للمعوقين وحصولهم على حقوقهم وامتيازات يطلبوها من العاديين.

فقد شهد عام (1991م) تأسيس مركز المنار/عمان، ومركز الكرك للرعاية والتأهيل، ومركز جرش للرعاية والتأهيل وأحداث مدرسة الكورة للتربية الخاصة وعدد من صفوف الجمعيات الخيرية والتي بلغت أربعة صفوف للإعاقة السمعية واثنان للإعاقة العقلية.

وشهد عام (1992م) تأسيس صفوف الجمعيات الخيرية والتي بلغت صفات للإعاقة العقلية وصف واحد للإعاقة السمعية.

وكذلك شهد عام (1993م) تأسيس مراكز المنار للتنمية الفكرية (التربية الخاصة) في كل من المفرق والطفيلة وعجلون ومعان ومدرسة الأمل، العقبة وروضة الأمل، الزرقاء، إضافة على إحداث صفوف في الجمعيات الخيرية حيث بلغت خمسة صفوف للإعاقة السمعية وستة صفوف للإعاقة العقلية.

وشهد عام (1994م) تأسيس مركز المنار/دير علا ومراكز لرعاية التأهيل في كل من السلط ومادبا وسحاب وعمان لحالات شديدي الإعاقة، إضافة إلى إحداث صفوف في الجمعيات الخيرية بلغت ستة صفوف للإعاقة العقلية.

التربية الخاصة في الأردن

هـذا مـا قامـت بـه وزارة التنميـة الاجتماعيـة في الفـترة مـن 1991م ولغايـة 1995/1994م بنشاط ملحوظ وملموس على المستويات كافـة، أمـا ف القطاعـات الأخـرى التطوعية والأهلية فقد تم تأسيس (10) مراكز للتربية الخاصة خـلال الفـترة مـن (1991م) ولغايـة (1994م وعـلى النحـو التاليـة:- مركـز الرجـاء للتربيـة الخاصـة (1991م) والمركـز الحـديث للتربيـة الخاصـة (1991م) ومدرسـة الروضـة للتربيـة الخاصـة (1992م) والمركـز العربي للتربية الخاصة (1992م) والمركز الوطني للتربية الخاصة (1992م) ومركز الأميرة هيا للتربية الخاصـة (1992م) والمركـز الأردني للتربيـة الخاصـة (1993م) ومركـز الأمـل/السـلط (1992م) مركز جمعية عثمان بـن عفـان (1993م) ومركـز جنـة الأطفـال للتربيـة الخاصـة (1994م).

وبذلك يكون القطاع التطوعي والأهلي قد لعب دوراً مميزاً خلال هذه المرحلة تمثل في تأسيس مزيد من المراكز والتنوع في خدمات التربية الخاصة وبرامج المعوقين ودعمها بالكوادر المؤهلة والمتخصصة للعمل مع هذه الفئات.

المرحلة الخامسة: مابعد عام 2000 اوما يسمى مرحلة التحديث.

والتي نحت إلى الانطلاق والاتجاه الى التحديث على المستوى النوعي سواء في البرامج او الأنشطة او إعداد جيد للكوادر وتأهيلها بشكل سليم لمواكبة العصر، إضافة الى التخصصية حسب الاعاقة والمشكلة التي تواجه الفئة الواحدة من المعوقين، وكذلك تميزت هذه المرحلة بتفعيل تكنولوجيا الاعاقة وكذلك استخدامات التعليم الاكتروني بشكل محدود وإعطاء المجال لادخال التكنولوجيا والحواسيب الى مدارس ذوي الحاجات الخاصة.

ويبين الملحق ذو الرقم (1) المؤسسات والمراكز والمدارس والصفوف التي تم إنجازها حتى نهاية العام الدراسي 2008 وتحليل إحصائي لواقع الإعداد والخدمات

المقدمة من خلالها في مجال التربية الخاصة والتأهيل، ويمكن تصنيف المراكز والمدارس خلال هذه المرحلة على النحو التالي:

1. مراكز التربية الخاصة للمعوقين عقلياً.
2. مدارس التربية الخاصة للمعوقين سمعياً وبصرياً.
3. مراكز الرعاية والتأهيل لشديدي الإعاقة.
4. مراكز التأهيل المهني لكافة الإعاقات.
5. مراكز التأهيل المجتمعي للمعوقين عقلياً والشلل ا لدماغي.
6. صفوف الجمعيات الخيرية للمعوقين عقلياً وسمعياً.
7. مراكز التشخيص والكشف المبكر لكافة الإعاقات.
8. غرف المصادر (صفوف ملحقة بالمدارس العامة) صعوبات التعلم وبطء التعلم.

وبذلك تكون الدولة الأردنية قد قطعت شوطاً طويلاً ومتقدماً في مجال التربية الخاصة والذي تمثل في إحداث أعداد كبيرة من المراكز والصفوف والتوسع في البرامج والخدمات الشاملة.

وبهذا نستطيع القول بأن مراحل التطور التي شهدتها التربية الخاصة خلال خمسة عقود بدءاً من عام 1964م وحتى عام 2008م تعد تطورات حثيثة حققت خلالها الدولة الأردنية السبق في مستوى الخدمات والبرامج المقدمة للمعوقين، وهذا جعلها في مصاف الدول المتطورة وعلى رأس الدول النامية في مجال التربية الخاصة والتي توجت بتسلم جلالة الملك عبد اللـه الثاني بن الحسين حفظة اللـه جائزة روزفلت الدولية لذوي الاحتياجات الخاصة في حفل مهيب.

3

الفصل الثالث

الخدمات الرئيسية المقدمة في مجال التربية الخاصة

" إنها التنمية الحقيقية في الانسان أي إنسان كان عاديا او غير عادي فبقدر ما تقدم له من تعليم وتدريب وتأهيل بقدر ما يكون ناجحا ومساهما في التنمية الحقيقية لوطنه وأمته"

أولا: خدمات التشخيص للإعاقات:

أولت الدولة الأردنية من خلال وزارة الصحة والتنمية الاجتماعية والمؤسسات الطبية العسكرية والمدنية اهتماماً خاصاً للخدمات الصحية الشاملة لكل المواطنين وبوصف الأفراد المعوقين جزءاً من هؤلاء المواطنين فقد عملت المؤسسات الطبية المختلفة على تقديم كامل الرعاية والعناية لجميع الأفراد المعوقين، بهدف مساعدتهم في التغلب على مشكلاتهم الصحية التي تعيق مواصلة تعليمهم وتدريبهم ودمجهم في جسم المجتمع والعيش ضمن بيئة سليمة وحياة كريمة.

وقد بدأت الخدمات الصحية في طريقها على التطور مع تأسيس الدولة الأردنية حيث يتم فحص الأطفال المعوقين من خلال المراكز الصحية والمستشفيات المتخصصة وكان الأطباء يمنحون المعوق تقريراً يبين حالته الجسمية والعقلية والنفسية وذلك من خلال إجراء الفحوصات المدرسية وزياراتهم المستمرة إلى المدارس ومراكز ومؤسسات المعوقين لمتابعة حالات المعوقين الصحية ونشر الوعي الصحي والكشف على الحالات التي تعاني من مشكلات صحية وتقديم العلاجات والأدوية اللازمة لهم بهدف التخفيف عنهم وشفاءهم من معاناتهم.

وتقوم وزارة الصحة بدور فاعل في الحد من الإعاقات في الأردن، حيث تقوم مديرية الأمومة والطفولة بالإشراف مباشرة على برامج الوقاية من الإعاقة ونشر الوعي والتثقيف الصحي للأمهات الحوامل، إذ وفرت الدولة أكثر من (250) مركزاً لرعاية الأمومة والطفولة في كافة محافظات المملكة، بهدف تشجيع الأمهات على مراجعة هذه المراكز التي تقدم كافة وسائل النهوض بصحة الأم والجنين والطفل وتعمل هذه المراكز على تقديم ما يلي:-

1. إرشاد الأمهات حول مواضيع أهمها:

- الابتعاد عن زواج الأقارب قدر الإمكان لما فيه من أثر في نقل الأمراض المزمنة.

- تعريف سبل الوقاية من بعض الأمراض وكيفية معالجتها.

- التوعية بمخاطر الحمل المتكرر المتقارب على الجنين.

- تجنب الحمل في سن مبكرة قبل 16 سنة وفي عمر متقدم بعد 35 سنة.

2. تقديم المطاعيم الأساسية مجاناً التي تحمي الطفل مـن أمـراض تـؤدي عـلى إعاقات مختلفة.

3. متابعة نمو وتطور الطفل شهرياً خلال السنة الأولى من العمر وكل شهرين للأطفال مـن عمر سنة إلى خمس سنوات، وبذلك تتيح المجال لاكتشاف التشوهات الخلقية وأي تأخر في النمو وتطور الطفل في هذه السن المبكرة والعمل على علاج ذلك إن أمكن.

4. يعمل المركز التدريبي للأمومة والطفولة على تأهيل وتدريب الكوادر الصحية للقيام بواجبهم على أمثل وجه وتتجه النية على استحداث مراكز تدريبية في منطقتي الشمال والجنوب من المملكة.

وتقوم عدة جهات طبية وصحية بتقديم خدماتها لفئات المعوقين وعلى النحو التالي:

أولاً: وزارة التنمية الاجتماعية تقوم بتقديم الخدمات الاستشارية لأسر الأطفال المعوقين وتحويلهم إلى المكان المناسب، وقد قامت وزارة التنمية عام 1982 بتأسيس مركز لتشخيص المعوقين يرتبط بكلية الخدمة الاجتماعية ليعمل على تحديد الإعاقة ودرجتها وجوانب سلوك المعوق ومستوى أدائه وذلك للتوجيه للمكان المناسب وبطبيعة البرامج والخدمات المناسبة لحالته.

ثانياً: وزارة الصحة تقوم بتقديم خدمات الكشف المبكر وتشخيص المعوقين الصغار من خلال مركز تشخيص الإعاقات المبكرة الذي تأسس عام 1989 والمركز الوطني للسمعيات الذي تأسس عام 1988 حيث تقوم هذه المراكز بفحص القدرات العقلية الحسية والجسمية والنفسية لدى الأطفال ولغاية عمر 16 سنة، كذلك تقوم وزارة الصحة بفحص المعوقين الكبار من خلال العيادة الاستشارية والمركز الوطني للصحة النفسية ومراكز أخرى تمنح تقريراً يبين الحالة التي يعاني منها الفرد المعوق لإحالته إلى المكان المناسب.

ويقوم مركز تشخيص الإعاقات المبكرة بفحص وتشخيص وتصنيف المعوقين الذين يراجعون الأقسام المختلفة، ويمنح المعوق تقرير شامل يبين قدراته الحركية والعقلية والنفسية والسمعية والنطقية والبصرية وحسب فئة الإعاقة وذلك لتحويله إلى المكان المناسب ووفق قدراته وحسب درجة ونوع الإعاقة، بهدف الاستفادة من البرامج والخدمات بشكل صحيح، وكذلك يوصي المركز بمنح المعوق التأمين الصحي اللازم ليساهم في عملية تشخيص إعاقته وتسهيل العبء عليه في مستقبله، حيث بلغ عدد المستفيدين من خدمات التأمين الصحي للأعوام 1991-2004 حوالي (23500) حالة إعاقة.

ويقوم بفحص المعوقين وتشخيصهم فريق متخصص من الأطباء والاختصاصيين في علم الاجتماع وعلم النفس والقياس والتربية الخاصة من خلال أجهزة متطورة واختبارات نفسية مصممة ومجربة على البيئة الأردنية، إضافة على توافر وحدة سمعيات حديثة ومتطورة وجهاز حديث لتخطيط الدماغ وهناك توجه لتوفير مختبر وراثة لأمراض الاستقلاب وقسم الاستشارات الوراثية ووحدة سمعيات متنقلة تصل إلى طلبة المدارس والمراكز في المناطق البعيدة.

ويعد تشخيص الإعاقة العقلية على سبيل المثال واحدة من خدمات التشخيص الرئيسة في الأردن، وهي من العمليات الإجرائية الهامة التي يتم

تطبيقها للتعرف على السمات والظواهر الكونية الحية وغير الحية، إذ أن عملية القياس ظهرت منذ وجد الإنسان على وجه الأرض وبدأ في البحث والتقصي عن الكثير من أسرار الظواهر الطبيعية والسلوك الإنساني وقياسها، ومع الأيام برزت أهمية القياس والتشخيص في التربية وعلم والنفس بشكل عام والتربية الخاصة بشكل خاص، وأصبحت تلك العملية حجر الأساس في التعرف على الأطفال غير العاديين وتصنيف الأطفال العاديين عن غير العاديين والتعرف الدقيق على مستوياتهم العقلية وقدراتهم المختلفة بهدف تصنيفهم ووضع البرامج التربوية والتدريبية والسلوكية المناسبة لهم.

والتشخيص بشكل عام للأطفال وخاصة الأطفال المعوقين عقليا تعد مشكلة كبرى وخاصة أنها أولى خطوات العلاج لهم ، والتشخيص معادلة أطرافها الفاحص والمفحوص وأدوات الفحص(المقاييس)، والمفحوص (الطفل) له الحق في فترة كافية للفحص ضمن الظروف والأجواء المناسبة مثل غرفة فحص مريحة بعيدة عن المؤثرات الخارجية، ووقت مناسب وغير مرهق من جراء سفر أو سهر، وان لا يكون جائعا أو عطشان وقت إجراء الفحص . أما الفاحص فيجب أن يكون مؤهلا ولديه القدرة والتمكن وبعد النظر وحسن تقدير الأمور يضاف إلى ذلك الخبرة أو قضاء فترة تدريب مع خبير أدوات القياس ، أما الاختبارات أو المقاييس فيجب أن تتوفر بشكل مناسب وتكون مناسبة لبيئة الطفل وجديرة بتحقيق الغرض الذي تقيسه .

والأصل أن يتم تشخيص الإعاقة العقلية في ضوء الاتجاه التكاملي ، فالتشخيص الطبي يتضمن عدد من الجوانب منها تاريخ الحالة الوراثي وأسباب الحالة وظروف الحمل ومظاهر النمو الجسمي للحالة واضطراباتها والفحوص المخبرية اللازمة، أما التشخيص السيكومتري يقوم به أخصائي نفسي ويتضمن تقرير عن القدرة العقلية للمفحوص باستخدام إحدى مقاييس القدرة العقلية،

والتشخيص الاجتماعي يقوم به أخصائي في التربية الخاصة أو الخدمة الاجتماعية ويتضمن تقرير عن درجة السلوك التكيفي للمفحوص باستخدام إحدى مقاييس السلوك التكيفي، أما التشخيص التربوي يقوم به أخصائي التربية الخاصة ويتضمن تقرير عن المهارات الأكاديمية للمفحوص باستخدام احدي مقاييس المهارات الأكاديمية .

ويعود تطور القياس والتشخيص فعليا إلى بدايات القرن العشرين حيث ظهر أول مقياس للذكاء (1905) على يد ستانفورد بينيه ، وتعد مقاييس واختبارات مثل: (وكسلر للذكاء) و(جودانف هاريس للرسم) و(مكارثي للقدرة العقلية) و(السلوك التكيفي) وكين ليفين للكفاية الاجتماعية) والمهارات اللغوية والعددية ومهارات القراء والكتابة وغيرها من الأدوات التي أكدت أهمية حركة قياس وتشخيص الإعاقة العقلية.

والتشخيص Diagnosis: يعني شكل من أشكال التقويم وهو مستعار من العلوم الطبية ويستخدم يشكل خاص في ميدان التربية الخاصة لأغراض الحكم على الصفة أو السلوك(النمر 2006) و يشير(ناظم فوزي2007) إلى أن التشخيص محاولة جمع البيانات المتعلقة بالفرد لغرض تسكينه في المكان المناسب و أن أدوات التشخيص هي المقابلات والاختبارات و البيانات الطبية و تاريخ العائلة و رأي الخبراء.

ويعرف الباحث (الغرير2007)تشخيص الإعاقة العقلية بأنه مرحلة جمع المعلومات عن الفرد وظروف حياته وسماته وقدراته وذلك لوصف دقيق لجوانب القوة والضعف التي تقود إلى الحكم على الحالة وتصنيفها من بين الأفراد ضمن الفئة العمرية التي ينتمي أليها.

أما موضوع التربية الخاصة والذي يعد حديث نسبيا بالنسبة لبقية العلوم،

فقد أخذت عملية القياس والتشخيص حيزا كبيرا فيه حيث تعد واحدة من الخدمات الرئيسة التي تقدم للأشخاص المعوقين بمختلف فئاتهم سواء العقلية آو السمعية آو البصرية آو صعوبات التعلم آو غيرها من الفئات التي لابد لها من المرور في عملية اتخاذ القرار التشخيصي لتحويلها إلى المكان المناسب آو تحديد البرامج الضرورية لها آو منحها الامتيازات التي وردت في قانون الأشخاص المعوقين ضمن مبدأ الحقوق الذي كفله لهم القانون الدولي والمحلي(قانون رعاية الأشخاص المعوقين عام 2007).

ويشير الحازمي(2007) إن تشخيص الأطفال ذوي الإعاقة العقلية يعد متطلبا رئيسيا وسابقا لتقديم الخدمات المناسبة لهم، وليس سهلا وهو غاية في الصعوبة بسبب الطبيعة غير المتجانسة لهؤلاء الأطفال، ورغم ذلك فأن تلك العملية تتم في ظروف صعبة وتحتاج إلى إجراءات منظمة ودقيقة بهدف التعرف على جوانب القوة والضعف من قبل الفريق المتخصص الذي يستخدم وسائل وطرق شتى للوصول إلى الحقيقة والهدف المنشود وأطلاق الاحكام النهائية على الحالة لتلقي الخدمة المناسبة والتي أبرزها التربوية والصحية والنفسية.

وفي تعريف للإعاقة العقلية وضعته الجمعية الأمريكية للإعاقة العقلية A.A.M.R لسنة 2002 ترى أن الاعاقه العقلية تتميز بالنقص الجوهري لكل الوظائف العقلية والسلوك التكيفي كما تبدو في المهارات التكيفيه التالية: المفاهيمية والاجتماعية والعملية والذي ينشا قبل بلوغ الفرد عمر (18) عاما.

وتهدف عملية قياس والتشخيص الأطفال ذوي الإعاقة العقلية إلى التعرف على قدراتهم وتقديم العلاج المناسب لهم وتصنيفهم ضمن الفئة والمستوى الذي ينتمون إليها وتحديد المكان والبرنامج التربوي والسلوكي والنفسي المناسب للحالة.

وحتى تتم عملية القياس والتشخيص بصورة صحيحة فيجب أن تخضع لعدد من الأسس والقواعد الواردة في لوائح مركز تشخيص الإعاقات المبكرة والتي يمكن تحديدها على النحو التالي:

أولا: تحديد فريق القياس والتشخيص وشموله لمختلف أعضاء الفريق المؤهلين والمتخصصين.

ثانيا: توفير الاختبارات والمقاييس النفسية والتربوية المقننة والرسمية والمناسبة للأطفال.

ثالثا: المحافظة على سرية وخصوصية إجراءات القياس والتشخيص وتوثيق معلوماتها ونتائجها.

رابعا: الموافقة على إجراء عملية التشخيص من قبل ولي الأمر بشكل خطي وموثق.

خامسا: إصدار تقرير نفسي- تربوي موثق وبتوقيع رئيس فريق أو أخصائي التشخيص المعتمد.

سادسا:الجهة التي يصدر منها تقرير التشخيص معتمدة ورسمية ومرخصة ويتم مسائلتها قانونيا.

سابعا : إخضاع الطفل المعوق عقليا إلى فترة تجريبية للتحقق من صحة الإجراءات.(تقرير مركز تشخيص الإعاقات المبكرة- وزارة الصحة 2007)

ومن ابرز مقاييس الاعاقه العقلية كما أوردها الروسان (2007) في كتابه أساليب القياس والتشخيص في التربية الخاصة

مقياس ستانفورد بينيه : يهدف هذا المقياس إلى قياس القدرة العقلية العامة للمفحوص ومن ثم تحديد موقعه على منحنى التوزيع الطبيعي للقدرة العقلية

ويغطي الفئات العمرية من سن 2 وحتى سن 18 بواقع ست اختبارات في كل فئة عمريه ويقوم في تطبيقه أخصائي في علم النفس ويعتبر هذا الاختبار من الاختبارات الفردية المقننة ويعطى بعد تطبيقه درجه تمثل العمر العقلي وأخرى تمثل نسبة الذكاء وتستغرق عملية تطبيق المقياس من 30 دقيقه إلى 90 دقيقه اعتمادا على متغيري العمر والقدرة العقلية للمفحوص أما تصحيحه فيستغرق 30 -45 دقيقه (Compton.1980)

مقياس وكسار للذكاء تهدف مقاييس وكسار للذكاء إلى قياس وتشخيص القدرة العقلية للمفحوص ومن ثم تحديد موقعه على منحنى التوزيع الطبيعي للقدرة العقلية ويصلح مقياس وكسلر لذكاء الكبار (WAIS) للفئات العمرية من سن 16 فما فوق في حين يصلح مقياس وكسلر لذكاء الأطفال (WISC) للفئات العمرية من 6-17 سنه أما مقياس وكسلر لذكاء الأطفال في مرحله ما قبل المدرسة فيصلح للفئات العمرية من 4-5،6سنه ويمكن لأخصائي في علم النفس أن يطبق الاختبار حيث يحصل المفحوص فيه على ثلاثة نسب للذكاء متوسطها 100 وانحرافها المعياري 15 وهي نسبة الذكاء اللفظي (Verbal IQ Score) ونسبة الذكاء الأدائي (Score I Performance) ونسبة الذكاء الكلية (Full Scale I. Score) وتعتبر مقاييس وكسلر للذكاء من المقاييس الفردية المقننة حيث يستغرق الوقت اللازم لتطبيقها من 50-75 دقيقه أما الوقت اللازم لتصميمها فيستغرق من 30- 40 دقيقه

مقياس جود انف- هاريس للرسم وهدف هذا المقياس إلى قياس وتشخيص القدرة العقلية والسمات الشخصية للمفحوصين من سن 3-15 سنه حيث يعتبر هذا المقياس من مقاييس الذكاء غير اللفظية (الأدائية) المقننة والتي تطبق فرديه أو جماعية ويعطى هذا الاختبار بعد تطبيقه درجة خام تحول إلى درجه معياريه ثم

إلى نسبة للذكاء ويستغرق وقت تطبيق الاختبار من 10-15 دقيقه والوقت اللازم لتصحيحه وتفسير من 10-15 دقيقه

مقياس السلوك التكيفي للجمعية الامريكيه للتخلف العقلي (ألصوره المدرسية العامة) يتألف المقياس من 95 فقره تغطي قسمي المقياس الأول ويشمل مظاهر السلوك التكيفي (Adaptive Behavior) وعدد فقراته 56 فقره والثاني ويشمل مظاهر السلوك اللاتكيفي (Maladaptive Behavior) وعدد فقراته 39 فقره.

مقياس المهارات اللغوية للمعوقين عقليا : ظهر مقياس المهارات اللغوية للمعوقين عقليا في صورته الأردنية في عام 1986 وظهر دليل المقياس في عام 1995، 19987 ولقد جاء ظهور المقياس نتيجة لدراسة قام بها الروسان وجرار (1986) هدفت التوصل إلى دلالات عن صدق وثبات صوره أردنيه معدله من مقياس جامعة ولاية متشحان الامريكيه للمهارات اللغوية للمعوقين عقليا حيث اعد المقياس في صورته الاصليه في قسم التربية الخاصة بجامعة ولاية متشحان الامريكيه في عام 1976 ليساعده في عملية تقييم المهارات اللغوية للأطفال المعوقين عقليا وخاصة ذوي الاعاقه الشديدة حيث يقدم المقياس وصفا لمستوى أداء الطفل اللغوي من حيث ايجابياته وسلبياته ، ولا يعتبر المقياس في صورته الاصليه بديلا عن عملية التقييم والتشخيص الشاملة للمهارات اللغوية والتي يقوم بها عاده الأخصائي في قياس اللغة وتشخيصها وعلاج مشكلاتها . وقد تالف المقياس في صورته الأصلية من 102 فقره موزعه على خمسة إبعاد.

مقياس المهارات العددية للمعوقين عقليا: اعد وطور مقياس المهارات العددية للمعوقين عقليا في قسم التربية الخاصة بجامعة ولاية متشحان الامريكيه عام 1976 لإغراض التدريب الفردي ويهدف هذا المقياس إلى مساعدة معلم التربية

الخاصة في قياس المهارات العددية وتشخيصها للمعوقين عقليا. ويتكون المقياس من(92) فقره متدرجة في صعوبة.

مقياس مهارات القراءة للمعوقين عقليا:يتكون المقياس في صورته الأصلية من 13 فقره متدرجة في مستوى الصعوبة حيث يغطي المقياس مهارات القراءة التالية (التعرف إلى الكلمة ، الإصغاء إلى الكلمة، مطابقة الكلمة، القراءة الهجرية) المعدل أما الأصلي فيتكون من 13 فقرة

مقياس مهارات الكتابة للمعوقين عقليا ويتكون المقياس في صورته الأصلية من 17 فقره متدرجة في مستوى الصعوبة ، حيث يغطي المقياس المهارات الكتابية.

مما سبق يمكن القول بأن عملية القياس والتشخيص للإعاقة العقلية تأخذ بعدا تكامليا للجوانب المختلفة الصحية منها والجسمية والعقلية والأكاديمية(القراءة والكتابة والحساب) والاجتماعية والسلوكية، مما يؤكد ضرورة اخذ هذه الجوانب بعين الاعتبار وذلك في ضوْ العدد السابق من المقاييس التي تحتوي ضمن إبعادها وفقراتها تلك الجوانب الهامة في شخصية المعوق عقليا.

يلاحظ مما سبق بأن حركة القياس والتشخيص في الأردن قد نمت بشكل متزايد بدْا من عام 1980، وطهرت العديد من الأدوات بلغت(25) اختبارا ومقياسا، مما يعكس مدى الاهتمام المتزايد بتطوير الأدوات وأساليب قياس وتشخيص الإعاقة العقلية (الروسان،1998)

ويشير (الروسان، 2007)إلى مجموعة من القضايا المتعلقة بالقياس والتشخيص والمتمثلة في قلة الكوادر المدربة على استخدام وتطبيق المقاييس والاعتماد على مقاييس واختبارات تقليدية، وتباين عملية وإجراءات القياس والتشخيص بين المراكز ذات العلاقة، ونقص المعايير المحلية المعتمدة للمقاييس

والاختبارات، وتوفر البدائل منها وسوء استخدام الاختبارات وانتقاء الاختبارات في عملية التشخيص. وبذلك يمكن القول بأن تلك المعيقات أو القضايا ما زالت مستمرة في فرض نفسها حتى اليوم، وذلك لوجود ضعف كبير في منهجية التعامل وفق إستراتيجية محددة.

مركز تشخيص الإعاقات المبكرة:

يعد مركز تشخيص الإعاقات المبكرة المركز الحكومي الوحيد المعتمد لغايات استقبال وتحديد الإعاقات من الولادة ولغاية 18 سنة ويستقبل حوالي 2500 حالة سنويا، حيث تقدم للأطفال خدمات التشخيص والتصنيف والتقييم والإحالة والإرشاد والتوجيه حيث استقبل المركز واصدر تقارير منذ عام 1990 ولغاية النصف الأول من عام 2008 لحوالي 30000 حالة إعاقة من مختلف الإعاقات والجدول التالي(رقم1) يبين توزيع تلك الحالات المستفيدة من الخدمات حسب الفئة العمرية.

الفئة العمرية	اقل من سنة	من1–6 سنوات	من 6–12 سنة	من12–18 سنة
العدد	3688	10712	11712	3520
النسبة المئوية	12,5%	36%	39,5%	12%

يلاحظ من الجدول الصادر من المركز عام 2008 أن هناك تأخر في تشخيص الأطفال المعوقين إذ إن نسبة من يتم تشخيصهم ما بعد عمر ست سنوات إلى 18 سنة حوالي 52% من الأطفال مما يؤكد بأن الطفل تكتشف إعاقته فبعد ذهابه إلى المدرسة وليس في البيت، إضافة إلى إجماع الخبراء والمختصين إثناء تحليل الاستمارات بأن غالبيتهم يؤكد بأن هناك تأخير في عمر تشخيص الأطفال ،

وتؤكد جميع الأدبيات في الإعاقة على ضرورة الكشف المبكر لها قبل عمر ست سنوات.

وكانت نسبة الذكور الذين قدم لهـم خدمـة التشخيص حوالي65% بينمـا نسبة الإناث بلغت 35%،ويتبين بأن هناك اهتمام بتشخيص الذكور وهـذا يتطابق مـع وجهـات النظـر المختلفـة للأخصائيين والخبراء ومنظومـة القيم والعـادات الاجتماعيـة التي تـؤثر الاهتمام بالذكور على الإناث مما يبقي الأنثى حبيسة في البيت ومن العيب الكشـف عـن إعاقتها.

ويبـين الجدول التـالي(رقم2) التزايـد الحاصـل في أعـداد المعـوقين المقبلين علـى التشخيص حسب السنوات التالية لإنشاء المركز.

السنة	1990	1992	1994	1996	1998	2000	2002	2004	2006	2008
العدد	482	1247	1797	1983	2207	2508	2201	2313	2007	2094*

* لغاية شهر 6- 2008

ويتبين من الجدول أن هناك تزايد ملحوظ على تشخيص الأطفال المعوقين مقارنة ما بين سنوات 1992 و ما يليها من سنوات، وهذا يدل على مستوى أفضل مـن الـوعي في الإعاقة وتشخيصها ، رغم وجود مؤشرات ضعف الإقبال عـلى تشخيص المعـوقين عقليا في ضوء الإحصائيات المتداولة التي تؤكد وجود أعـداد لا بـأس فيهـا مـن الأشخاص المعـوقين عقليا دون سن 18بحاجة كشف.

كذلك دلت الأرقام الصادرة من مركز تشخيص الإعاقات بأنـه قـدم تـم تشخيص حولي ستة آلاف حالـة إعاقـة عقليـة (محـددة) و 1700 حالـة (متلازمة داون) إضـافة إلى تشخيص سبعة آلاف حالة متعددة الإعاقة الغالبية منها إعاقة

عقلية مصاحبة، والباقي حـالات إعاقـة أخرى(حركيـة ، شـلل دمـاغي ، سـمعية، بصريـة، نطقية، صعوبات تعلم، تأخر نمو ، تشوهات خلقية، توحد)(مصدر تقريـر مركز تشخيص الإعاقات المبكرة - وزارة الصحة 2008)

ومركز تشخيص الإعاقات المبكرة معتمد لإصدار تقاريـر لغايـات الالتحـاق بمراكز التربية الخاصة وغرف المصادر في المدارس العادية وللإعفاءات الجمركيـة وتصاريح الإقامة والإعفاء للخادمات وتقارير الحصول على المعونات لشديدي الإعاقة والتوظيـف للحـالات الإنسانية ومن بطاقات التأمين الصحي للأشخاص المعوقين والملتحقين بالجامعات مـن ذوي الاحتياجـات الخاصـة لاعفـاءهم مـن الرسـوم الجامعيـة حسـب النسـبة المقررة حسـب إعاقتهم.(المصدر السابق)

ويعمل في الوقت الحالي في المركز فريق من الأطباء (طبيب عـام، طبيـب أطفال عدد 2) واختصاصيين بدوام جزئي (أخصائي تأهيل وعلاج طبيعي ، عظام ، نفسية، أعصاب ، أذن ، نطق) إضافة إلى أخصائي نطق ولغة وأخصائي تقييم قدرات عقلية ووحدة تخطيط الدماغ ووحدة إرشاد اسري. (المصدر السابق)

وهناك جهات عديدة أبرزها الخدمات الطبية الملكيـة - وحدة التربيـة الخاصـة تمنح تقارير تشخيصية والتي يشرف على تقييم حالات الإعاقة العقلية أطباء و متخصصين مؤهلين لإصدار التقارير التشخيصية للمراجعين من أبناء القوات المسلحة، إضافة إلى مركز الأمير الحسن لتشخيص الإعاقات(الكرك) والذي نعامل منذ إنشاءه مع أعداد من الحالات طالبة الخدمة في محافظات الجنوب لكـن قلـة الأخصائيين تشكل صـعوبة في التأسيس لمنهجية عمل واضحة في تشخيص الإعاقات وتحويلها إلى الجهات صاحبة الإعاقة ، إضافة إلى قيامه بمهام وواجبات أخرى تتعلق بتدريب وتأهيل المعوقين من جميع فئات الإعاقة.

87

وتتجه النية لدى وزارة الصحة في افتتاح مركز لتشخيص الإعاقات المبكرة في محافظة اربد مع نهاية العام 2009 وتم رصد المخصصات والكوادر اللازمة له.

وحول المعوقات والصعوبات التي تواجه مركز تشخيص الإعاقات المبكرة فقد بين التقرير الصادر من المركز عام 2007 بأنها تتمثل في:

أولا: نقص في الكوادر المؤهلة والمتخصصة في تقييم القدرات.

ثانيا: نقص الاختبارات والمقاييس الحديثة المقننة والمؤلفة في مجالات الذكاء وصعوبات التعلم,,الخ

ثالثا: نقص الأجهزة الطبية التشخيصية لفحوصات السمع وتخطيط العضلات والأعصاب.

رابعا: قلة الكادر المتخصص في الإرشاد والتوجيه والتثقيف الأسري والإعاقة.

خامسا: عدم وجود قاعدة بيانات وتوثيق للحالات وضعف السجل الوطني في حصر ـ الحالات.

سادسا: عدم توفر فريق ميداني مجهز للتشخيص والتأهيل المجتمعي للعمل على التقييم والتشخيص للمعوقين في المناطق النائية.

سابعا: عدم توفر برامج تدريب وتطوير لمهارات العاملين الحاليين في مركز التشخيص ومراكز الأمومة القائمة لمواكبة المستجدات في مجال الكشف والتشخيص.

ثامنا: عدم توفر آلية عمل أو نظام لتحويل المراجعين من مراكز الأمومة والصحة والمدارس لمركز التشخيص المبكر للإعاقات.

تاسعا: عدم توفر منهجية موحدة لاجراءات التشخيص بين الأخصائيين المحترفين للمهنة حاليا.

ثالثاً: الخدمات الطبية الملكية والمستشفيات الحكومية تقوم بدور مهم في الكشف وتشخيص للقدرات الجسمية والعقلية والنفسية بهدف تحويل الطفل على المكان المناسب، حيث يقوم قسم التربية الخاصة في مدينة الحسين الطبية بفحص الأطفال المعوقين وتقديم الاستشارات اللازمة لهم ومنحهم تقريراً يبين حالتهم ودرجة ونوع الإعاقة.

رابعاً: مراكز التربية الخاصة، تقوم بعض مراكز التربية الخاصة مثل مركز نازك الحريري للتربية الخاصة والمركز العربي للتربية الخاصة والمؤسسة السويدية وغيرها من المراكز بإرجاء عملية فحص وتقييم للأطفال عند دخولهم إلى هذه المراكز وغيرها بحيث يتم تطبيق بعض الاختيارات الخاصة بالقدرات الجسمية والعقلية والحسية والنفسية لبيان حالة الطفل المعوق والتي يتم في ضوءها تحديد مستوى الطفل للدخول على المكان المناسب.

خامساً: وقد استطاعت الجامعة الأردنية تخريج أعداد لا بأس بها من أخصائيين في القياس النفسي- والتربوي والتربية الخاصة لديهم قدرات ممتازة في استخدام الاختبارات المختلفة والعمل من خلالها وإطلاق الأحكام النهائية ويعملون في الجامعة الأردنية ووزارة الصحة ووزارة التنمية والخدمات الطبية الملكية وفي القطاعات ا لأهلية وفي مدارس وزارة التربية والتعليم، وبذلك يكون الأردن قد قطع شوطاً كبيراً في مجال تشخيص المعوقين من مختلف الفئات مما يعكس مدى التقدم والوعي في هذا المجال.

سادساً: تختلف طرق قياس وتشخيص المعوقين من فئة على أخرى ومن مركز لآخر وتتضمن عملية القياس والتشخيص ثلاثة مراحل رئيسية هي:

1- التحويل والتي تعني تحويل الطفل من قبل الأهل أو المدرسة أو الطبيب عـلى مركز تشخيص الإعاقات أو مراكز التربية الخاصة التي تستطيع تشخيص الإعاقة وقياسها.

2- عمل الدراسة الاجتماعيـة اللازمـة ووضع الطفـل تحت الملاحظـة للمـدة التـي يراهـا الفاحص مناسبة.

3- تطبيـق طـرق التشـخيص المناسـبة التـي تتضـمن أدوات واختبـارات مصـممة خصيصـاً لقياس وتشخيص الأفراد المعوقين.

ويمكن الإشارة على مجموعة كبيرة مـن طـرق تشخيص المعوقين المسـتخدمة في مركز التشخيص ومراكز التربية الخاصة أو المؤسسات التي تقوم بأداء هذه المهمـة، وهـذه الطرق تتضمن ما يلي:

1. دراسة اجتماعية وتتضمن المعلومـات الأوليـة والوضـع الأسري والاجتماعـي ومعلومـات المستويات التعليمية والتدريبية للطفل والأسرة وأية ملاحظات ذات علاقة.

2. مقياس القدرات العقلية مثل ستانفورد بينيه ووكسلر ومقياس السلوك التكيفي للحكـم على قدرات ومهارات الأطفال ومستوى أدائهم الحالي.

3. مقاييس النمو الاجتماعي والنمو الانفعالي في بعض المؤسسات الخاصة.

4. اختبارات التحصيل وتقييم القدرات التعليمية في المهارات الأكاديمية.

5. دراسة السلوك الاجتماعي للطفل.

صورة من جمعية الجنوب للتربية الخاصة معان

حصة تدريب نطقي

ثانيا : الخدمات التعليمية:

لقد أولت الدولة الأردنية موضوع تربية المعوقين وتعليمهم اهتماماً كبيراً من
خلال مراكز التربية الخاصة والمدارس العادية، واعتبارات توفير التعليم في مراكز التربية
الخاصة للأطفال المعاقين أمراً ضرورياً حسب نوع إعاقتهم ودرجتها، وقد عملت جهات
عدة وعلى رأسها وزارة التنمية الاجتماعية ووزارة التربية والتعليم وصندوق الملكة علياء
والاتحاد العام للجمعيات الخيرية وغيرها من المؤسسات التطوعية والخاصة بتطوير
البرامج التعليمية المناسبة للأطفال المعوقين في سن المدرسة ومن مختلف فئات الإعاقة،
وارتكزت سياسة التربية الخاصة في تعليم الأطفال المعوقين على ما يلي:-

أولاً: الرعاية والتربية المبكرة.

ثانياً: تحسين الخدمات التعليمية وتوفير الكوادر المختصصة والمساندة
والتجهيزات والأدوات والمستلزمات الضرورية.

ثالثاً: التوسع الكمي من حيث شمول المراكز التعليمية لكافة المناطق.

رابعاً: إعطاء أكبر فرص ممكنة للأطفال المعاقين للالتحاق بالبرامج التعليمية في مراكز التربية الخاصة والصفوف التعليمية.

وقد حرصت الدولة على التعاون بين الجمعيات الخيرية العاملة في الميدان والوزارات ذات العلاقة بخدمات تعليم المعوقين لتلبية جزء من احتياجات المعوقين تمثل في إنشاء صفوف خاصة في الجمعيات ودعم الصفوف الخاصة ضمن المدارس العادية.

وقد برزت خدمات تربية وتعليم المعوقين من خلال تطوير عدد كبير من المراكز المختصة للقطاعات المختلفة بحيث بلغت حوالي (88) مؤسسة ومركز ومدرسة وصفوف جمعيات تقدم الخدمات التعليمية في حين كان عددها عام 1970 (3) فقط.

ويمكن تصنيف خدمات التعليم التي تقدم للأطفال المعوقين على النحو التالي:-

أولاً: البرامج التعليمية للمعوقين عقلياً فئة الإعاقة العقلية البسيطة والمتوسطة والمتمثلة في الخطط والبرامج التعليمية والسلوكية الفردية.

ثانياً: البرامج التعليمية للمعوقين سمعياً.

ثالثاً: البرامج التعليمية للمعوقين بصرياً.

رابعاً: البرامج التعليمية لذوي الاحتياجات الخاصة (بطء التعلم وصعوبات التعلم).

أولاً: الخدمات التعليمية للمعوقين عقلياً (بسيطة، متوسطة):

تختلف طبيعة الخدمات التعليمية في مراكز التربية الخاصة للمعوقين عقلياً تبعاً لظروف وإمكانات المركز، إذ تعتمد بعض هذه المراكز أسلوب التعليم الجمعي وبعضها يعتمد أسلوب التعليم الفردي وبعضها الأسلوبين معاً (الفردي والجمعي)، وظهر في العقد الحالي توجه على اعتماد أسلوب التعليم الفردي في غالبية المراكز.

ويمكن تقسيم مراحل التعليم للمعوقين عقلياً في مراكز التربية الخاصة في الأردن على ثلاث مراحل:

1. مرحلة الروضة من (4-8) سنوات.

2. مرحلة المدرسة من (9-11) سنة.

3. مرحلة التهيئة المهنية (12-14) سنة.

1. مرحلة الروضة (4-8) سنوات من فئة الإعاقة العقلية المتوسطة والبسيطة إضافة إلى بعض الإعاقات المزدوجة ويهدف برنامج مرحلة الروضة إلى تقديم خدمات مبكرة للأطفال المعوقين عقلياً لتقليل آثار الإعاقة ما أمكن.

2. مرحلة المدرسة (9-11) من فئة الإعاقة العقلية المتوسطة والبسيطة ويتم في هذه المرحلة تقديم التعليم والتدريب اليومي الذي يلائم جميع الأطفال المعوقين وبأسلوب التعليم الفردي أو الجماعي في مجال تعليم المهارات الأكاديمية الأساسية والمتعلقة بالكتابة والقراءة والحساب بأسلوب يلائم قدرات هؤلاء الأطفال، كما يهدف برنامج مرحلة المدرسة التدريب على مهارات العناية بالذات والأمور الحياتية اليومية والنمو الاجتماعي وتطور الشخصية والنمو اللغوي والإدراك والنمو الجسمي والحسي والحركي.

3. مرحلة التهيئة المهنية (12-14) هي فترة إنتقالية بين تعليم الطفل المعوق والتدريب المهين، حيث يتم خلال هذه المرحلة تعريف الطفل بالمهن المختلفة وتزويده بالمهارات اللازمة التي تمكنه من الاستعداد المهني وكيفية استخدام الأدوات والمستلزمات التي يعمل بها أثناء مرحلة التدريب المهني.

أما المناهج والبرامج التي يتعلمها المعوقون فتشمل ما يلي:

النشاطات الخلاقة مثل الفن والتلوين والرسم والقص حيث تساهم هذه النشاطات في تنمية قدرات الطفل المعوق واكتشاف ميولهم وإكسابهم بعض المهارات الأساسية كالفهم والإدراك والجوانب الحركية واللغوية التعبيرية، بحيث يقوم بهذه المهمات معلم يتمتع بقدرة كافية على تعليم وتدريب الطفل على هذه النشاطات.

برنامج المهارات الأكاديمية كاللغة قراءة وكتابة والرياضيات كالحساب وتتضمن برامج اللغة تنمية الجوانب المتعلقة بالنطق والتدريب السمعي والفهم والتذكر السمعي والتآزر البصري والتمييز للأشكال والذاكرة البصرية والبصرية الحركية والأصوات اللغوية وإخراجها وغيرها من النشاطات الأكاديمية الهادفة على تنمية القدرات المختلفة لدى المعوق عقلياً ويشرف على هذه البرامج معلمون متخصصون ذوو خبرة كافية ضمن إطار ومنهج يحددهما الموجهون التربويون.

أما برنامج الرياضيات فيشمل الأعداد والأشكال والمقاييس حيث يتدرب المعوق عقلياً على عد الأرقام وعمليات الجمع والطرح والضرب والقسمة والتعرف على أشكال هندسية حسب النوع والحجم مما يعمل على تنمية قدرات الطفل على التذكر والاستيعاب والتفكير وغيرها من القدرات.

برامج المهارات الحياتية بحيث يشتمل هذا البرنامج على تدريب الطفل

المعوق على مهارات العناية بالذات والمهارات الاجتماعية والاستقلالية والمهارات التوجيهية مثل التعرف على أجزاء الجسم والاتجاهات والمهارات الحركية والفنية وغيرها من المهارات التي تحسن مستوى قدرات الطفل ومعرفته في شؤون الحياة.

البرامج الرياضية وهذه تشمل تدريب رياضة المعوقين ضمن مراكز التربية الخاصة وتدريب المعوقين على الرياضيات المختلفة كالعاب القوى والسباقات والنشاطات الرياضية والمشاركة فيها والمخيم الكشفي والنشاطات في البيئة المحلية.

برنامج مهارات الموسيقى بحيث يتم تدريب الطفل المعوق على الآلات الموسيقية المختلفة مثل البيانو لأهمية الموسيقى في تعريف الطفل المعوق بالأصوات ومصادرها وتقليدها والغناء من خلال هذه الأدوات وتدريبه على إخراج الأصوات.

برنامج تهيئة مهنية يهدف على تنمية مهارات الطفل المعوق المهنية وتعليمه أسماء وأنواع الأدوات وكيفية استخداماتها والمهن المتوفرة في المراكز مثل النجارة وتنسيق الزهور والأشغال اليدوية وكيفية تدريبهم عليها.

وتحتوي برامج المعوقين عقلياً في مراكز التربية الخاصة على ما يلي:

- للصغار تشمل برامج الأناشيد، الموسيقى، سرد القصص، الرسم، الألعاب الرياضية، الزيارات، الألعاب الحرة.
- للأكبر عمراً النشاطات السابقة يضاف لها المحادثة، العلوم الطبيعية، النشاط الرياضي، الطبخ، الموسيقى والحركة، الأعمال المنزلية، الأعمال اليدوية، مشاهدة التلفزيون، عرض الأفلام والشرائح والسباحة، الأنشطة الخلاقة.

أما تقييم مستوى المعوق عقلياً فهو مهم في هذه المراكز، إذ يرى المشرف دائماً أنه من المناسب معرفة مستوى تقدم الطفل المعوق وإمكاناته منذ دخول

المركز حتى الوقت الحالي، ومستوى تطوره بعد مهلة التدريب وبيان نقاط الضعف والقوة، ومن أساليب التقييم التي تستخدم في هذه المراكز الاختبارات الصفية البسيطة والتي تتم من خلال إشارات أو حركات أو أفعال يطلب من الطفل أن يقوم بأدائها ويتم تسجيل هذه الاستجابات وتوضع في ملف الطفل لأهميتها في تحديد مستواه وتطوره.

ورغم اختلاف الخطط والبرامج التعليمية من مركز لآخر ورغم اختلاف أساليب الأداء من معلم لآخر إلا أن أكثر الأساليب التعليمية انتشاراً في مراكز التربية الخاصة لفئة الإعاقة العقلية المتوسطة والبسيطة هي كما يلي:

أولا: الخطة التربوية الفردية التي تعني (IEP) الخطة التي صممت لطفل معين تمكنه من سد حاجاته التربوية وتشمل الأهداف المتوقع تحديدها وفقاً لمعايير معينة في فترة معينة ومحددة وتعد هذه الخطة لجنة مكونة من مدير مركز التربية الخاصة ومعلمة الطفل المعوق وولي أمره وممثل عن مديرية التربية الخاصة والأخصائي النفسي-(الاجتماعي) في المركز وأي شخص آخر له علاقة بالموضوع ومن مهام هذه اللجنة متابعة ما جاء في الخطة من أهداف وتقييمها أما في بداية الشهر أو في أي فصل دراسي.

وتشمل الخطة التربوية الفردية الجوانب التالية:

1. وصف مستوى الأداء الحالي للطفل.

2. وصف الأهداف العامة والأهداف قصيرة المدى.

3. تحديد الخدمات التربوية الخاصة المرتبطة بالخطة التربوية الواجب تزويد الطفل فيها ومن ثم تحديد أو جهة المشاركة في برامج التعليم العادية.

4. وضع برنامج زمني لتقديم هذه الخدمات وتحديد المدة المتوقعة لتقديمها.

5. تحديد المعايير الخاصة لتحقيق الأهداف العامة والأهداف قصيرة المدى.

وتتناول الخطة التربوية الفردية ما يلي:-

أولاً: المعلومات الأولية والعامة عن الطفل، المشاركون في الخطة التربوية الفردية معلومات طبية وثقافة عامة والأهداف التربوية التي تم تحقيقها، وتحديد الخدمات التربوية المصاحبة والتوصيات اللازمة وتحديد برنامج البدء بالخدمات ومدتها ووقت التقييم وتوقيع المشاركين عليها.

ثانياً: الخطة التعليمية الفردية(انظر فصل النماذج والبرامج): وهي الجانب التنفيذي للخطة التربوية الفردية فبعد إعداد الخطة التربوية الفردية تكتب الخطة التعليمية الفردية والتي تتضمن هدفاً واحداً فقط من الأهداف التربوية الواردة في الخطة التربوية الفردية من أجل تعليمها للطفل.

وتشمل مكونات الخطة التعليمية الفردية ما يلي:-

1. معلومات أولية عن الطفل المعاق.

2. الأهداف التعليمية.

3. طرق تحديد الأهداف التعليمية.

4. تحليل المهارات.

5. طرق تحليل المهارات.

البرامج التعليمية للمعوقين سمعياً

يبدأ عادة عن طريق الأهل الإحساس بأن ثمة مشكلة لدى الطفل الذي يعاني إعاقة سمعية، حيث إن استجابة الطفل لردود الفعل المتوقعة من الطفل العادي تؤدي بالأسرة والوالدين تحديداً للبحث والسؤال عن حل وعلاج لهذه المشكلة، حيث تسهم مجموعة من العوامل إلى حد كبير في اتجاهات الأسرة نحو إعاقة طفلهم.

وتتعد أوجه البحث عادة في الوصول إلى الأطباء والاختصاصيين ومراجعة مستمرة للمراكز والمستشفيات وحتى الذهاب خارج البلاد للبحث عن علاج، حتى يتم التأكد من وجود إعاقة سمعية والاقتناع التام من الأهل بضرورة البحث عن مدرسة خاصة لتعليم وتدريب الطفل.

ويلتحق الطفل في المدرسة عادة في سن مبكرة تمتد فيها شروط قبوله من خمس سنوات حتى تسع سنوات لغايات الالتحاق بالمرحلة الأولى (الروضة)، وتتبع مدارس التربية الخاصة في الأردن التي تعنى بالمعوقين سمعياً مناهج وزارة التربية والتعليم، إضافة إلى تعديلات بعض هذه المناهج وطرائق التدريس فيها، كما أن هناك اختلاف بسيط في عملية تكييف المناهج وبرامج التدريب النطقي بهدف استفادة الطفل منها. وتقسم المراحل التعليمية في مدارس التربية الخاصة للمعوقين سمعياً إلى التالية:

1. مرحلة الروضة (روضة أولى وروضة ثانية).
2. المرحلة الإلزامية حتى الصف التاسع.
3. التدريب والتأهيل المهني.

وتتضمن المناهج والبرامج التي يتلقاها الطلبة في هذه المراحل أربعة محاور هامة تساعد على اكتشاف وتدريب وتعليم الطالب الأصم وهي:-

1. استعمال الطرق المساعدة الشفهية واليدوية.
2. التدريب النطقي والتعليم الأكاديمي.
3. استغلال بقايا السمع الموجودة عند الطفل لأقصى درجة ممكنة.
4. زيادة مشاركة الأسرة وخاصة الوالدين.

أما بالنسبة لطرق التواصل مع الصم فهي تتم كما يلي:

- التدريب السمعي: حيث يتم من خلال اعتماد أسلوب التدريب السمعي لتعليم الطفل الأصم على استخدام بقايا السمع الموجودة عنده بهدف تطوير الإحساس العام بالأصوات والتمييز للأصوات الكلامية.

- قراءة الشفاه: ويقصد بها تدريب الطفل على استعمال المثيرات الصوتية ومراقبة الشفاه لفهم الكلام ويتم تعليم الطفل الأصم قراءة الشفاه من خلال استخدام الصور والتأني في الحديث ومراقبة الشفاه.

- الإشارة: ويقصد بها نظام يرتبط بكلمات ذات أشكال محددة تستخدم عادة مع الكبار الذين لم يلتحقوا بالمدرسة العادية في مرحلة الطفولة وتقسم الإشارة إلى ما يلي:

1. اللغة الإشارية الوصفية : التي ترتبط بإيحاءات وإشارات معينة لها مدلولات ومعاني تشبهها ووصف للأشياء

2. الأحرف الأبجدية والتي تعبر عن الأحرف الأبجدية بواسطة الأصبع الواحد وحركات الأصابع المختلفة.

يوضع نماذج من لغة الإشارة الأردنية للصم.

الطريقة الكلية واستعمال السماعات:

والتي تعتبر طريقة شاملة للتدريب السمعي وقراءة الشفاه الأبجدية ولغة الإشارة بحيث يتم سد حاجات الطفل، أما استخدام السماعات فهي تشكل قنوات اتصال لمن لديهم بقايا سمعية واستعمالها في غرفة الصف كمعينات للطفل على التدريب والتعليم.

مناهج المعوقين سمعياً:

تعتبر مناهج وزارة التربية والتعليم الأساس في تعليم الصم والتي تشمل المواد الأساسية مثل اللغة العربية والرياضيات والعلوم والتربية الإسلامية والتي يمكن تقسيمها حسب المراحل الدراسية التالية:

أولاً: مناهج مرحلة الروضة التي تهدف إلى تهيئة الطفل لدخول الدراسة في المدرسة رسمياً ويتم التركيز فيها على الجوانب التالية:

1- توفير فرصة للتفاعل الاجتماعي.

2- تطوير قدرة الطفل للاتصال مع الآخرين.

3- استغلال البقايا السمعية.

4- تعلم المفاهيم الأساسية للمهارات الحسابية والقراءة.

ثانياً: مناهج المرحلة الابتدائية: ويشمل منهاج المرحلة الابتدائية المجالات التالية:

1- منهاج القراءة والذي يهدف إلى تطوير قدرة الطفل على القراءة والفهم والتذكر للمادة المقروءة واستخدامها.

2- منهاج العلوم والذي يهدف إلى تطوير القدرة على استعمال الملاحظات لتحصيل المعلومات العلمية وحل المشكلات وجمع المعلومات.

3- منهاج الرياضيات والذي يهدف إلى تطوير نظام الأرقام والأعداد ومفاهيم الضرب والقسمة والأعداد الكسرية والجمع والطرح.

ثالثاً: مناهج المرحلة الإعدادية/ ويشمل منهاج المرحلة الإعدادية القراءة والعلوم والرياضيات بهدف تطوير مفاهيم القراءة والكتابة والاستيعاب ومفاهيم

القياس والمفاهيم الرياضية والأشكال الهندسية وحل المشكلات وإعطاء الحكم الخاص على مستوى الأداء.

رابعاً: مناهج المرحلة الثانوية: وتعتبر المرحلة الثانوية في الوقت الحالي من أهم المراحل التي تحوز على اهتمام الطلبة بعد وصولهم إلى نهاية المرحلة الإعدادية بحيث يسعى الطلبة إلى الحصول على شهادة الثانوية العامة واجتياز الامتحان النهائي، ويتلقى الطلبة في هذه المرحلة مناهج التربية والتعليم العادية مثل: اللغة العربية والرياضيات والعلوم والتربية الإسلامية والاجتماعيات بهدف تعميق المفاهيم لدى الطلبة وتطوير قدراتهم في القراءة باستقلالية وتحليل المفردات والقدرة على النقد والاستيعاب والفهم.

وهنا يتم مراعاة مجموعة من الأمور من قبل المعلمين تتعلق بالتركيز على الفهم أثناء التدريس وليس الحفظ، كذلك التركيز على المفاهيم المجردة في التربية الإسلامية وربطها بالمواد الأخرى والحياة العملية، والتركيز على أساليب التعزيز المناسبة للطلبة وحفزهم واللجوء إلى التحليل والكتابة على اللوح والحديث بشكل عميق ومفهوم.

خامساً: التدريب والتأهيل المهني:

وتعني هذه المرحلة العمل على تهيئة الطالب المعوق وتدريبه على المهن المختلفة حيث تبدأ من سن أربعة عشر عاماً وتمتد إلى سن ثمانية عشر يتم خلالها تلقي التدريب على المهن المختلفة بشكل عملي ويخضع في البداية إلى عملية تقييم لتحديد مستوى الأداء الحالي ومناسبته للمهنة، بحيث تكون عملية التهيئة والتدريب على شكلين:

الأول: التهيئة المهنية داخل المدرسة والتي تهدف إلى التعرف على الأدوات واستعمالاتها والمهن المختلفة وكيفية التدريب عليها.

الثاني: التدريب المهني بحيث يتم نقل الطالب إلى مركز مهني متخصص لتدريبه على مهنة معينة حتى يتم اتقانه لتلك المهنة.

وتشمل المهن التي يتدرب عليها الطلاب الصم ما يلي:

الطلاب: أشغال الحدادة والألمنيوم، أشغال النجارة، ميكانيك السيارات، تجليس ودهان السيارات، تنجيد فرش السيارات والأثاث وكهرباء السيارات والكمبيوتر والطباعة والتجليد.

الطالبات: الخياطة، العلوم المنزلية، الطباعة، الكمبيوتر، السكرتاريا، الأعمال المكتبية.

وقد تم تطوير المناهج والبرامج والخطط المدرسية باستمرار في مدارس ا التربية الخاصة التي تعنى بفئة الإعاقة السمعية، كما تجري حالياً الترتيبات لدمج الأطفال الصم في المدارس العامة.

وهناك مجموعة من النشاطات اللامنهجية كالفنون والأشغال اليدوية والمشاركة في البيئة المحلية والأنشطة الرياضية المدعمة للمنهاج المدرسي بحيث يمكن الإشارة إلى المواد التدريسية بشكل إجمالي على النحو التالي:

النطق وقراءة الشفاه، التدريبات السمعية، لغة الإشارة والأبجدية الأصبعية، اللغة العربية، اللغة الإنجليزية، الدين، الرياضيات، الاجتماعيات، العلوم الطبيعية، الفنون والأشغال اليدوية، التربية الرياضية، التربية المهنية (التدريب المهني).

وبالرغم من أن الوضع الحالي للبرامج التعليمية المستخدمة في تدريس المعوقين سمعياً لا يحقق المستوى المطلوب والذي يحتاج إلى كثير من التعديلات والتحسينات فإن تزويد الطفل المعوق سمعياً بما هو متوفر قد حقق جزءاً من طموحات المعوقين وأسرهم ورغبتهم في تعليم وتدريب أبنائهم.

البرامج التعليمية للمعوقين بصرياً:

تقع مسؤولية متابعة جوانب النمو المختلفة عند الطفل المعوق بصرياً على الأهل بشكل عام، ويجب متابعة الطفل عند اكتشاف إعاقته من أجل تشخيص الحالة، التي من خلالها نستطيع أن نحدد الأسلوب التعليمي المناسب مع المعوق بصرياً حسب درجة إعاقته، وإذا ثبت من خلال التشخيص الطبي وجود إعاقة بصرية لا يستطيع الطفل معها الاستفادة من خدمات المدرسة العامة أو التنقل والحركة مثل العاديين فيجب أن يلتحق في المدرسة المناسبة لتقديم الخدمات التعليمية وفقاً لبرنامج تعليم المكفوفين.

ويتلقى الطلبة المكفوفين الملتحقين بالمدارس سواء في القسم الخارجي أو الداخلي خدمات تعليمية على ما هو متبع في وزارة التربية والتعليم، حيث يتم تطبيق المناهج التربوية المعتمدة للطلبة العاديين حيث تتم طباعتها بلغة برايل،

ولجميع المواد مثل اللغة العربية والتربية الإسلامية والرياضيات والاجتماعيات وغيرها مـن المواد التي يجب أن يدرسها للالتحاق بعد الصف التاسع الأساسي إلى المدارس العامة لاتمـام تعليمه الثانوي وتقديم الامتحان العام (التوجيهي)، وبعـدها قـد ينتقـل إلى الجامعـات أو كليات المجتمع، ويوجد عدد من الطلبة الصم الملتحقين بالجامعات الأردنيـة في مختلـف التخصصات.

أما التسهيلات التربوية التي تقدم للطلبة المكفوفين فهي:

بالرغم من الخدمات التربوية المقدمة للطلبة المكفوفين مشابهة إلى حـد كبير لمـا هـو مقدم للطلبة في المدارس العامة إلا أن هناك بعض التعديل في الأساليب والإجراءات منها:

1. استخدام الحروف البارزة (بريل) حيث تـم استبدال الطريقـة القديمـة وهـي المسطرة المثقبة بلوح بلاستيكي مثقب يسهل التعامل معـه في الكتابـة، حيث تتكون الحروف البارزة مـن سـت نقـط يـتم تشكيلها بطـرق معينة لتكوين حـروف اللغـة العربيـة والإنجليزية.

2. لوح الحساب/ وهي طريقة تيلر ويتكون من لوح مثقب وقطع حديدية مدببة تثبـت بطريقة معينة .

3. المعدات والمكعبات والأعواد والأقلام تستخدم جميعها للتدريس في مادة الحساب.

4. التدريب على فن الحركة Mobility.

5. تعليم الموسيقى وذلك من خلال وجود حصص ضمن البرنامج الأسبوعي يـتم تـدريب الطلبة عـلى العـزف مـن خـلال الأدوات الموسيقية المتـوافرة في المدرسة بوسـاطة مدرب/معلم موسيقى.

6. التدريب على جهاز الأوبتكون Opticon إذ يمكن من خلال هذا الجهاز القراءة بالطريقة العادية والحروف البارزة في آن واحد.

7. النشاطات الرياضية والترويحية، وذلك من خلال معلم رياضة وقيام الطلبة بأداء تمارين سويدية صباحية وخلال الحصص الموضوعة لمادة الرياضة وكذلك أداء مجموعة من الأدوار المسلية فيما بينهم.

8. وقد تم توفير وحدة طباعة الكترونية لطباعة الكتب والمقررات لتدريس الطلبة المكفوفين في الأردن.

9. دروس ثقافية متنوعة تهدف إلى إغناء معلومات الطلبة المكفوفين وخبراتهم في كل الموضوعات الاجتماعية والتاريخية والدينية والمعلومات العامة.

البرامج التعليمية للمعوقين حركياً:

تعرف الإعاقة الحركية بأنها حالة ضعف حركي شديد يؤثر تأثيراً سلبياً على الأداء التربوي والجسمي للفرد، وتعتبر فئة الإعاقة الحركية إحدى فئات التربية الخاصة الرئيسية والتي تتلقى خدمات شاملة في مراكز التربية الخاصة، وتشمل كذلك فئة الشلل الدماغي وشلل الأطفال.

وتقدم البرامج التعليمية من خلال مراكز التربية الخاصة لرعاية وتأهيل المشلولين والمعوقين حركياً، حيث يتم قبول الطلاب من عمر 6سنوات للاستفادة من الخدمات التربوية والتأهيلية المختلفة، إضافة على قبول حالات الشلل الدماغي قبل سن المدرسة في برامج الروضة والحضانة.

وتطبق مناهج وزارة التربية والتعليم على الطلبة الملتحقين في هذه المراكز سواء في القسم الخارجي أو القسم الداخلي حيث يتوجه الطلبة يومياً إلى مدارس وزارة التربية والتعليم ويعودون إلى الأقسام الداخلية، وهناك تنسيق مستمر ما بين وزارة التربية والتعليم ووزارة التنمية الاجتماعية لالتحاق طلبة مراكز المعوقين حركياً في المدارس العامة ضمن المناطق التي يسكنون فيها.

ويشرف على برامج تعليم وتدريب الطلبة المعوقين حركياً معلمين متخصصين في كافة المواد التعليمية وأخصائيين في البرامج التدريبية والعلاجية الأخرى، وتشمل برامج المعوقين حركياً إضافة إلى منهاج وزارة ا لتربية والتعليم ما يلي:

- المهارات الاستقلالية وخاصة العناية بالذات والمهارات الإبداعية.
- التدريب النطقي لحالات الشلل الدماغي.
- فن التنقل والحركة وممارسة النشاطات الرياضية المختلفة.
- التدريب والتأهيل المهني والعلاج الطبيعي.

ويمكن الإشارة هنا إلى أن كافة المراكز والمؤسسات التي تعنى بشؤون المعوقين حركياً تتبع الأنماط التالية ضمن برامجها:

أولاً: البرنامج ألتأهيلي: ويقصد به القدرة على التعايش مع الإعاقة والاستجابة لمتطلبات الإعاقة والتدريب على استخدام الأدوات المساعدة - عكازات - عربة نقل ...الخ.

ثانياً: البرنامج التربوي (التعليمي): ويقصد به مجموعة البرامج التربوية التعليمية الهادفة التي تدرس في المدارس العامة ضمن قدرات الطالب وإمكاناته والتعامل مع هذه الفئة ضمن مناهج وزارة التربية والتعليم حيث تدرس المواد التالية: اللغة العربية واللغة الإنجليزية والرياضيات والتربية الإسلامية والعلوم والاجتماعيات والفن والتربية الرياضية.

ثالثاً: البرنامج المهني: ويقصد به مجموعة البرامج المهنية التي يتم تدريب الطالب عليها وتهيئة لمهنة مناسبة وتشمل تدريب الطالب على المهن المختلفة في ضوء قدراته ومنها أعمال الطباعة والأشغال اليدوية والتغليف والتجليد.

رابعاً: برامج العلاج الطبيعي: ويقصد بها مجموعة من البرامج التأهيلية لمساعدة الجسم وأجزاء الجسم المختلفة على الحركة وتقوية العضلات والتي يشرف عليها المعالجين الطبيعيين والحكميين بصورة مستمرة وتدريب الطلاب على الأجهزة المختلفة المتوفرة في المراكز.

خامساً: التأهيل الطبي: ويقصد به إعادة الفرد المعوق إلى أعلى مستوى وظيفي ممكن من الناحيتين الجسدية والعقلية عن طريق استخدام المهارات الطبية للتقليل من العجز أو الإصابة أو إزالته إن كان ذلك ممكن، وهذا يتم من خلال معالجين متخصصين.

ويتم التأهيل الطبي من خلال العلاج بالأدوية أو ا لعمليات الجراحية أو العلاج الطبيعي لتحسين قدرات وصحة الفرد المعوق.

وتعد مؤسسة الحسين لذوي التحديات الحركية واحدة من المؤسسات الرائدة في نهضة المعوقين حركياً.

صعوبات التعلم وبطء التعلم
والإعاقة العقلية البسيطة"قابلين للتعلم"

أولت الدولة الأردنية من خلال مؤسساتها المختلفة اهتماماً خاصاً لفئات بطء التعلم (Slow Learner) وصعوبات التعلم (Learning Disability) والمعوقين عقلياً من فئة بسيط القابلين للتعليم في المدارس العادية، إذ تعتبر هذه الفئات الثلاث من ضمن ما اصطلح على تسميته فئات التربية الخاصة التي يمكن أن يستفاد من إعادة تعليمها وتدريبها ضمن المدارس العادية.

وقد سعت وزارة التربية والتعليم جاهدة إلى توفير البدائل التربوية المناسبة لهذه الحالات، كذلك صندوق الملكة علياء للعمل الاجتماعي التطوعي والذي قام بجهود مميزة في هذا المجال، حيث قام بتجربة ريادية لإنشاء مراكز تعليمية تأهيلية نهارية في الأحياء (مركز الحي بهدف تقديم خدمات لبطيئي التعلم الملحقة في مدارس وزارة التربية والتعليم وقد بلغ عدد هذه المراكز عشرة مراكز في الكرك والقصر- والمزار والطفيلة وعمان).

وعند صدور قانون رعاية المعوقين رقم (12) لسنة 1993، وقانون وزارة التربية والتعليم رقم (3) لسنة 1994 والتي تنص على إلزام وزارة التربية والتعليم بتقديم الخدمات التعليمية والتربوية للطلبة ذوي الاحتياجات الخاصة وما تلاه من إحداث مديرية للتربية الخاصة في وزارة التربية والتعليم لتقديم تلك الخدمات التي تتناسب واحتياجات كل فئة من فئات الطلبة ذوي الحاجات الخاصة ضمن ما يتاح من إمكانيات، لتحقيق أفضل المتطلبات التي تعينهم على مواجهة حياتهم المستقبلية وذلك من خلال توفير كوادر تعليمية مدربة وتوفير البدائل التربوية المناسبة وإعداد البرامج والأنشطة اللازمة.

(طالع الأمثلة على تقييم طلبة صعوبات التعلم في الفصل الثامن)

أما أهم البدائل التربوية التي يتم توفيرها حتى الآن ضمن منهجية العمل مع ذوي الحاجات الخاصة فهي:

1. غرفة المصادر (Resource Room): وهي عبارة عن غرفة صفية ملحقة بالمدرسة العادية ومجهزة بما يلزم من وسائل تعليمية وألعاب تربوية وأثاث مناسب وتعمل فيها معلمة مدربة تدريباً خاصاً للعمل مع الطلبة ذوي الحاجات الخاصة (بطيء التعلم، صعوبات التعلم، الإعاقة العقلية البسيطة)، ويداوم الطلبة في هذا النوع من البدائل التربوية دواماً جزئياً حيث يداوم الطلبة المسجلون فيه جزءاً

من يومهم الدراسي في صفهم العادي والجزء الآخر في غرفة المصادر وذلك ضمن برنامج خاص بالتنسيق بين إدارة المدرسة ومعلم الصف الخاص (غرفة المصادر).

خطوات عمل المعلمة في غرفة المصادر:

تقوم المعلمة في غرفة المصادر بإجراء تقييم قبلي لتحديد مستوى الأداء الحالي للطلاب تمهيداً لوضع برنامج العمل المناسب لكل طالب، وذلك على أساس فردي، وتتعامل المعلمة مع عدد محدود من الطلبة (8-3) طلاب ويتم التركيز في غرفة المصادر في العادة على معالجة الصعوبات الموجودة لدى الطلبة المحولين لهذه الغرفة في المهارات الأساسية (القراءة - الكتابة - الحساب) بهدف الوصول بهم إلى مستوى مشابه وقريب من أقرانهم الطلبة في الصف العادي ومن ثم يتم إعادتهم إلى الصف بعد اجتياز تلك المرحلة.

المناهج المستخدمة في غرفة المصادر هي مناهج موازية وتنسجم في خطوطها الرئيسية مع المناهج الرسمية المتبعة في الصف العادي.

ويستفيد من هذا البديل (غرفة المصادر) استفادة كبيرة الطلبة الذين يعانون مشكلات إعاقة عقلية بسيطة (قابلين للتعليم) وبطيئو التعلم وصعوبات التعلم. وتسعى وزارة التربية والتعليم إلى توفير هذا البديل في كل المدارس الأساسية في المملكة وفقاً لمراحل زمنية علماً بأنه يتوفر حالياً أكثر من (480) غرفة مصادر موزعة على مديريات التربية والتعليم، والإعداد جاري لإحداث مزيد من غرف المصادر في كافة المديريات وسبق أن تم التعاون مع صندوق الملكة علياء للعمل الاجتماعي التطوعي في إنشاء الصفوف الخاصة.

2. دمج الأطفال المعوقين سمعياً وبصرياً في مدارس وزارة التربية والتعليم:

فقد أصدرت وزارة التربية والتعليم تعليمات إلى جميع مدراء المدارس

لتسهيل عملية قبول الأطفال الذين يعانون إعاقات مختلفة / جسمية، سمعية، بصرية، وعقلية بسيطة قابلين للتعلم ولا تلحق الضرر بالطالب نفسه وبزملائه لدمجهم مع الطلبة العاديين مع توفير التسهيلات المناسبة لهم وتهيئة الظروف التعليمية اللازمة، وتتم متابعة هؤلاء الطلبة من خلال قسم التربية الخاصة في وزارة التربية والتعليم بالتعاون مع كافة الأقسام المعنية في التعليم والإرشاد في مديريات التربية والتعليم في الميدان من خلال الزيارات المستمرة والمكثفة لهم، بحيث يتم مناقشة مدير المدرسة ومعلم الطالب وكيفية وضع الخطة التربوية ا لمناسبة له في ضوء مستواه وقدراته، ويعتبر هذا البديل مؤقتاً لمثل هؤلاء الطلبة لحين توفير غرفة مصادر في المدرسة أو بديل آخر.

وبهذا تكون حصيلة خدمات التربية الخاصة للأطفال ذوي الحاجات الخاصة التي حققتها وزارة التربية والتعليم من خلال غرفة المصادر خلال الأعوام 1987-1993 حوالي (441) طالب وطالبة والاعوام1994-2003 (1300) طالب وطالبة تم إعادتهم إلى الصفوف العادية ومتابعتهم من قبل المعلمات والمعلمين في غرف المصادر والصفوف العادية، إضافة إلى استفادت الآلاف من الطلبة ذوي الاحتياجات الخاصة من غرف المصادر، كذلك تم توجيه المجتمعات المدرسية والهيئات التدريسية بأهداف غرفة المصادر وكذلك تغيير وتعديل اتجاهات الأسر نحو هذه الخدمات من خلال اللقاءات المستمرة مع الأهالي وإرشادهم وتوجيههم وإخبارهم بما يطرأ من تقدم على الطلبة في هذا البديل التربوي.

ولتطوير العمل في غرف المصادر تم الاتفاق مع صندوق الملكة علياء للعمل الاجتماعي التطوعي ووزارة التربية والتعليم لتطوير رزم تعليمية في اللغة العربية والرياضيات، إضافة إلى تطوير اختبارات تشخيصية للكشف على الطلبة ذوي الاحتياجات الخاصة في المدارس، بالتعاون مع كلية الأميرة ثروت قسم صعوبات التعلم وكذلك تم التعاون ما بين وزارة التربية والتعليم وكلية الأميرة

ثروت لإيفاد عدد من المعلمين والمعلمات في دورات إلى الخارج بهدف إكسابهم خبرات جديدة للتعامل مع هذه الفئات إضافة إلى عق دورات محلية للمرشدين التربويين والمعلمين ممن يتعاملون مع هذه الفئات مع الجامعات الأردنية والهيئات الدولية حيث تم تدريب المعلمين والمعلمات على مجموعة من الموضوعات القيمة والحديثة في التعامل مع الطلبة ذوي الصعوبات والمشكلات التعليمية والسلوكية.

ثالثا: خدمات الإرشاد:

1. تعتبر خدمات الإرشاد النفسي والتوجيه في التربية الخاصة إحدى الخدمات الرئيسية التي يمكن تقديمها للأفراد المعوقين وذلك بهدف تأهيلهم اجتماعياً ونفسياً/ وتحقق عملية الإرشاد النفسي والسلوكي على المستوى الاجتماعي والنفسي- أهدافاً كثيرة تتمثل في مساعدة الفرد المعوق على التكيف الاجتماعي ليندمج ويشارك في النشاطات الحياتية

المختلفة في المجتمع، ومواجهة الظروف والمشاكل والمشاعر والعواطف التي تفرضها عليه مرحلة التكيف التي يمر بها خلال مراحل تشخيص إعاقته ووجوده في مدارس ومراكز التربية الخاصة والتأهيل من خلال برامج إرشادية تصمم لهذه الغاية، مثل: برامج تعديل السلوك والنشاطات اللامنهجية وبرامج التوعية والتثقيف الأسري ويبرز فيها دور الأخصائي الاجتماعي من حيث كونه الشخص المؤهل أكاديمياً للقيام بهذا الدور.

2. المراكز الصحية والمستشفيات، حيث تتولى من خلال الأخصائيين النفسيين والأطباء وخاصة في توجيه وإرشاد الأمهات والكشف المبكر عن الإعاقة والإرشاد الجيني وجلسات العلاج النفسي والسلوكي وتعمل هذه المؤسسات على إيواء المعوقين أحياناً وتقديم خدمات الإرشاد في داخلها للمعوقين حتى مغادرتهم المستشفى.

3. المدارس العامة (الحكومية) حيث تضم هذه المدارس الأطفال ذوي الاحتياجات الخاصة مثل بطء التعلم وصعوبات التعلم والإعاقة العقلية البسيطة والإعاقات الحركية والبصرية والسمعية وهؤلاء المعوقون يحتاجون إلى خدمات إرشادية ونفسية واجتماعية من أجل مساعدتهم على التكيف الاجتماعي والتربوي وتقدم هذه الخدمات من الأخصائي الاجتماعي أو المرشد النفسي والتربوي وهناك تنسيق تام بين المؤسسات الرسمية والتطوعية للقيام بهذا الدور على أتم وجه من خلال ما يسمى ارشاد ذوي الحاجات الخاصة.

4. مديريات التنمية الاجتماعية في الميدان، حيث تقوم أقسام التربية الخاصة في الميدان بإرشاد وتوجيه اسر المعوقين من خلال قيام الأخصائيين الاجتماعيين بالإرشاد والتوجيه وتوفير المعلومات الخبرات ودراسة أوضاع الأسر في مجال الرعاية المنزلية والتدريب المنزلي.

الإرشاد في مؤسسات التربية الخاصة

وقد أولت الدولة الأردنية من خلال مؤسساتها الرسمية وبمشاركة القطاعات الأخرى موضوع الإرشاد النفسي أهمية كبيرة وخاصة في مجال المعوقين لما يتميزون به عن غيرهم من بروز مشكلات تستدعي التدخل وتقديم كل المساعدة لهم حيث تقدم مؤسسات كثيرة خدمات الإرشاد والتوجيه، وتبرز أهمية خدمات الإرشاد للمعوقين من حيث حاجتهم إلى خدمات متخصصة تؤدي على مساعدتهم في التخفيف من الآثار السلبية للإعاقة والاهتمام بتكييف الفرد المعوق مع نفسه ومع العالم المحيط به والوصول بالفرد على أقصى ما لديه من إمكانات تؤدي على تحقيق ذاته وفق قدراته.

أساليب الخدمات الإرشادية في مدارس ومراكز التربية الخاصة:

أولاً: الإرشاد الفردي: ويستخدم هذا الأسلوب حسب طبيعة المشكلة ونوع الإعاقة ودرجة الإعاقة، حيث يتم التركيز على خطة العمل الفردي ويتم الإرشاد الفردي على مراحل وتستخدم مقابلة الحالة كأسلوب وطريقة عمل.

ثانياً: الإرشاد الجمعي: ويستخدم هذا الأسلوب أحياناً في حال تشابه المشكلات وتقارب العمر الزمني والعقلي للمجموعة الإرشادية ويكون عدد المعوقين في كل مجموعة إرشادية (4-6) أفراد، ويتم اختيار المجموعة الإرشادية بعد لقاءات فردية معهم.

ثالثاً: الإرشاد الأسري: الذي يتم بإشراك الوالدين في عملية الإرشاد لمواجهة أية مشكلات تنجم ويتوقع أن تحدث مع الطفل، وتتمثل عملية إرشاد الأسر إلى تقديم النصح للوالدين وتوعيتهم في احتياجات الطفل وأساليب العامل معه حسب إعاقته وإبلاغ الأهل بمدى تقدم الطفل ومستواه وتدريب الأهل على

كيفية تعليم وتدريب وتأهيل أطفالهم المعوقين وتعليمهم وسائل تعديل سلوك أطفالهم وإشراكهم في النشاطات العامة والمجتمع.

رابعاً: الإرشاد بواسطة الفن واللعب والتمثيل والرياضة حيث تعد هذه النشاطات جزءاً من علاج المشكلات التي تحدث مع الأطفال المعوقين وتمنح الطفل فرصة كافية للتنفيس وتفريغ الشحنات والتوترات الزائدة وأية مشكلات انفعالية قد تظهر.

برامج الإرشاد والتوجيه والتدخل:

أولا: الإرشاد النفسي والمتمثل في تقديم النصح والدعم والاستشارة للإفراد المعوقين وأسرهم للتغلب على المشكلات والاضطرابات النفسية الناشئة عن الاعاقة او الظروف الداخلية والخارجية التي تسبب المعاناة للأطفال والأسر على حد سواء ، ويشرف على تقديم هذه الخدمات المرشد النفسي او الأخصائي المتعامل مع هذه الحالات والذي قد تدرب على أساليب الإرشاد وحل المشكلات.

ثانيا: الإرشاد الوقائي مثل الإرشاد الجيني ونشر الوعي بين العائلات والأمهات من أجل الحد من الإعاقة أو التقليل من فرص حدوثها ويتم التركيز على جانب الوقاية.

ثالثا: تعديل السلوك: وهو عبارة عن مجموعة من الإجراءات العلاجية المنظمة بهدف ضبط المتغيرات المسؤولة عن السلوك لتحقيق الأهداف المنشودة في تعديله إلى نحو مرغوب فيه.

وتشمل عملية تعديل السلوك مجموعة من الخطوات وهي:

- تحديد السلوك المستهدف.

- تعريف السلوك/ إجرائياً وقياسه بشكل مباشر ومتواصل.

- تصميم خطة العلاج وتنفيذها.

- تقييم فعالية خطة العلاج.

- تحليل النتائج وتلخيصها.

وتعد هذه البرامج وخاصة تعديل السلوك من البرامج السائدة في مراكز ومـدارس التربية الخاصة بحيث يتم تـدريب الأخصائيين الاجتماعيين ومعلمـي المـدارس والمراكـز لتنفيذها وتطبيقها في صفوف الطلبة المعوقين ذوي المشكلات السلوكية بهدف مساعدتهم لتحقيق التكيف النفسي والاجتماعي.

رابعا: التوجيه المهني والذي يتم لمساعدة الفرد المعوق وتوجيهه مهنياً لاختيار ما يناسبه من مهن سواء بالتدريب عليها أو العمل بها واختيار المهنة التي تتلائم مـع قدراتـه واستعداداته وميوله.

ويتم توجيه مجموعة من البرامج والنشاطات من خلال الوسائل التالية:

1. البرامج التلفزيونية والإذاعية.

2. النشرات الدورية والإعلانات والصحف.

3. الملصقات.

4. الندوات والمحاضرات.

5. اللقاءات المنزلية والزيارات ا لمتكررة للأخصائيين.

6. عمل دورات منظمة ومنتظمة للأسر.

7. إشراك الأسر عن طريق العمل التطوعي.

8. مجال الإرشاد.

9. النشاطات الرياضية والمخيمات الكشفية.

10. الزيارات إلى المراكز والمعارض والمصانع والشركات.

وبهذا نستطيع القول بأن المؤسسات والمراكز تعمل بالمجالات التالية:

1. التوعية الإعلامية والتثقيف الصحي للمعوقين وأسرهم والمجتمع المحيط بهم والسعي إلى تعديل اتجاهات المجتمع نحو المعوقين وتقبلهم ودمجهم في الحياة العامة من خلال مجموعة من البرامج والنشاطات الهادفة.

2. تنظيم اللقاءات والندوات وورش العمل مع الأهالي والمجتمعات المحلية بهدف مشاركتهم في البرامج الإرشادية وتعريفهم بها وتوثيق الصلة بين المدرسة والتعاون مع الإدارة والمعلمين في إنجاح عملية الإرشاد في التربية الخاصة.

3. رسم سياسة ومنهجية لبرامج تعديل السلوك المناسبة لمواجهة المشكلات التي قد تواجه المعوقين داخل المؤسسة أو خارجها والتعاون في وضع الحلول لها.

4. الاتصال والتواصل بين الأهل والمدرسة من خلال الزيارات المتبادلة وجمع المعلومات حول أوضاع الأسر لفائدتها ف التعرف على حياة المعوق.

5. عقد الدورات المستمرة لتدريب العاملين في مجالات الإرشاد والتوجيه وتزويدهم بالخبرات اللازمة لمواجهة المشكلات التي تطرأ وكيفية وضع منهجية مناسبة للبرامج الإرشادية.

6. مقابلة الأفراد المعوقين وأسرهم وتقديم الاستشارات اللازمة لهم وتوجيههم إلى المكان المناسب والتعاون في وضع الخطط والبرامج المنزلية، إضافة على التعاون مع قطاعات مدارس التربية والتعليم لتقديم

الاستشارات الضرورية للأطفال ذوي المشكلات من العاديين والذين يراجعون مراكز ومدارس التربية الخاصة، والتأكيد المستمر على إبقائهم في المدارس العامة والتعاون مع المرشدين في مدارسهم لوضع الخطط المناسبة لمساعدتهم في حل مشكلاتهم السلوكية أو الأكاديمية.

خامساً: التدخل المبكر: أكثر البرامج فاعلية في حياة الطفل المعوق ويجب استثمارها إلى أقصى حد ممكن. ويمكن القول أن هناك طريقة موضوعية يمكن من خلالها قياس مدى تقدم الطفل؛ وباختصار يمكن إجمال هذا القياس بمدى ما تقدمه الدولة من خدمات لمواطنيها عامة، ولمواطنيها عن ذوي الاحتياجات الخاصة على وجه الخصوص، فقد أوجدت الدولة الأردنية مجالا خصبا وواسعا لنمو وتطور أبنائها وخاصة ذوي الاحتياجات الخاصة منهم من خلال الخدمات التي تقدمها ومن ضمنها خدمات التدخل المبكر حيث تقدم هذه من خلال مؤسسات مختلفة مثل وزارة الصحة، ووزارة التنمية الاجتماعية ومراكز التشخيص المبكر للإعاقات ومراكز التربية الخاصة. اذ تقوم وزارة الصحة بتقديم خدمات الكشف المبكر وتشخيص الأطفال من خلال مركز تشخيص الإعاقات المبكرة، والمركز الوطني للسمعيات وغيرها من المراكز المنتشرة في أنحاء المملكة.

أما وزارة التنمية الاجتماعية فهي تقدم خدمات الإحالة للأطفال بالإضافة لتقديم خدمات استشارية لأسر الأطفال المعوقين، حيث قامت الوزارة عام 1982م بإنشاء مركز لتشخيص المعوقين لغايات التدخل المبكر يرتبط بكلية الخدمة الاجتماعية وبعدها توالى إنشاء المراكز.

تقوم بعض مراكز التربية الخاصة مثل مركز نازك الحريري والمركز العربي للتربية الخاصة والمؤسسة السويدية وغيرها من المراكز بإجراء عملية فحص وتقييم للأطفال عند دخولهم هذه المراكز أو غيرها.

يعد التدخل المبكرة في حياة المعاق ميدانياً حديث العهد، وزاد التوسع فيه بتزايد نسبة الإعاقات في العالم ، وقد زاد الاهتمام به لما بدر عن هذا النظام من نتائج إيجابية في جوانب متعددة.

بعد أن ظهرت الفائدة من برامج التدخل المبكر اتسع انتشاره في جميع بلدان العالم ومع كل الإعاقات والذي كان له التأثير النافع في حياة الإنسان، حيث اصبح من السمات المميزة لأي مجتمع متحضر ليهتم بأبنائه المعاقين ، والذي اصبح من العلامات البارزة في رعاية المعاقين عامة وقد أصبحت المجتمعات الإنسانية أكثر قدرة من ذي قبل على الكشف المبكر عن الأطفال المعاقين الصغار في السن ، وأصبح بالإمكان الآن اكتشاف بعض أنواع الإعاقات أثناء مرحلة الحمل من خلال فحص السائل الامنيوسي مثلاً.وعموما كلما زادت شدة الإعاقة كانت إمكانية اكتشافها مبكرا اكبر .

إن مجال التدخل المبكر مجال بالغ التعقيد وقد ينطوي على أخطاء متنوعة في مجال الكشف والتشخيص وعلى وجه التحديد فالفروق الفردية في معدلات النمو وفي طبيعة التغيرات النمائية في مرحلة الطفولة المبكرة قد تكون قيودا تحول دون التنبؤ الصادق بالنمو المستقبلي وبالتالي تحديد مدى الفعالية للتدخل المبكر.

ونورد هنا على سبيل المثال كيفية إرشاد المعوقين سمعيا:

تعتبر الإعاقة السمعية واحدة من فئات التربية الخاصة التي تقدم لها الخدمات التربوية والاجتماعية والنفسية والمهنية والتي تؤدي في الغالب إلى التحسين من مستوى وقدرات ومهارات هذه الفئة وتساعدها على التكيف الشخصي والاجتماعي والمهني والاندماج في الحياة العامة.

وتعد الخدمات الإرشادية ذات أهمية بالغة في حياة الأشخاص المعوقين سمعيا والأشخاص المعوقين عامة وذلك لما لها من انعكاسات إيجابية على

119

شخصيتهم وحياتهم الأسرية والاجتماعية ، إذ انه من غير الممكن أن يحيا الإنسان حياة هادئة ومستقرة في ضؤ الظروف الصعبة التي يحياها الإنسان المعاق والذي فقد قدرة من قدراته التي أقعدته او جعلته غير قادر على التفاعل والتواصل والاندماج مع المحيط والبيئة التي يعيش ضمنها .

وعادة ما تحقق العملية الإرشادية برمتها للفرد المعاق سمعيا اهدافا عديدة يمكن اجمالها فيما يلي:

أولا: أنها تساعد الأشخاص المعاقين سمعيا على معالجة مشكلاتهم الانفعالية والسلوكية.

ثانيا: إن الإرشاد يكسب الأشخاص المعاقين سمعيا مزيدا من ثقتهم بأنفسهم وبرفع من كفاءتهم الشخصية والاجتماعية.

ثالثا : يؤدي ارشاد حالات المعاقين سمعيا الى تقبلهم لانفسهم والى تقبلهم لاعاقتهم وتنمية اتجاهاتهم نحو ذواتهم ونحو الاخرين.

رابعا: مساعدة الأشخاص المعاقين سمعيا وتوجيههم مهنيا وإثناء التدريب وتوجيههم لما يخدم حياتهم المستقبلية.

مجالات ارشاد المعاقين سمعيا:

1- الارشاد السلوكي: يعد الارشاد السلوكي اجراءا هاما في حياة المعاقين سمعيا وذلك لما تظهره هذه الفئة من أنماط ومشكلات انفعالية وسلوكية تعيق من تنمية وتطوير الجوانب التحصيلية والاجتماعية والمهنية ، مما يستدعي نوع من التدخل العلاجي من خلال برامج تعديل السلوك وبرامج الارشاد النفسي- التي تعالج بعض المشكلات مثل الانسحاب والعناد والمشاكسة والتمرد وعدم الانضباط والانصياع

للتعليمات المدرسية والتشتت وعدم التركيز وغيرها من المشكلات التي تؤثر على حياتهم.

2- الارشاد المهني : وحيث أن الجانب المهني ذا اهمية في حياة المعاقين سمعيا ، فانه بات من الضروري الاهتمام بهذا الجانب الإرشادي وذلك من المراحل الأولى للدراسة ، حيث يتم اكتشاف ميول ومواهب المعاقين سمعيا وتوجيههم بصورة سليمة نحو المهن المختلفة وتحديد المهن التي تناسب كل فرد حسب قدراته وكذلك التركيز على الارشاد والتوجيه المهني لجمع الفئات الذكور منهم والإناث، مما يساعده على الاختيار المهني السليم.

3- الارشاد العائلي والزواجي: حيث أن الاسرة هي الاساس في بناء المجتمع فانه بات من المناسب ارشاد وتوجيه الاشخاص المعاقين سمعيا اسريا وزواجيا وذلك لابقاء حياتهم الاسرية واختيارهم الزواجي يسير بشكل سليم ، ويتم هنا التركيز على التوعية والتثقيف قبل الزواج والتركيز على الطلبة في المدارس بالعلاقات الاسرية وأهميتها في الحياة بعيدا عن الانحراف والمخاطر التي قد تنتج عن عدم وعيهم وإدراكهم لكنه العلاقات الإنسانية.

4- الارشاد التربوي والمدرسي: لما للمدرسة والمناهج والأنشطة المدرسية من اهمية في حياة النشيء وخاصة المعاقين سمعيا فانه لابد من التركيز على توعية وإرشاد الطلبة على اهمية تعليمهم وتدريبهم في البيئة المدرسية وملحقاتها وإرشادهم الى كيفية الدراسة الصحيحة والعلاقة المدرسية السليمة وأهمية انخراطهم في الأنشطة المدرسية ومشاركتهم الفاعلة في كافة الأنشطة المدرسية بمستوياتها المختلفة وذلك لمساهمتها في تنمية الجوانب العقلية والنفسية والاجتماعية في حياتهم المدرسية.

توظيف الارشاد النفسي بالاستفادة من إمكانيات المدرسة من خلال:

1- استخدام شبكة الإقران : عادة ما يلجأ الطلبة المعاقين سمعيا الى المرشد النفسي ـ عندما يواجهون أزمات سواء داخل أسرهم او مع اقرأنهم، ويكون المعلم والمرشد مصدرا ممتازا للتعامل مع الحالة ، وهنا يقومون بتحديد رفيق اللعب والصديق واختيار الرفاق الممكن أن يلعب معهم او يلتقي معهم ومساعدته على التغلب على الصعوبات التي يواجهها.

2- مجلس الاباء والمعلمين كمصدر جيد للتعامل مع الحالات التي تواجه صعوبات من الصم وخاصة ذوي المشكلات المتشابهة، ويمكن للمرشد النفسي ـ استغلال مجلس الاباء او المدرسة ليزيد من ثقافة الاباء النفسية والاجتماعية والتربوية التي تخدم الطالب المعاق سمعيا وتهيئة الظروف المناسبة لنموه.

3- مؤتمرات الاباء والمعلمين والتي قد تكون فرصة مناسبة لمناقشة مشكلات الطلبة المعاقين سمعيا وكذلك اختيارهم المهني والتربوي وغيره من المشكلات التي قد تحدث داخل المدرسة او خارجها ويكون المرشد النفسي طرفا رئيسيا فيها.

الارشاد حسب التصنيفات للطلبة المعاقين سمعيا:

عادة ما تختلف النظرة لإرشاد حالات الطلبة المعوقين سمعيا من حيث شدة الاعاقة ومستوى المدرسة التي يتعلم فيها الطالب المعاق سمعيا فهناك المرحلة المبكرة للأطفال المعوقين سمعيا والصم ، حيث يتراوح الارشاد في هذه المرحلة بين التغلب على صدمة الاعاقة   للاهل والتركيز على تنمية مفهوم الذات والرعاية السليمة وتوجيه الاهل والمربيات الى التعامل الجيد مع الطفل وتقديم التدريب على السمع بصورة مناسبة لتجاوز الازمة التي يمر فيها الطفل والأهل.

أما المرحلة الاساسية التي يبدأ فيها الطفل بالانخراط في المدرسة فإنها

مرحلة حساسة بالنسبة للطفل المعاق سمعيا او الاصم حيث تتطلب هذه المرحلة من المرشد النفسي تقديم الدعم النفسي للطفل سواء كان داخل مدرسة للصم او في مدرسة عادية تطبق فكرة الدمج ، وبذلك أحوج ما يكون هذا الصنف من الاطفال للارشاد النفسي.

أما في المرحلة الأعلى فأن الطلبة هنا يدركون حقيقة الارشاد وأهميته بالنسبة لهم فهم عادة ما يتوجهون الى المرشد النفسي طلبا للمساعدة في حل مشكلات وصعوبات تواجههم تعليمياً ومهنيا وسلوكيا والمرشد بدورة يقدم العون والمساعدة لهم ويساعدهم في التغلب على مشكلاتهم وحلها بالأسلوب المناسب.

حالة إرشادية:

عماد طالب أصم في الصف التاسع ويبلغ من العمر 15 سنة وكان يعاني من مشكلة سلوكية تم وصفها على النحو التالي:

بعد إخضاع عماد للملاحظة والمقابلة والاختبار السلوكي (ببيركس لتقدير السلوك) لوحظ بأنه يعاني من الانسحاب المستمر من المواقف والأنشطة المدرسية واللقاءات بين الطلبة ويشغل نفسه بأمور لبست ذات قيمة ويبقى داخل غرفة الصف ولا يشارك الطلبة في الأنشطة الرياضية ويعود لوحده الى البيت ولا يوجد له أصدقاء في المدرسة وغير مشارك داخل غرفة الصف .

وتم تحديد مشكلته السلوكية(السلوك ألانسحابي)

تم وضع برنامج سلوكي عل مدار عشرة أسابيع وباستخدام الأساليب السلوكية التالية:

1-التعزيز من خلال المشاركات المختلفة: بحيث يتم تعزيزه رمزيا في حال أي مشاركة داخل غرفة الصف او النشاطات الرياضية.

2- تم التعاقد السلوكي بينه وبين المرشد في المدرسة.

3- لعب الأدوار بحيث انه يطلب منه المشاركة بعض الأدوار الاجتماعية الهادفة في داخل الصف.

4- تدريبه على برنامج للصداقة ومهارات التعارف على الطلبة.

وبعد انتهاء مدة البرنامج الإرشادي تبين بان الطلب قد احدث تغيرا سلوكيا ايجابيا في المهارات التالية:

1- الكلام والحديث مع الطلبة الاخربن بشكل محدود.

2- المشاركة في بعض الأنشطة.

3- تنفيذ التعليمات المطلوبة منه.

4- تحسن في مستوى الذات .

5- تحسن في الصورة الاجتماعية والعلاقات.

النتيجة / بان البرنامج الإرشادي السلوكي قد اثر في الطالب بشكل ايجابي

رابعا: خدمات التأهيل المهني:

تعتمد فلسفة التأهيل للأفراد المعوقين على مجموعة من العوامل الاجتماعية والاقتصادية إذ أنها تقوم على أساس تركيزها على الإنسان وتعد مسؤولية اجتماعية تتطلب التخطيط والعمل والدعم الاجتماعي بكافة أشكاله، وبذلك فإن عملية التأهيل تؤكد حماية الفرد المعوق وتساعده على الاستقلالية والتكيف وهي بالتالي توفر فرصاً كثيرة للمعوق في التدريب والتعليم والعمل وتكفل حق مساواته بغيره من الأفراد.

والتأهيل بمفهومه الشامل هو تلك العملية المنظمة المستمرة والتي تهدف إلى

إيصال الفرد المعوق إلى أعلى درجة ممكنة من ا لنواحي الطبية والاجتماعية والنفسية والتربوية والمهنية والاقتصادية التي يستطيع الوصول إليها حيث تتداخل خطوات هذه العملية.

وقد بدأت مفاهيم التأهيل المهني للأفراد المعوقين تدخل ضمن مراكز ومدارس التربية الخاصة ف السبعينات ثم ما لبثت عملية التأهيل الانخراط في أوساط المراكز والمؤسسات التي تعنى بالمعوقين، حيث بدأت أعداد كبيرة من الأفراد المعوقين من القادرين على التدريب المهني من مختلف فئات الإعاقة بالبحث عن مهن يمكن أن يتقنوها بهدف الوصول إلى سوق العمل والإنتاج، فقد شهد العقد الذي يليه وبداية عقد التسعينات تطوراً هائلاً في مجال التأهيل المهني باعتباره جزءاً لا يتجزأ من عملية التربية الخاصة وبدونه لا يستطيع المعوق تحقيق مكاسب مهنية واجتماعية واقتصادية.

وتمر عملية التأهيل المهني في الأردن بمجموعة من الخطوات والتي يتمكن من خلالها الفرد المعوق التدرب على مهنة معنية وفق قدراته وطاقاته وتشمل تلك الخطوات ما يلي:

أولاً: التعرف على الحالة وإجراء التشخيص اللازم وتحديد مستوى القدرات والمهارات المختلفة.

ثانياً: إجراء تشخيص طبي وسيكولوجي للتعرف على إعاقة الفرد ومدى إصابته والكشف عن أية اضطرابات سلوكية أو نفسية والقدرات العقلية والميول الشخصية نحو المهنة وتأثير هذه العوامل على عملية التأهيل المهني للفرد المعوق.

ثالثاً: إجراء عملية توجيه وإرشاد نحو المهن والعمل.

رابعاً: تحديد الخدمات الطبية والعلاجية المساعدة للفرد المعوق المؤثرة في

العمل كالعلاج الطبيعي ومدى الحاجة إلى أطراف مساعدة صناعية أو غيرها وأية وسائل تعينه على التدريب المهني وما يؤثر من عوامل أثناء تلك الفترة.

خامساً: التقييم المهني والتي يقوم بها أخصائي التقييم المهني بدور الكشف على قدرات الفرد المعوق ومدى تناسب تلك القدرات مع المهنة التي يختارها للتدريب، حيث يتم إجراء اختبار مهني مثل "مقياس التهيئة المهنية للكشف عن قدرات الفرد المعوق على مجموعة من الجوانب الهامة مثل "التآزر البصري الحركي والمهارات المهنية وعادات العلم" وتؤكد فلسفة التأهيل المهني في الأردن على تقديم خدمات شاملة في التأهيل المهني لمختلف فئات المعوقين سمعياً وبصرياً وعقلياً وحركياً وانفعاليا، حيث تستمر تلك العملية من مرحلة المقابلة وجمع المعلومات حتى دخول المتدرب مشاغل التدرب والإعداد والتشغيل حيث تشمل هذه الخدمات ما يلي:

- التهيئة المهنية.

- التعليم المهني.

- التوجيه المهني.

- التدرب المهني.

- التشغيل.

- المتابعة.

إضافة على تقديم الخدمات الإنسانية للمتدربين في مراكز التأهيل المهني الصحية والإرشادية والمعونات المادية مقابل التدريب المهني والرعاية الاجتماعية والمواصلات والنشاطات اللامنهجية كالمعارض والرحلات والزيارات الميدانية والرياضة والنشاطات الفنية.

وكان لتزايد أعداد المعوقين وإنهائهم لمراحل التعليم حاجة ماسة إلى التوجه إلى برامج التدريب المهني والعمل، وهذا أدى إلى تركيز المؤسسات الوطنية صاحبة العلاقة إلى العمل على إحداث مراكز متخصصة للتأهيل المهني وتوفير برامج التدريب المهني للطلاب بدءاً من عقد السبعينات وما تلاه، حيث شهدت السنوات الأخيرة توسعاً في أعداد المهن ونوعيتها حيث كانت أربعة في عام 1974م وأصبحت حوالي خمسة وعشرون مهنة في العام 1994م، إضافة على العمل على تحديث في مستوى المستلزمات والآلات والماكنات المستخدمة في التدريب المهني لمواكبة التطورات التي تشهدها الأسواق وتوفير الكوادر البشرية المدربة والمتخصصة القادرة على تدريب المعوقين على المهن المختلفة، إضافة إلى زيادة الإنتاجية وفتح المعارض المتخصصة لإنتاج المعوقين وعرضه في السوق بهدف البيع وإبراز منتجاتهم للمجتمع ومنحهم الفرصة للمشاركة الفعلية في السوق والمناقشة مع المنتجات الأخرى، وهناك تجارب قامت فيها مؤسسات ومراكز التدرب المهني أثبتت نجاحاً ملموساً في بيع الأثاث والمنسوجات والأشغال المهنية المختلفة.

أما بالنسبة لإجراءات قبول الطلبة المتدربين في مراكز التدريب المهني بهدف تدريبهم على المهن فتتم من خلال الشروط التالية:

1. أن يكون المتدرب يعاني من إعاقة (سمعية، عقلية، بصرية، حركية، انفعالية).

2. ألا تؤثر إعاقة الفرد على تدريبه.

3. ألا يقل عمر المتدرب عن(14) ولا يزيد عن(40) سنة.

4. خلوه من الأمراض السارية والمعدية والأمراض النفسية.

5. قدرته على التنقل من وإلى المركز الذي يتلقى فيه التدريب.

6. أن يعطى فترة تجريبية مدتها شهرين.

ويتم قبول المتدرب من خلال تشكيل لجنة تقييم بطلب التحاق بالمركز مكتملاً للأوراق الثبوتية والتقارير الطبية اللازمة والدراسة الاجتماعية ويحال الطلب إلى مركز التدريب المهني للنظر في إمكانية قبوله في ضوء توفر شاغر ومن ثم البدء في مرحلة التهيئة المهنية والتدريب حال قبوله.

وتتعدد مراكز التدريب المهني والمواقع التي يتلقى فيها الطالب المتدرب تدريباً على المهنة في الأردن حيث تشمل ما يلي:

- مراكز ومدارس التربية الخاصة للتهيئة المهنية من سن 12-14 سنة.

- مراكز الرعاية الداخلية ويتلقى فيها المنتفعين التدريب على بعض المهن المناسبة لإعاقتهم.

- مراكز التأهيل المهني فوق سن 14 ولغاية 40 سنة وهي الأساس في عملية التدريب على المهن.

- مراكز التدرب (الجمعيات والمشاغل المحمية).

- برامج التدريب المنزلي لفئة المنتفعين الذين لا يستطيعون التنقل خارج المنزل وتكون على شكل تأهيل منزلي وبرامج للفتيات مشاغل الخياطة والتطريز والأشغال اليدوية وتنسيق الزهور وغيرها من المهن البسيطة.

ولغايات تحليل العمل في مراكز التدريب المهني هناك مجموعة من المتطلبات الأساسية يجب أن تؤخذ بعين الاعتبار أثناء عملية التأهيل المهني من خلال الأخصائي المعني في المراكز وتشمل تلك المتطلبات ما يلي:

- تعريف المهنة بشكل دقيق.

- تحديد المهمات الأساسية للمهنة بشكل جزئي ودقيق.

- تحديد جميع متطلبات العمل التي يجب أن توفر للفرد المتدرب من أجهزة ومستلزمات.

- تحديد معايير وأسس تقييم تحكم نجاح الفرد المتدرب على المهنة.

ومن خلال هذه العملية يتم تحقيق أهداف تشمل التخطيط الموجه والسليم وتطوير المهنة والتنسيق والتعاون بين المتدرب وأصحاب العمل ومساعدة الفرد على التكيف مع المهنة والعمل.

ورغم الاختلاف فيما بين مراكز التدريب والتأهيل المهني في الأردن سواء الحكومي أو الخاص غلا أن هناك اتفاقاً عاماً حول طابع عمل تلك المراكز والمهن التي يتم تدريب الأفراد عليها رغم اختلاف متغيرات كثيرة مثل العمر والجنس ونوع الإعاقة ونوع المهن وطبيعتها وتشمل المراكز ما يلي:

- مراكز التأهيل المهني في إربد والرصيفة التي يتلقى فيها الطلبة التدريب المهني كاملاً.

- مراكز الرعاية والتأهيل في المفرق والكرك وجرش ويتلقى فيها الطلبة التدريب المهني جزئياً.

- مركز تدريب شديدي الإعاقة "المؤسسة السويدية".

- المركز الإقليمي لتأهيل الفتيات.

- جمعية الحسين لذوي التحديات الحركية.

- مراكز التربية الخاصة "تهيئة مهنية".

- المشاغل المحمية مركز جمعية الشابات المسلمات.

وعند الحديث عن برامج التأهيل المهني في الأردن لا بد من الإشارة إلى طبيعة تلك البرامج والتي يمكن تقسيمها إلى ما يلي:

أولاً: برامج التهيئة المهنية: ويتم من خلالها إعداد الطلاب في مرحلة التعليم الأكاديمي في أغلب المراكز والمدارس والجمعيات بين سن 12-14 سنة

وتهيئتهم للالتحاق ببرامج التدريب والتأهيل المهني وتشمل مرحلة التهيئة المهنية الأمور التالية:

- تعريف ميول الطلاب في سن مبكرة وتهيئتهم للمهنة.

- تعريف المعوق بالمهن والأدوات والوسائل المستعملة في إعداد وإصلاح وتشغيل المهن.

- تنمية مهارات الحركة للأصابع واليدين والقدمين والتآزر البصري الحركي ... الخ.

- تهيئة المعوق للتكيف مع المهنة وتعليمه أساسياتها وكيفية استعمال الأدوات والتدرب عليها.

أما بالنسبة للتعرف والتدريب فيتم على الأدوات واستعمالاتها مثل الشاكوش والمسمار والكماشة وقاطعة الأسلاك، المفكات، البراغي، المسطرة ...الخ والخشب والحديد والنحاس والخيزران والقش والجلد والقماش والورق وغيرها من المواد المستخدمة في التدريب المهني.

ثم تأتي عملية تدريب المعوق على كيفية البدء في عمليات قص الورق والكرتون وقطع الحديد والخشب والدهان والطلاء .. الخ.

ثم تتم عملية تعريف المعوق على جميع الأدوات المستعملة في تمارين التهيئة المهنية والأعمال الجلدية وأدوات التركيز والتجميل وغيرها للانتقال إلى مرحلة التدريب المهني وقد اكتسب أساسيات ذات فائدة في العمليات التالية أثناء عملية التدريب على المهنة.

ثانياً: التدريب والتأهيل المهني: حيث تعتبر مرحلة التدريب والتأهيل مكتملتين والتي من خلالها تتم عملية التدريب على مهنة تتلائم وقدرة وميول

المعوق، حيث أن عملية التدريب المهني تشكل جزءاً مهماً من عملية التأهيل المهني بهدف إعدادهم للتشغيل في لمستقبل وتوفير العمل المناسب.

وأثناء عملية التدريب المهني يتم التأكيد على الأسس والمناهج التي تطبق أثناء فترة التدريب والتي تتناسب وطبيعة الإعاقة لاستمرار المعوق في التدريب عليها وتلبية متطلبات الفرد المعوق وحاجات السوق وأصحاب العمل واختيار نوع التدريب بعناية وفق قدرات المعوق.

وتتم عملية التدريب المهني من خلال وضع برنامج زمني مناسب للمهنة التي يتدرب عليها المعوق وتخصيص فترة استراحة أثناء التدريب وعملية التدرج في الجهد المبذول لفئات الإعاقة والمدة التي يستغرقها في التدريب.

وتمر عملية التدريب المهني للمعوقين في الأردن بصورة عامة ببعض الصعوبات التي تصادفها، حيث تتم عملية التأهيل في وقت متأخر مما يفقدها عناصر هامة تفيد أفضل لو تم تدريب الفرد منذ المراحل العمرية الأولى، إضافة على شح الموارد وضآلة الإمكانيات المادية والبشرية التي تؤثر على مستوى عملية التأهيل، كذلك عدم توفر مقاييس واختبارات مقننة لاختبار الفرد المعوق مهنياً، كذلك من الصعوبات التي تصادف عملية التأهيل المهني الجهد الكبير والوقت الذي يهدر مع الحالة التي لا تتقن في الأصل شيئاً عن المهنة حيث تأتي معظم الحالات من مراكز التربية الخاصة وهي لا تعرف شيئاً عن المهنة.

وبالرغم من كل ذلك، فإن مؤسسات التدريب والتأهيل المهني وبجهود المؤسسات المعنية والمسئولة استطاعت أن تؤدي رسالة رائدة ودوراً ريادياً في مجال تهيئة وتدريب وتأهيل الأفراد المعوقين وتشغيلهم ضمن إمكاناتها إذ تم تخريج أعداد لا بأس بها من الأفراد المعوقين المدربين على مهن مختلفة وانخرطوا في سوق العمل، ويمكن هنا الإشارة على مجموعة المهن التي يستطيع الأفراد المعوقين التدرب عليها في المراكز والمؤسسات المهنية وعلى النحو التالي:

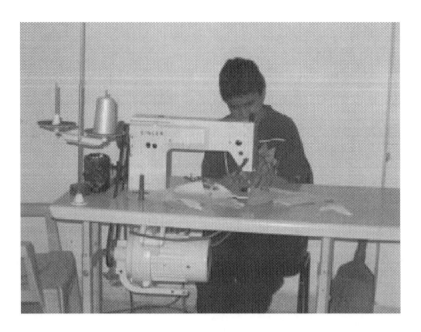

أولاً: المعوقين عقلياً (بسيطة ومتوسطة):

وتشمل مهن أعمال البلاستيك، الكرتون، غرس الأشجار (الزراعة)، التطريز، الأشغال اليدوية، مهنة اللحام ودهان السيارات، التنجيد، الألمنيوم، تجليس بودي السيارات.

ثانياً: المعوقين سمعياً:

وتشمل مهن الحياكة والخياطة والغزل وصناعة الأحذية وأعمال الميكانيك والرسم الفني والحفر والأشغال اليدوية والخشبية والحديدية والطباعة بأنواعها.

ثالثاً: المعوقون بصرياً:

وتشمل المهن الحياكة وصناعة السجاد والخيزران وصناعة الأوتار والفراشي والمكانس والتغليف والطباعة واستعمال الأدوات الموسيقية.

رابعاً: المعوقون حركياً: (أطراف سفلى):

وتشمل مهن تصليح الماكينات، راديو وتلفزيون، صناعة الأحذية، تجليد الكتب، تصليح الساعات، الخياطة، أما المهن للمعوقين حركياً (أحد الأطراف العليا) فتشمل الرسم الفني، صياغة البلاستيك، الغزل.

خامساً: الشلل الدماغي البسيط:

وتشمل مهن أعمال الزهور وتنسيقها، الكمبيوتر، الآلة الكاتبة، الأعمال الزراعية.

أما بالنسبة للمهن التي يتلقى المعوقين عليها التدريب في مراكز التدريب والتأهيل في الأردن فيمكن الإشارة إليها من خلال الصورة التالية: (كنموذج ينطبق على كافة المراكز)؟

أولاً: الخياطة: خياطة على آلة (درزة، حبكة، عراوي صناعية حيث تستغرق فترة التدريب من (6-9) شهور، إضافة إلى كواء وتغليف ملابس بالبخار لمدة ستة شهور.

ثانياً: الصناعات الجلدية: وتشمل خياطة وجه الحذاء بالآلة وتركيب نعل وتصليح أحذية حيث تستغرق فترة التدريب من (6-9) شهور.

ثالثاً: النجارة: وتشمل نجارة عربي وإفرنجي للأثاث والموبيليا حيث تستغرق فترة التدريب من (9-16) شهر، إضافة على دهان الموبيليات والتي تستغرق فترة (6-9) شهور.

رابعاً: التنجيد: وتشمل تنجيد الأثاث وفرش السيارات وستائر حيث تستغرق فترة التدريب من (6-9) شهور.

خامساً: تشكيل المعادن/الحدادة وتشمل حداد فاصون وحداد ألمنيوم ولحيم كهرباء ولحيم أكسجين حيث تستغرق فترة التدريب من (6-9) شهور باستثناء مهنة الحدادة التي تستغرق فترة (16) شهراً.

سادساً: صيانة المركبات وتشمل إصلاح الإطارات وغسيل وتشحيم السيارات وتجليس ودهان وإصلاح نظام العادم حيث تستغرق فترة التدريب ستة شهور وحسب درجة إتقان المهنة.

سابعاً: الحرف النسوية وتشمل تنسيق الزهور وأعمال السيراميك والتطريز اليدوي والتجميل والتريكو على الماكينة اليدوية والكهربائية وغيرها من المهن وتستمر عملية التدريب على هذه المهن حسب درجة إتقانها وتحتاج إلى فترة 6 شهور.

وبالرغم من كل هذا التطور في مجال التأهيل المهني، إلا أن الحاجة تستدعي وضع خطط حديثة وواقعية لتأهيل الأفراد المعوقين، إضافة إلى التوسع في فتح البرامج والمشاغل المحمية والمراكز المتخصصة بالمهنة الواحدة ودراسة حاجات سوق العمل من المهن ومدى كلفة التدريب ومستوى الإنتاج ومردود بيع المنتوجات من المعارض، غذ إن وجود نسبة لا بأس بها من الأفراد المعوقين بحاجة على تدريب وتأهيل مهنيين يجعل من عملية التخطيط لمشروعات التأهيل المهني أمراً مهماً وخطوة رائدة في سبيل تحقيق الاستقلالية للفرد المعوق واعتماده على نفسه مستقبلاً من أجل حياة كريمة وعيش أفضل.

خامسا: خدمات الرعاية الداخلية:

تشكل خدمات الرعاية الداخلية أحد البدائل الرئيسية في التربية الخاصة والتي تقدم لفئات التربية الخاصة، إذ تتمثل في إبقاء المنتفعين أطول وقت ممكن بهدف الاستفادة من الخدمات الشاملة التي تقدم من خلال هذه المؤسسات سواء

التربويـة أو التدريبيـة أو التأهيليـة الطبيـة والنفسية وغيرهـا مـن الخـدمات المقدمـة للمعوقين، والتي كانت سائدة وما زالت حتى يومنا هـذا، وتعتبر مـن أقدم الخـدمات في التربية الخاصة، حيـث تسـتند إلى فكرة العزل عـن المجتمـع، إلا أن الوضع السـائد هو إبقائهم ضمن مراكز داخليـة وهـذا يـرتبط بفئـة الإعاقـة وشدتها مثـل الإعاقـة العقليـة الشديدة ومتعددي الإعاقات والذين لا يتوفر لعم بديل أفضل من ذلك أو أي بـديل آخـر، أما بالنسبة لفئات التربية الخاصة مصـل الإعاقـة العقليـة البسـيطة والمكفـوفين والمعـوقين سمعياً والمعوقين حركياً فيتم العمل على إلغاء الإقامـة الداخليـة بصـورة تدريجيـة بهـدف دمجهم مع المجتمع ضمن المدارس العامة والعمل.

وتقوم فلسفة مؤسسات ومراكز الإعاقـة أو الرعاية الداخليـة عـلى إيجـاد البيئـة والرعايـة المناسبة لتربية وتدريب وتأهيل المعوقين بصـورة شاملة واعتبـارهم فئة محرومـة تحتاج لمزيد من العناية والرعاية الإنسانية ومنح الفرصة للقـادرين مـنهم عـلى التـدريب والتأهيل للاستفادة ضمن قدراته وطاقاته من خلال برامج وخطط مناسبة.

ويمكن الإشارة على أنماط مؤسسات ومراكز الرعاية الداخلية في الأردن على النحو التالي:

أولاً: مراكز الرعاية الدائمة "المستشفى" مثل المركز الوطني للصحة النفسية، ومركز الصحة النفسية الكرامة والتي تقدم من خلالها خدمات إقامة دائمة للكبار تشمل الرعاية الصحية والتأهيلية النفسية والاجتماعية والترفيهية والإيواء والعلاج الطبيعي ويغلب طابع المعوقين عقلياً على المنتفعين من هذه المؤسسات.

ثانياً: مراكز الرعاية الداخلية للصغار شديدي ومتعددي الإعاقات مثل الإعاقة العقلية والشلل الدماغي وتتمثل هذه المراكز في مركز التربية الخاصة/الفحيص ودار المحبة ودار الحنان وغيرها من المراكز الخاصة حيث يتم قبول الأطفال المعوقين من سن 6 سنوات ولغاية 16 سنة وتقدم لهم خدمات شاملة في التربية الخاصة والتأهيل التربوي منها والرعائية والإيوائية والصحية والعلاجية والترفيهية والإرشادية فيغلب طابع الإعاقة العقلية والشلل الدماغي المنتفعين في المراكز.

ثالثاً: مراكز ومدارس التربية الخاصة للصم والمكفوفين والمعوقين عقلياً إعاقة بسيطة ومتوسطة والمشلولين حركياً، وتشمل هذه المراكز فئات عمرية من 6-14 سنة للأطفال المعوقين ممن يتلقون برامج تعليمية وتدريبية أثناء الفترة الصباحية ثم ينتفعون من خدمات الإيواء نتيجة بعد أماكن سكناهم عن تلك المراكز أو المدارس حيث تقدم لهم خدمات تربوية وتعليمية وترفيهية وعلاجية وصحية وإيوائية وغيرها من الخدمات في التربية الخاصة.

رابعاً: مراكز الرعاية الداخلية للمعوقين المسنين ما بعد عمر 40 سنة مثل مركز سحاب لرعاية المسنين من المعوقين بحيث تقدم خدمات رعائية وصحية وعلاجية وتأهيلية نفسية-اجتماعية لهؤلاء الأفراد من المسنين.

وبالرغم من التفاوت في نوع الإعاقة والخدمات في مؤسسات ومراكز الرعاية الداخلية سواء الحكومية أو الخاصة، إلا أن هناك إتفاقاً عاماً أو طابع عام لنوعية الخدمات والبرامج التي تقدم للمعوقين ومنها التعليمية للفئات القادرة على التعليم والتدريبية والمهنية والتأهيلية النفسية الاجتماعية والعلاج الطبيعي والنطق واللغة والخدمات الصحية والغذاء والشراب والإيواء والرياضة وغيرها من البرامج الهادفة والمناسبة.

ويتم داخل هذه المؤسسات والمراكز وضع برامج مناوبات وبرامج نشاطات باستمرار ويراقبها مشرفون ومشرفات مدربون يعملون باستمرار على متابعة الخطط والبرامج الفردية والجماعية والمراقبة والإشراف وتقديم العون والمساعدة بالتدريب والتعليم وتقديم العلاج والدواء اللازم لحالات المرضى السلوكية والاجتماعية والنفسانية التي تواجه المنتفعين والتعاون مع الأخصائيين الاجتماعيين في المراكز على وضع الحلول المناسبة، إضافة على البحث عن مشاركة الأسرة في حل بعض المشكلات التي تواجه المنتفع في المؤسسة باعتبار دور البيت والأسرة أساسي في عملية الإرشاد والتوجيه.

وتشمل البرامج والخدمات التي يتم وضعها ضمن المراكز الداخلية ما يلي:

أولاً: الإيواء والتغذية:

وهذه تشمل توفير المنامات الجيدة والنظيفة وأسرة تناسب الحالات وأغطية وفرشات صحية، إضافة على الغذاء الجيد والصحي والذي يتم من خلال نظام يتم إعداده مسبقاً بالاتفاق مع المشرفين على البرامج الغذائية وأوقات تناول الوجبات والسمك والخضروات والأرز والعدس وأصناف أخرى من الأطعمة والشاب المناسب لنموهم والتي يتم أعدادها بشكل مسبق ضمن قوائم ولا يقتصر ـ تقديمها على نوع واحد بل هناك تشكيل مستمر وحسب حاجة المنتفعين وبإشراف قسم الغذاء في المركز والمسئولين عنه.

ثانياً: الرعاية الطبية والصحية:

وهـذه تشـمل الإشـراف الطبـي والصـحي التـام مـن خـلال الأطبـاء والممرضين ومساعدين الممرضين ومراقبـة المنتفعين وفحصهم وتقـديم العـلاج اللازم لهـم والأدويـة المناسبة ونقلهم إلى المستشفيات وقت الحاجة ويقوم بـذلك فريـق متخصـص علـى مـدار الساعة بعملية الإشراف والمتابعة للجوانب الصحية في المركز.

ثالثاً: الرعاية الاجتماعية والنفسية:

تعتبر النواحي الاجتماعية والنفسية من العوامل الهامة في حيـاة الطفل المعـوق، فمن خلال إقامة المنتفعين في المراكز والمؤسسات تقدم لهم برامج مختلفة تشـمل تـدريب على المهارات الاجتماعية والمساهمة في حل المشكلات الانفعاليـة مـن خـلال وضـع بـرامج تعديل سلوك مناسبة وحل المشكلات التي تظهر أثناء وجود المنتفع في المؤسسة، والتنسيق مع أسرة الطفل المعاق على وضع البرامج والحلول المناسبة وكتابة التقارير للأهـل لمتابعـة الطفل.

وتشمل البرامج التي تقدم للأطفال المعوقين والكبار الحفلات الترفيهية والاحتفال بالمناسبات المختلفة مثل عيد الأم وعيد الاستقلال وعيد ميلاد القائد والنشاطات الرياضية المختلفة كالألعاب والتمارين والنشاطات الداخلية الأخرى مثل برامج التلفزيون والفيديو والموسيقى، وتهدف جميع هذه البرامج إلى تقوية العلاقة فيما بين التلاميذ والترفيه عنهم وأشغال أوقات فراغهم من خلال تلك البرامج الهادفة، كل هذا يتم من خلال برامج أسبوعية وشهرية يتم تنفيذها من خلال المشرفين بالتعاون مع الأخصائيين المدربين.

رابعاً: العلاج الطبيعي والوظيفي:

حيث أن هذه البرامج تعتبر واحدة من الخدمات الضرورية في مؤسسات ومراكز التربية الخاصة لكل المنتفعين، فقد كان التوجه في تلك المراكز يقضي ـ بتوفير معالجين طبيعيين ووظيفيين سواء بشكل دائم أو بشكل جزئي للإشراف على برامج تدريب الأفراد المعوقين ممن هم بحاجة لمثل هذا النوع من الخدمات،

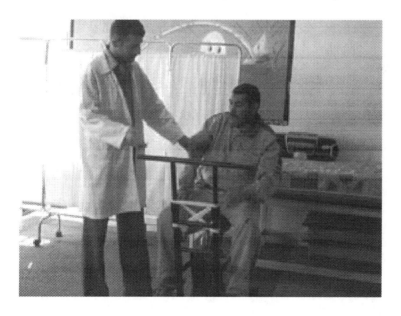

وتشمل خدمات العلاج الحكمي والوظيفي إضافة لكافة الخدمات ذات العلاقة بإعادة التأهيل لأجزاء الجسم التي تحتاج إلى تدريب وتمرين وبهدف تقييم قدرات الفرد الجسدية ودرجة إعاقته ومدى تقدم المصاب وتخفيف الألم عليه وتصحيح أو تقليل نسبة العجز وتقديم البرامج العلاجية المناسبة والمطلوبة حسب فئة الإعاقة، إضافة إلى أنه من خلال هذه الخدمة تقدم خدمات الإرشاد الطبي من طبيب التأهيل المختص والمساعدة في تصحيح الحركة لأعضاء الجسم وزيادة القدرة على الحركة ومتابعة حالات المنتفعين من الأفراد المعوقين.

خامساً: التدريب على المهارات الاستقلالية والعناية بالذات:

ولما كانت المهارات الحياتية الواجب تدريب الفرد المعوق عليها ذات أهمية وضرورة للاستفادة من خدمات الرعاية الداخلية، فإن المراكز الداخلية ومن خلال المشرفين عليها تقوم بوضع خطط فردية للتدريب على جميع المهارات التي يحتاج إليها الفرد والتي يبين مستوى أداء الفرد فيها أنه ضعيف والتي تشمل جميع المهارات الاجتماعية والحركية والاقتصادية والعناية بالذات، والتي يؤدي التدريب عليها وتعليمها للطفل تحقيقاً للاستقلالية في التعبير وقضاء حاجاته دون الاعتماد على الآخرين وفق قدراته القصوى والممكنة، ويتم ذلك من خلال وضع برامج مناسبة ومحددة في ضوء التقييم للمهارات المختلفة ومتابعتها من المدربين والمشرفين باستمرار، وتشمل التدريب على النظافة والاستحمام وغسل اليدين والعلاقات الاجتماعية واستخدام الحمام ونظافة الأسنان والمهارات الحركية والتدريب على التعامل بالنقود وعمليات الشراء والبيع وغيرها من المهارات الضرورية للفرد المعاق.

سادسا: خدمات التشغيل:

لقد أولت الدولة الأردنية في السنوات الأخيرة قضية تشغيل المعوقين

العناية والاهتمام، بهدف إخراج المعوق من عالم العزلة والانطوائية وإدماجه في مجتمع العمل وتحقيق مستوى من الطموح للفرد، وقد جاءت الفقرة "و" من البند الثاني في المادة الرابعة من قانون رعاية المعوقين لتوفير فرص العمل للمعوقين والتي تنص على تشغيل المعوقين بنسبة 2% من عدد العاملين لدى المؤسسات والشركات في القطاعين العام والخاص التي يزيد عدد أفرادها على 25 فرداً. وبهذا التوجه أصبح التشغيل حق مشروع للمعوق ويأتي منسجماً ومتوافقاً مع ما طالبت به هيئة الأمم المتحدة الدول الأعضاء بضرورة تطبيق القواعد الموحدة بشأن تحقيق تكافؤ الفرص للمعوقين وخاصة في ميدان السوق المفتوح.

وعودة على الإحصاءات الرسمية للسكان التي كان أخرها تعداد عام 1994م إذ بلغ عدد سكان المملكة الأردنية الهاشمية حوالي 3ر4 مليون نسمة، وإذا اعتبرنا أن الحد الأدنى لنسبة الإعاقة 5ر2%-5% وهي النسب المئوية المتفق عليها عالمياً فإن ذلك يعني أن في الأردن ما بين 100 ألف إلى 200 ألف معاق من مختلف الفئات، وأن ما نسبته 50% من هؤلاء هم في سن العمل، أي فوق سن 18 وبذلك يكون أكثر من (50) ألف معوق بدون عمل، وبذلك ترتفع نسبة البطالة بين المعوقين ولا يتوفر نسبة دقيقة حول بطالة المعوقين دون العاديين.

وقد أشارت الإحصاءات التي أعدتها دائرة الإحصاءات العامة ووزارة العمل أن أعداد المعوقين العاملين في مختلف المؤسسات في الأردن يتجاوز (3000) معوق يعملون في شتى المهن في القطاعين الحكومي والخاص.

وتقوم عدة جهات في الأردن من خلال أقسامها المختلفة بالإشراف على تشغيل المعوقين مثل:

1- ديوان الخدمة المدنية: حيث يتم تشغيل المؤهلين أكاديمياً من الحالات الإنسانية من مستوى التوجيهي فما فوق ضمن شواغر القطاع العام.

2- وزارة العمل ومؤسسة التدرب المهني، حيث يتم تشغيل الأفراد المعوقين الذين يتم تدريبهم على المهن المختلفة من خلال مديريات العمل في الميدان ويتم التنسيق مع الشركات والمؤسسات المختلفة بهدف إيجاد الشواغر المناسبة لهم.

3- وزارة التنمية الاجتماعية من خلال قسم التشغيل في مديرية التربية الخاصة والذي تم إحداثه مؤخراً ومديريات الميدان بحيث يتم إيجاد فرص عمل لهم من خلال الاتصال بالمؤسسات والشركات في القطاع الخاص وضمن شواغر الفئة الرابعة المتوفرة في بعض مؤسسات القطاع العام، وتشير إحصاءات قسم التشغيل إلى مساندته ودعمه لأكثر من 2400 حالة من المعوقين في السنوات العشر الأخيرة.

ويتم انتقاء الأفراد المعوقين في ضوء معايير يتم تحديدها مسبقاً تتعلق بطبيعة الإعاقة والقدرات الجسدية والمؤهل الأكاديمي أو المهني والخبرات ومدى ملاءمة بيئة العمل لطبيعة الإعاقة ومكان إقامة الفرد ومراعاة قرب أو بُعد المسافة عن العمل والرغبة في العمل من خلال المقابلة الشخصية. وقد ظهر في الأردن ثلاثة أنواع من التشغيل:

- وظائف عامة: حيث يتم تشغيل المعوقين المؤهلين أكاديمياً من خلال ديوان الخدمة المدنية وشواغر الفئة الرابعة ويمارسون أعمالهم في مؤسسات الدولة المختلفة.

- التشغيل الحر: من خلال سوق العمل المفتوح حيث يعتمد على العرض والطلب في المؤسسات والشركات الخاصة ومدى الاتجاهات الإيجابية لأصحاب العمل نحو المعوقين، حيث برزت مشكلة اتجاهات خاطئة من أصحاب العمل وعدم قناعتهم وبكل آسف وتخوفهم من تشغيل المعوق، ومع ذلك ظهر بعض أرباب العمل بصورة إيجابية، إذ يتم تشغيل القادرين من المعوقين وبرواتب قليلة.

- التشغيل المحمي: حيث يتم تشغيل الأفراد المعوقين الذين لا يستطيعون الانخراط في سوق العمل المفتوح وهناك تجربة واحدة تابعة لجمعية الشابات المسلمات في مدينة سحاب الصناعية تشكل مشروعاً ناجحاً لتشغيل المعوقين.

ومع أن هذه الأنواع الثلاثة هي الرئيسية والظاهرة في الوقت الحالي إلا أن هناك مجموعة من البرامج الداعمة لتشغيل المعوقين من خلال تأسيس مشاريع فردية بدعم من صندوق المعونة الوطنية وصندوق الملكة علياء وصندوق التنمية والتشغيل والاتحاد العام للجمعيات الخيرية وهناك المشاريع المنزلية والتي يتم من خلالها ممارسة أعمال منزلية كالخياطة والتريكو وتنسيق الزهور خاصة للإناث.

ورغم ما بذلته الدولة ومؤسساتها المختصة من جهود حثيثة في تشغيل المعوقين وتفعيل البند الخاص بتشغيل المعوقين في القانون، فقد برزت مجموعة من المشكلات في تشغيل المعوقين تتعلق باتجاهات أصحاب العمل السلبية نحو الأفراد المعوقين وعدم قناعة هؤلاء في إمكانيات وقدرات الفرد المعوق، إضافة إلى سوء الأوضاع الاقتصادية التي تشهدها المؤسسات والشركات والمصانع والذي خلق بطالة لدى العاملين وعدم توفر فرص عمل لهم وبالتالي انعكس هذا على عدم حصول المعوقين على فرص عمل مناسبة، وكذلك قلة المؤهلين من الأفراد المعوقين إضافة إلى ظهور مشكلات أخرى تتعلق بتركيز القطاع الصناعي والتجاري في العاصمة وصعوبة المواصلات وعدم توفر مشاغل محمية وتعقيد شروط العمل وشروط القروض التأهيلية للمعوقين وتطور التكنولوجيا التي تحتاج إلى كفايات ومهارات عملية عالية وتدني الرواتب والأجور وعدم التزام بعض المعوقين في العمل أثناء تعيينهم.

سابعا: خدمات التأهيل المجتمعي:

نادراً ما لقي مفهوم ما من التأييد والدعم اللامحدود مثلما لقيه مفهوم

التأهيل المجتمعي سواء بالدول الصناعية أو الدول النامية أو المنظمات الدولية والعاملين في مجال تأهيل الأشخاص ذوي الاحتياجات الخاصة.

وعلى الرغم من التفاوت في التفسيرات والجدل التطبيقي للمفهوم، إلا أنه يبقى الأكثر إقناعاً كبديل ناجح لتطوير خدمات الأشخاص المعوقين والمحتاجين للخدمات الإنسانية وصولاً إلى الهدف الأسمى من إجراءات التأهيل وهو إنسانية الإنسان المعوق والضعيف المحتاج في مجتمع المشاركة والتكامل والفرص المتكافئة والدمج الحقيقي بدلاً من العزل في المؤسسات المحدودة الإمكانات، الباهظة التكاليف.

وهكذا فقد كان النقد الموجه للنظام المؤسسي ـ هو في حقيقة الأمر النقطة المركزية للالتقاء ما بين الدول الصناعية والنامية بضرورة البحث عن بديل ناجح لنموذج خدمات مناسب حيث صدر علناً وللمرة الأولى نقد مباشر للنموذج المؤسسي خلال انعقاد اجتماع الجمعية الدولية لإعادة التأهيل في دبلن عام (1969) وأقر الاجتماع بضرورة البحث عن نظام تجديدي لتقديم المساعدة الشاملة، وهو ما تبنته منظمة الصحة العالمية من خلال إعادة التأهيل المجتمعي في إطار حملة (الصحة للجميع) بقبول مبدأين هامين، هما:

1. إن إدخال تحسينات طفيفة على النظام القائم بحيث توفر تعميم الخدمة لمجموع السكان تبقى أفضلية على توفير الرعاية الصحية والخدمة المتخصصة ذات المستوى الرفيع لأقلية محظوظة من السكان.

2. إنه وبقليل من التدريب فإن غير المتخصصين يمكنهم أن يقدموا خدمات بالغة الأهمية لمجتمعهم.

مما سبق يمكن القول أن منظمة الصحة العالمية قد أرست قواعد مفهوم التأهيل

المجتمعي باعتماد هذين المبدأين اتبعت ذلك بنشر (دليل تدريب المعوقين داخل المجتمع المحلي، 1979)، والذي يعتبر الوثيقة الأم لهذا المفهوم.

وتعتبر منهجية التأهيل المجتمعي أحد أهم منجزات العقد الدولي للمعوقين ورغم اختلاف الأفكار والتجارب حول مفهوم التأهيل المجتمعي إلا أن مبدأ مشاركة المجتمع الذي يسعى البرنامج لتحقيقه يهدف إلى تحسين فرص الدمج والمشاركة والمساواة للأشخاص المعوقين والمستهدفين من البرنامج في المجتمع، ومن الثابت أنه لا توجد إستراتيجية معينة أو نموذج معين لبرنامج التأهيل المجتمعي يمكن اقتباسه أو تطبيقه أو تعميمه حرفياً نظراً للخصوصية الثقافية والاجتماعية والاقتصادية المرتبطة ببيئة ومجتمع التطبيق.

ماذا نعني بالتأهيل القائم على المجتمع؟

إنه إستراتيجية لتعزيز مستوى الأشخاص المعوقين أو المستهدفين، وذلك بتطوير أسلوب تقديم الخدمات وتوفير فرص متساوية لهم وضمان حقوقهم الإنسانية ومشاركتهم في المجتمع واتخاذهم للقرارات المتعلقة بهم.

أساليب التأهيل:

هناك عدد من أساليب التأهيل المتبعة في عدد من الدول والمجتمعات، وهي:

1. تأهيل مرتكز على المؤسسات ((Institution - based Rehabilitation:

وهذا النوع من التأهيل المؤسسي ينتشر في معظم دول العالم تقريباً، ويتصف بالتخصصية عالية المستوى، والتكلفة الاقتصادية المرتفعة بطاقات استيعابية محدودة لعدد ضئيل من الأفراد، ويتركز في كثير من الدول في المناطق الحضارية، خاصة الدول النامية، وهو بذلك قاصر عن توفير مكان لكل معوق أو الإنسان المحتاج للخدمة النوعية التخصصية.

2. الخدمات الجائلة للتأهيل (Out Reach Services for Rehabilitation):

ونعني به نقل خدمات تأهيلية متخصصة من المؤسسات والمراكز التخصصية ذات التقنية العالية إلى المجتمعات المحلية باعتبارها مراكز تحويلية، وذلك عن طريق عيادات متنقلة أو فرق متنقلة، وذلك بدلاً من ذهاب المعوق أو الشخص المستهدف إلى المؤسسة التخصصية.

3. التأهيل القائم على المجتمع (Community-Based Rehabilitation):

وهذا هو محور موضوعنا، حيث يستخدم هذا المفهوم في المجتمع عندما تتوفر الإمكانات والموارد الملائمة للتأهيل في المجتمع المحلي، حيث تنتقل المعارف المتعلقة بمهارات التأهيل الشاملة إلى الأسرة والمجتمع المحلي والأفراد أنفسهم من خلال إشراك المجتمع المحلي في الإعداد والتخطيط والإشراف والمتابعة لبرامج التأهيل المجتمعي بحيث يتحمل مسؤولية قراراته ومبادراته (التأهيل الديموقراطي).

ويشير مؤلفو كتيب تدريب المعوقين في إطار المجتمع إلى ما يلي: «يتضمن التأهيل المرتكز على المجتمع أيضاً خدمات الإحالة إلى مستوى المنطقة ومستوى المحافظة والمستوى الوطني، فيقوم موظفو التأهيل في هذه المستويات التقييمات المبنية على المهارة، وخطى التأهيل للمعوقين ذو المشاكل المعقدة التي لا يمكن حلها على مستوى المجتمع المحلي، ويشترك هؤلاء الموظفون أيضاً في تدريب الموظفين من جميع المستويات والإشراف عليهم، ويتطلب التأهيل المرتكز على المجتمع لإيتاء الخدمات الضرورية أسلوباً منسقاً من قطاعات متعددة، فهو يتطلب تعاوناً وثيقاً بين جميع الوزارات المعنية بالتأهيل وتخطيطاً مشتركاً على المستوى الإقليمي ومستوى المنطقة والمستوى المحلي».

فلسفة وأهداف التأهيل المجتمعي المحلي:

تستند فلسفة وأهداف التأهيل المجتمعي باعتباره مشروعاً تنموياً بدلاً من المفهوم التقليدي للمساعدة على ما يلي:

1. إشراك الأفراد والأسر والمجتمعات المحلية والهيئات الرسمية والتطوعية والخاصة في تحمل مسؤولياتها لتقديم البرامج التأهيلية للأشخاص المحتاجين.
2. تعميم الخدمات التأهيلية (الوقائية والعلاجية) وتحسين نوعيتها ومستواها في المجتمعات المحلية.
3. دمج الأشخاص المعوقين وأصحاب الحاجة في البرامج التنموية القائمة في المجتمع المحلي مع الاستفادة من المراكز التحويلية المتخصصية على مستوى المنطقة والدولة، بمعنى أن برامج التأهيل المجتمعي يجب أن تكون جذوره في المجتمع المحلي، وأن تتم جميع التداخلات من خلاله على أن يتم الاستفادة من خدمات الإحالة في المستويات العلية عند الحاجة فقط، بحيث تقوم مؤسسات التأهيل في هذه المستويات بتقييم البرامج وتدريب الكوادر المحلية وتنفيذ الخطوات التأهيلية التي يتعذر القيام بها من خلال المجتمع المحلي.

مبادئ التأهيل المجتمعي:

هناك مجموعة من المبادئ الأساسية لمفهوم التأهيل المجتمعي، والتي يتطلب التعامل معها وأخذها بعين الاعتبار للوصول إلى برامج تأهيلية مجتمعية سليمة:

1. ضرورة دراسة البيئة الثقافية والاجتماعية والاقتصادية لمجتمع برامج التأهيل المجتمعي كقاعدة أساسية ترتكز عليها كثيراً من الخطوات التفصيلية الأخرى اللاحقة.

2. ضرورة اعتماد مبدأ التنسيق بين مختلف البرامج الحكومية والتطوعية والخاصة لتطبيق برنامج التأهيل المجتمعي من خلال الجهود التنسيقية على مستوى المنطقة والمحافظة والمستوى الوطني، والشيء المهم هو أن تطور مستويات الخدمة العليا هي لتلبية احتياجات المجتمع المحلي.

3. ضرورة الاعتماد على الأسلوب التكاملي (تكاملية الفرد وتكاملية الخدمات) لتطبيق برامج التأهيل المجتمعي، حيث أن كافة إجراءات التأهيل تسعى إلى إشراك المعوق أو الشخص المستهدف بالخدمة في الحياة الاجتماعية والاقتصادية من خلال تطوير قراراته وإمكاناته وباعتباره عضواً في مجتمع قادر على العطاء، أي بمعنى آخر التعامل مع الشخص المستهدف من خلال تكوينه النفسي- والشخصي- والتركيز على قدراته وليس على عجزه، أما تكاملية الخدمات فتتضمن العمل مع الشخص المعوق أو المستهدف من خلال برنامج تنموي شامل بكافة خدمات الإجراءات التأهيلية التي يحتاجها صحياً وتعليمياً وثقافياً ومهنياً واجتماعياً...الخ.

4. أهمية دعم السياسات الحكومية لهذه البرامج من خلال ارتباطها بخطط تنمية اجتماعية واقتصادية وتربوية.

5. ارتكاز برامج التأهيل المجتمعي على التعاون الدولي والمحلي، على الرغم من أن هذه البرامج تعكس أسس التعاون والتضافر بين أبناء المجتمع المحلي وتسخير إمكاياته المادية والبشرية بتطبيق البرنامج، إلا أنها تبقى عاجزة عن الاستمرار في تنفيذ هذا البرنامج على المدى البعيد، وبالتالي تبقى بحاجة لدعم خارجي من المنظمات الدولية المهتمة.

6. المساواة: إن أحد أهم أهداف البرامج التأهيلية تركز على إظهار كفاءة وقدرات الأشخاص المستهدفين وتوسيع حقوقهم وواجباتهم وإظهار المساواة بين أفراد المجتمع الواحد.

7. التكافل: يبرز دور التكافل والتضامن في رعاية الأفراد معتمدين على غيرهم (الأطفال وكبار السن والمعوقين) وإن الجهود في هذا المجال يجب أن ينظر إليها كامتياز للجميع، وليس من باب الإحسان والشفقة.

8. العدالة الاجتماعية: إن العدالة الاجتماعية لا تستدعي إعطاء أفضلية للمعوقين أو الأشخاص الضعفاء المستهدفين أو الاستمرار بإصدار قوانين خاصة بهم بل الأهم من ذلك هو البحث عن أسباب عدم تطبيق القوانين الاعتيادية إلى هؤلاء الأشخاص، وأن تكون الخدمات والفرصة المتاحة في متناول جميع الأشخاص.

9. الكرامة: يجب أن يعيش الأشخاص المعتمدون على غيرهم (المعوقين، المسنون، الأطفال) بكرامة التي يمنك تحقيقها عندما يدرك الجميع بأن الناس لهم حقوق متساوية، وكذلك عندما يرغب الجميع بالمشاركة لتحقيق الأهداف المنشودة، وكذلك عندما يشارك هؤلاء الأشخاص في الحياة العامة للمجتمع.

10. الدمج: إن دمج المعوقين والضعفاء في جميع مجالات الحياة سيساعدهم على المدى البعيد على إقامة علاقات صداقة مع الآخرين واكتساب التقدير والاحترام.

احتياجات ومتطلبات برنامج التأهيل المجتمعي المحلي:

بهدف إنجاح برنامج التأهيل المجتمعي المحلي فإنه بحاجة إلى ما يلي:

أ. تنظيم خدمات البرامج من خلال ما يلي:

- إيجاد وتشكيل وحدة مسؤولة عن تخطيط وتنظيم برامج ونشاطات الاندماج الاجتماعي.

- توفير اختصاصيون فنيون وأخصائيو تأهيل على مستوى الإدارة والقطاعات المختلفة (الميدان) للإشراف عل هذه البرامج.
- توفير مصادر دعم فنية لتقديم النصح والإرشاد في مجال التدريب المهني.
- تشجيع أشخاص للتطوع في هذه البرامج على مستوى المجتمع المحلي (بمكافئات رمزية).
- توفير موارد مالية وعينية لدعم هذه البرامج.
- توفير وتنظيم دورات تدريب الجهاز العامل ورفع كفاءته.
- إعداد كتيبات ونشرات عن كيفية العمل فيه بتنفيذ هذه البرامج على جميع المستويات.

ب. التدريب على توفير المصادر المجتمعية (الدعم الفني):

ونعني بذلك توفير الموارد والمصادر المجتمعية لتقديم الخدمات التأهيلية وتدريب أشخاص في المجتمع ومساعدتهم، كتقديم خدمات تأهيلية مختلفة لهم تربوية ومهنية فالمهنيون مطلوبون في جميع مستويات الخدمة، فعلى مستوى المنطقة توجد حاجة إلى مشرف للمستوى المتوسط أو مدير للتأهيل المرتكز على المجتمع يمكنه تدريب المشرفين المحليين ويشرف عليهم ويرشدهم في عملهم، ويرتب أمور الإحالات ويتعهد بالتواصل مع جميع مستويات الخدمة، ويدير برنامج التأهيل المرتكز على المجتمع على مستوى المنطقة وعلى مستوى المحافظة والمستوى الوطني، يعمل المهنيون على توفير الخدمات التأهيلية المعقدة بالإضافة إلى تدريب العاملين بمستويات المنطقة والمحافظة والمستوى الوطني.

مستويات خدمات الإحالة:

الخطوة الأولى تنسيق جهود مؤسسات المجتمع المدني .

المجتمع المحلي يستطيع أن يوفر جانباً كبيراً من عملية التأهيل غير أن هناك حالات لا يمكن فيها أن ينتظر من المجتمع المحلي أن تتوفر لديه الخبرة للقيام بمهام معينة لذا يجب أن توزع مهام التأهيل على أنواع مختلفة من العاملين في مختلف مستويات الخدمة، وهذا يتطلب جهود متناسقة من الوزارات والسلطات المحلية في المنطقة والمنظمات غير الحكومية في دعم منهجية التأهيل.

الخطوة الثانية:

مراجعة الخدمات التأهيلية والعامة المساعدة في تنفيذ البرنامج. وتشمل هذه الخدمات (الصحية، التربوية، الاجتماعية، أو ما يشابهها والتي قد تستخدم مستقبلاً والاتقاف مع كوادر هذه المراكز للمساهمة بالبرامج كما يجب تهيئة الموارد البشرية والفنية لتقديم الدعم الإداري مستقبلاً للبرنامج على المستويين المحلي والوطني، يجب الاتصال بالكوادر العاملة في المعاهد والمراكز لتوضيح دورهم في البرنامج.

الخطوة الثالثة (حساب الكلفة):

يتطلب تنفيذ البرنامج دعماً مالياً من الحكومة، لذا لا بد من إجراء بعض الحسابات الضرورية لتقدير التكاليف المترتبة على الحكومة.

الخطوة الرابعة (تحديد الهيكل الإداري):

كل البرامج تحتاج لمدير وطني قد يتولى هذه المهمة إضافة إلى مهامه الأخرى، إلا أن الحل الأفضل هو تعيين مدير متفرغ لإدارة البرنامج ومتابعة فعالياته، يحتاج المدير بالطبع إلى دعم إداري مركزي أو على مستويات أخرى (المحافظة/القضاء) وهذا يتطلب تدريب هذه الكوادر المساندة، كما يحتاج المدير إلى وسائل نقل لتنفيذ أنشطة البرنامج.

الخطوة الخامسة (تدريب الكوادر):

ويشتمل على تدريب مدير البرنامج والمشرفين بالمستويات المختلفة، ويعتبر التدريب نقطة بداية جيدة لبرنامج الـ(CBR) حيث يمكن تنظيم الدورة التدريبية الأولى في الـ(CBR) بالاستفادة من الكوادر الوطنية التي لها خبرة في هذا المجال يتبعها دورات تدريبية للكوادر الأخرى ينظمها مدير البرنامج لاحقاً، لذا لا بد من صياغة برنامج تدريبي مستمر خلال فترة برنامج الـ(CBR).

ويوفر الدعم الفني المتعلق بتعليم المعوقين والمشرفون الآخرون الذين سيعملون مباشرة مع المعوقين، إن وظيفة المشرف المحلي هي تشجيع المجتمع لدعم وإسناد البرنامج والمشاركة فيه كما يقدم المشرف المحلي الدعم الفني للمشرفين الآخرين.

الخطوة السادسة (التنفيذ):

بعد انتهاء الدورة التدريبية للكوادر وبلوغهم المستوى المطلوب يمكنهم البدء بالعمل مع المجتمع، يجب أن يولي مدير البرنامج عناية فائقة لهذه المرحلة، ويجب ضمان أن يبقى المجتمع مساهماً أساسياً في البرنامج وأن لا يتحول إلى أسلوب مشابه للأسلوب التقليدي من حيث تقديم الخدمات، ويجب إجراء تقييم للبرنامج بعد مدة محددة وتكييف خطوات التنفيذ حسب الخبرة التي تراكمت أثناء التنفيذ.

الخطوة السابعة (المراقبة والتقييم):

يجب أن يتضمن المدراء والمشرفون في البرنامج نظاماً للتقييم وإعداد التقارير يجب أن يتم ملاءمته، كفاءته، استمراريته، وتأثيره.

الخطوة الثامنة (صياغة خطة وطنية):

بعد سلسلة من المحاولة والخطأ في تنفيذ البرنامج يمكن صياغة خطة وطنية (CBR) مع التأكيد على أن أية خطة وطنية لن يكتب لها النجاح إذا لم تكن مبنية على الحاجة الفعلية للمجتمعات واستعدادهم للمساهمة فيها، ولا يقصد بالخطة برنامجاً صارماً للتنفيذ بل هي خطوط عامة لتنفيذه.

الخطوة التاسعة (الاستمرار في تحفيز المجتمع):

إن الدور الأهم هو الاستمرار في تحفيز كافة الأطراف المشاركة في البرنامج على كافة المستويات، ويجب على مدير البرنامج توفير دعم له من الأشخاص المهمين في المجتمع والمنظمات غير الحكومية عن طريق عدد من الفعاليات مثل استخدام وسائل الإعلام، تنظيم الندوات واللقاءات الشخصية والدعوة إلى الزيارات الميدانية وغيرها من المبادئ.

4

الفصل الرابع

وسائل وتكنولوجيا تعليم وتدريب المعوقين في الأردن

تعد الأردن من الدول التي أخذت على عاتقها تنمية الإنسان واحداث نهضة شمولية في كافة المجالات، وأدخلت استخدامات التكنولوجيا بكافة أنواعها بشكل فاعل في حياة الأشخاص من المعوقين بدءاً من المراحل الدراسية الأولى والمتوسطة والثانوية وعلى مستوى الجامعات، حيث يستخدم المكفوفين البرامج الناطقة والمطبوعات بلغة برايل من خلال تعديل الحواسيب الخاصة بالمكفوفين .

وقد تبرع جلالة الملك عبد الله الثاني ببرامج خاصة بالمكفوفين الدراسية في الجامعات بحيث أنهم يستفيدوا فيها أثناء وتعليمهم وتدريبهم مما شكل نقلة نوعية في البرامج المقدمة لهم.

كذلك التعليم والتدريب للمعوقين سمعياً، إضافة إلى استخدام الحواسيب في حياة الأشخاص المعوقين عقلياً، وهناك استخدامات الأجهزة الالكترونية المعلقة بأدوات وأجهزة المعوقين والتي سوف نأتي على تفصيلها ونلاحظ اهتمام الأردن في استخدامات التكنولوجيا العصرية في حياة الأشخاص المعوقين مما سهل عليهم حياتهم وتكيفهم مع أعمالهم وتواصلهم مع الآخرين سواء كانت حواسيب أو أجهزة خلوية أو غيرها من الأدوات المناسبة لكل حالة من الحالات التي تحتاجها .

عندما نستخدم التكنولوجيا في مختلف مجالات الحياة فهي تساعدنا وتسهل علينا وتحدث تغييرا إيجابيا في سلوكياتنا ونفوسنا وكذلك الأنشطة والبرامج التي نؤديه وتنعكس تاليا على التنمية بمعانيها المتعددة، وضمن ذلك فأن مكونات وأنماط وأنواع التكنولوجيا يمنك أن توظف في حياة الأشخاص ذوي الاحتياجات الخاصة بصورة ايجابية وتؤدي إلى تسهيل أموره وتلبي متطلباته

وحاجاته بأقل جهد واقل عناء واقل كلفة في اغلب الأحيان ، والتكنولوجيا تطور المهارات وتحسن من القدرات وتزيد من فرص العمل والإنتاجية ومن خلالها يتم السيطرة على الكثير من مجريات الحياة المعيشية والاستقلالية والصحية والمهنية. والتكنولوجيا بوسائلها وأدواتها لا تقف عند حد بل تتجاوز عقل الإنسان في كثير من الأحيان والمجال مفتوح لهذا العقل أن ينتج أفكار وإبداعات كما توصل في الماضي إنتاج لتلك الوسائل والتي تتمثل في الحاسوب والوسائل التكنولوجية والكراسي الالكترونية والأجهزة المطورة التي تعوض الإنسان عن الكثير لتدفعه إلى العيش باستقلالية والاعتماد على النفس بعيدا عن الاعتمادية على الغير، وما التقدم الذي يحرز في هذا الاتجاه وتلك الثورة التكنولوجية في شتى المجالات إلا دليل دامغ على أهمية العناية بالمعوقين لدمجهم في الحياة العامة وتحسين الصورة التي يظهرون فيها في حياتهم الاجتماعية والمهنية.

الحاسوب التعليمي:لقد تطورت أساليب استخدام الحاسب في التعليم وأصبح الاهتمام الآن منصباً على تطوير الأساليب المتبعة في التدريس باستخدام الحاسب أو استحداث أساليب جديدة يمكن أن يسهم من خلالها الحاسب في تحقيق ودعم بعض أهداف المناهج الدراسية .إلا أن استخدامه في تدريس جميع المواد الدراسية ولا سيما في الرياضيات والعلوم وغيرها من المواد وهناك الكثير من البرمجيات التعليمية إضافة إلى أن بعض البرمجيات التعليمية العربية المتوفرة حاليا ولها خصائص علمية وتربوية كثيرة في تصميمها ، ومعمولة لتناسب طلابنا ومعلمينا ومناهجنا ، وقد يرجع ذلك إلى أن التطور في التعليم مستمر دون توقف و يجب هنا على القائمين بالمؤسسات التربوية مواكبة هذا التقدم من خلال توفير الخبرة والتخصصات من أجل جعل هذا التعلم صحيح وسليم ويؤدي الغرض المطلوب .

تطبيقات الحاسوب في التربية الخاصة في الأردن:

أن تطبيقات الكمبيوتر في مجال التربية الخاصة متنوعة وتعكس تنوع الحاجات

التعليمية الخاصة المتباينة للطلبة المعوقين ، ويمكن استخدام الألعاب المكيفة لأغراض

استثارة دافعية الأطفال للتعلم وتعزيز استجاباتهم المناسبة ، ويمكن استخدام برامج

الكمبيوتر لتطوير مظاهر النمو العقلي واللغوي والاجتماعي

والحركي لدى الأطفال المعوقين. ويعتبر الحاسوب أحد أكثر تلك الأدوات فاعلية، فهو يراعي الحاجات الفردية للمتعلم . ويقدم له التغذية الراجعة والتعزيز الإيجابي . ومن الفوائد الأخرى لاستخدام الحاسوب في التربية الخاصة أن لديه القابلية للتفاعل مع الطالب . وتتركز عملية استخدم الحاسوب لأغراض التدريس في ميدان التربية الخاصة بالطرق التالية:

1. التخطيط للتدريس: تبين أيضاً أن الكمبيوتر أداة فعالة لتنظيم المعلومات المتعلقة بالبرامج التربوية الفردية للطلبة ، فهو يسمح بحفظ سجلات حول مستوى الأداء الراهن للمتعلم في المجالات الأكاديمية والتطورية وعند تحليل ارتباط هذه المعلومات بالبيانات المتوفرة على مستوى أداء الطالب ، تتحسن قدرة المعلم على اتخاذ القرار التربوي ، وبالتالي يتحسن البرنامج التدريسي ، ويوفر للمعلم مزيداً من الإمكانيات لتحسين وتفعيل خططه التدريسية .

2. التواصل: تتمثل إحدى أهم استخدامات الكمبيوتر في توظيفه كنظام تواصل إلكتروني ، فالطلبة يستطيعون استقبال المعلومات والقراءة والكتابة عبر الكمبيوتر باستخدام النموذج الحسي الأقوى لديهم ويستطيعون التحكم بسرعة تقديم المعلومات ، ويسهم الحاسوب في تطوير كل من التواصل الاستقبالي والتواصل التعبيري للطلبة.

3. الترويح والتسلية:تقدم تطبيقات التكنولوجيا في المجال الترويحي فرصاً واعدة للأشخاص المعوقين. وتمثل ألعاب الكمبيوتر الوسط الترويحي الوحيد الذي يشمل تفاعلاً حقيقياً. وتسمح ألعاب وبرامج الكمبيوتر المتوفرة حالياً للأشخاص المعوقين، فالحاسوب ذو فائدة لطلبة التربية الخاصة منها :-

* برامج الكمبيوتر لتدعيم التعلم السابق، وتعزز ثقة الطالب بنفسه وتقوي إحساسه بالكفاءة.

* لتعزيز الجهود التعليمية التي يبذلها الطالب ، فالألعاب المحوسبة تعزز بإيجابية.

* استثارة دافعية الطالب وتطوير مهارات حركية دقيقة وتشجعه للقيام بدوره في عملية التعليم.

4. حل المشكلات ، تسمح اللغات والبرامج المنفذة عبر الحاسوب للطلبة المعوقين بتطوير استراتيجيات حل المشكلات ، والتعلم بطريقتهم الخاصة ، وتحليل العلاقات بين الأسباب والنتائج ، والتعلم بالمحاكاة .

فوائد الحاسوب لطلبة ذوي الاحتياجات الخاصة:

1. تمكن الطلبة من إتقان مهارات جديدة وفق نماذج تعليمية دون أخطاء .

2. تعمل على تدعيم التعليم السابق ، فهي تعزز ثقة الطالب بنفسه .

3. الألعاب المحوسبة ذات تأثير تعزيزي قوي .

4. للكمبيوتر فوائد على صعيد استثارة دافعيه الطالب ، وتطوير المهارات الحركية الدقيقة لدية ، وقيامه بدور نشط في العملية التعليمية .

الأجهزة والأدوات التي يمكن توظيفها لخدمة المعاقين:

هناك أجهزة عديدة منتشرة في مناطق مختلفة من العالم منها البسيط والمعقد والمتقدم التي يمكن أن نوجز بعضها حسب فئات الإعاقة : -

أولا: الإعاقة الحركية والجسمية: من المعروف بأن أكثر الإعاقات استفادة من الأجهزة والأدوات الصناعية هم المعاقون حركيا أو جسديا، ومن أسباب ذلك

أن الكثير من الإصابات الحركية والجسمية تكون بسبب الحروب أو في المصانع أو في الأعمال المختلفة التابعة للشركات الكبرى، ولذا فإن المؤسسات العسكرية في أية دولة تحاول مساعدة الجنود الذين يتعرضون للإصابات الجسمية خلال الحروب، بإيجاد الأجهزة والأدوات التعويضية لهم وهو ما يعرف بالتأهيل وإعادة التأهيل في هذا المجال، كذلك تحاول المصانع والشركات الكبرى أيضا أن توجد الأجهزة والأدوات التعويضية للمصابين لتجعلهم قادرين على الإنتاج والعطاء بالقدر الممكن مما يقلل على هذه الشركات والمصانع وشركات التأمين ومؤسسات الضمان الاجتماعي في العالم الكثير من التكاليف المالية والتي تنفق في مجال التعويض، والمستفيد الأول هو ذوي الحاجة الخاصة نفسه من استخدام هذه الأدوات، ومن الأدوات والأجهزة المعروفة في مجال المعاقين حركيا وجسميا ما يلي:-

1- الكراسي المتحركة للمقعدين وفيها الأنواع التالية:

- الكراسي المتحركة والتي تعمل بتحريكها يدويا.

- الكراسي المتحركة آليا وكهربيا.

- الكراسي المتحركة الكترونيا والتي يمكن تشغيلها بوساطة الذبذبات الصوتي.

2- أجهزة الحاسوب حيث يتوافر لها برامج تناسب المهمات المطلوبة لذوي الاحتياجات الخاصة.

3- أدوات التعويض: الأدوات والأجهزة التي تقوم بوظائف الأعضاء الجسمية المفقودة.

ثانيا: الإعاقة البصرية:

- استخدام الأجهزة الخاصة بتحويل المادة المكتوبة إلى ذبذبات خاصة يمكن

للمعاق بصريا أن يميزها وبالتالي يتمكن من قراءة النص المكتوب.

- استخدام الحاسوب وربطة مع أجهزة بريل المطورة .
- استخدام أجهزة الابتكون لتساعد المعاقين بصريا على قراءة النصوص المكتوبة
- استخدام أجهزة خاصة للمعاقين بصريا لتساعدهم على الحركة في الاتجاه الصحيح وتحذرهم وترشدهم في حال وجود العقبات أمامهم، وهي بمثابة أجهزة استشعار.

تم تطوير أجهزة خاصة لتكبير النصوص المكتوبة للضعاف بصريا، ويمكن أن تلصق بالنظارة لتساعد المعاق بصريا في قراءة النصوص على المكتوبة على التلفاز بعد تكبيرها من خلال الأجهزة.

ثالثا: الإعاقة السمعية تم تطوير العديد من الأجهزة في مجال الإعاقة السمعية منها :-

- سماعات الأذن
- الحنجرة الالكترونية.
- زراعة أجهزة الأذن الداخلية .
- أجهزة النطق وتركيب الكلام .

أهمية تطوير واستخدام التكنولوجيا للمعاقين:-

- العمل على تكيف التقنيات المتقدمة لإشباع الاحتياجات ونقلها من خلال تدريب الكوادر.
- تشجيع استخدام الحاسوب لمساعدة اندماج المعاقين في المجتمع من خلال تكيف الأجهزة التي تجعلها متاحة لقطاعات متنوعة من المعاقين ،

وتطوير حزم برامج ملائمة .

- تشجيع الإنتاج المحلي للتقنيات الملائمة والمبسطة الخاصة بالكراسي المتحركة والإطراف الصناعية ومعينات الحركة وغيرها .

- بذل جهود حثيثة لتعريب نظام المخاطبة الآلية والذكاء الاصطناعي وغيرها من النظم المعتمدة على الحاسوب نظرا لغياب اللغة العربية عن تقنيات الحاسوب ولصعوبتها .

- دعم حيازة التقنيات المتقدمة آخذه بعين الاعتبار إمكانية الفصل بين النفقة العالية للتقنيات الحديثة ونفقة الصيانة والخدمة.

- توسيع مشاركة الخبراء العرب وخاصة المعاقين منهم في الندوات والمعارض والأنشطة على المستوى الإقليمي والدولي.

تعلم المعاقين بواسطة الكمبيوتر :

لقد غيّرت أجهزة الكمبيوتر نوعية الحياة وأصبحت المصدر الأول لمساعدة المعاقين. فالكمبيوتر يحرر المعاق من ضرورة الاعتماد على الآخرين لمساعدته، فالفرص الجديدة التي تقدمها أجهزة الكمبيوتر مثيرة للإعجاب وذلك لأن من خلال استخدام جهاز الكمبيوتر يمكن للفرد أن يتعلم بالسرعة التي تناسبه، بينما قامت أنظمة المساعدة على التأقلم إما باستبدال أو دعم أدوات المدخلان والمخرجات القياسية للكمبيوتر وتعتبر المفتاح الذي فتح عالم الكمبيوتر للمعاقين.

التعامل مع الإعاقات السمعية والبصرية والإدراكية وبسبب مرونته، فإن الكمبيوتر يمكن أن يكون أداة تتجاوز العديد من الإعاقات الجسدية مثل الإعاقات السمعية والبصرية والإدراكية ، فمع الإعاقة السمعية يمكن للكمبيوتر أن يستبدل الأصوات بالكلمات والصور، ولأن الكمبيوتر موجّه للاستعمال البصري يمكن توقع سلبيات جوهرية إلا أن التكنولوجيا تغلبت على ذلك، فمن خلال طرح

برامج الوسائط المتعددة تم تطوير بدائل للمعلومات السمعية تقدم عرضا للخلفية المرئية.

فالكمبيوتر أداة مرئية ولكن يمكن تعديلها لاستيعاب المعاقين بصريا، فكل من مكونات وبرامج الكمبيوتر يمكن تصميمها للاستخدام بواسطة المعاقين بصريا، فبرامج مثل قارئات الشاشة شائعة للغاية مثل برنامج JAWSالذي يقرأ ما يعرضه الكمبيوتر.

كما أن لوحة المفاتيح وأدوات تضخيم الشاشة بطريقة (بريل) تعتبر أدوات مساعدة شائعة. فمثلا، نجد أن الطبقة العلوية لبعض لوحات المفاتيح الخاصة بها نص مكتوب بحجم ولون يمكن رؤيته وقراءته بسهولة بواسطة المعاقين بصريا والمتخلفين عقليا. وبالنسبة للإعاقات الإدراكية، نجد أن المؤشرات التي يتم تركيبها على الرأس ومدخلات الصوت، المعروف أيضا بأدوات التعرف على الكلام، متوفرة، فيمكن للمستخدمين ببساطة نطق أوامر في ميكروفون موصل بالكمبيوتر، أما بالنسبة للأشخاص المصابين بإعاقة حركية، فهناك روابط بالغة الحساسية تسمح باستخدام معدات فأرة بديلة للتشغيل.

وهنا وصف الطرق التكنولوجية الحديثة المبنية على نظام الكمبيوتر للصم والمكفوفين.وغيرهم والتي استخدمت في مؤسسات ومراكز ومدارس التربية الخاصة في الأردن.

1- نظام بريل : نظام برايل هو نظام للقراءة اللمسة يستخدم خليه من ست نقاط . ويمكن الكتابة باستخدام آلة برايل أو باستخدام مثقب. وكذلك يمكن استخدام اللوح والمعزز وذلك من خلال تثقيب الورقة . وهناك نوعان من تطبيقات برايل وهما برايل النسخة المرنة التي لا تحتاج للورق ، والتي تتيح للمستخدمين تغذية راجعة فورية للمعلومات

لأغراض التنقيح ، والنوع الآخر النسخة الأصلية التي تعتبر سجلا دائما ، ومن الأنظمة المستخدمة على برايل فهو نظام فيرسابرل ، وهو الجهاز الذي لا يستخدم الورق وتسجل معلوماته على جهاز تسجيل خاص ، لإمكانية توصيله بأي طابعة حاسوب.وعند التدريب وتعليم القراءة بطريقة برايل لا بد من التقييد ببعض التوصيات والملاحظات منها:

أ. التركيز على إدراك الخاصية في المراحل المبكرة في عملية القراءة والكتابة بطريقة برايل

ب. تصميم قراءات خاصة بالمبتدئين تخلو من الغموض والاختصارات وتكون وليدة خبرات للكفيف.

ج. التركيز على تنمية الاستيعاب اللمسي وخاصة في مراحل ما قبل المدرسة.

أما عن لوحة برايل فهي إطار معدني أو بلاستيكي يثبت على الورقة الخاصة بكتابة برايل، واللوحة مكونة جزئين ، جزء خلفي ويشتمل على مجموعات من خلايا برايل ولكل خلية ست نقاط ، أما الجزء الأمامي ويوجد عليه عدد من المستطيلات العمودية المفتوحة التي تتصل بالنقاط الست.

2- الآلات الكاتبة: يمكن استخدام الآلة الكاتبة العادية من قبل الأطفال الذين يعانون من ضعف بصري و لا يستطيعون الكتابة يدويا بشكل مقروء وواضح ويمكن تدريب الأطفال المكفوفين على استخدامها للكتابة.

3- الكتب الناطقة : هناك أجهزة خاصة لإعداد نسخ مسجلة من الكتب أو المجلات المختلفة التي يحتاج الطلاب المكفوفون إلى قراءتها

4- مسجلات الأشرطة: وتستخدم لتدوين الملاحظات في غرفه الصف أو الإجابة شفويا عن أسئلة الامتحان أو الاستماع للكتب الناطقة المسجلة. وهناك مسجلات خاصة تستخدم الكلام المضغوط وهو كلام يتم تسجيله في فترة أقصر من الفترة العادية ولذلك فهي تتطلب فترة استماع قصيرة .

5- الدائرة التلفزيونية المغلقة: لقد أصبحت هذه الوسيلة مستخدمة على نطاق واسع في تعليم الأطفال المعوقين بصريا في السنوات القليلة الماضية وهي تشمل عرض المعلومات أو المواد المطبوعة على شاشة التلفزيون من أجل قراءتها.

6- اوبتاكون: أداة تكنولوجية معقدة للقراءة تحول المادة المكتوبة إلى ذبذبات لمسيه يستطيع الطفل المكفوف لمسها بإصبعه . ويتكون من كاميرا صغيرة تعمل بالليزر ليقوم المعاق بتمريرها على الكتابة المبصرة لتنقل إلى القطعة الثانية من الجهاز المتصل بالكاميرا، وتستقبل الكلمات وتحول إلى ذبذبات كهربائية يمكن للمعاق بصريا أن يضع أصابعه داخل فتحة جهاز المجس ويلمس الذبذبات وبالتالي قراءتها.

7- أدوات التكبير: وهي تشمل تكبير الكلام المكتوب أو استخدام أدوات بصرية للتكبير تحمل باليد.

8- كمبيوتر كيرزويل الناطق :أنتجت شركة كيروزويل جهازاً ناطقاً عن طريق الكمبيوتر والذي يحول اللغة المكتوبة إلى لغة منطوقة ، ويمكن لهذا الجهاز أن ينتج عدد كبير من الكلمات والتي يمكن أن تصدر بطريقتين : الأولى ، وهي الطريقة المكتوبة، والثانية الطريقة المنطوقة ، ما يصلح لهذا الجهاز لاستعماله من قبل الأشخاص الذي لا يستطيعون استعمال نظام المعلومات الرمزي ، وذلك باستعمالهم لأدوات النقاط

سريعة لنظام إدخال المعلومات في هذا الجهاز.

9- أدوات أخرى : ومن الأدوات الأخرى المستخدمة المعداد الحسابي (الأبيكاس) لإجراء العمليات الحسابية والحاسب الناطق والخرائط اللمسية

10- جهاز بالوميتر (Palometer): وصمم هذا الجهاز لمساعدة الأطفال الصم على التدريب الكلامي ، ويتميز بقدرته على معرفة موقع اللسان وذلك من خلال عدد من الأدوات ومقارنة حركة اللسان لدى الأطفال الصم مع حركة اللسان لدى المعلم أو المعالج .

11. كمبيوتر أمنيكوم (Omnicom): يعتبر هذا الجهاز من أجهزة الاتصال المتعدد الأغراض ، فقد طور هذا الجهاز في مدارس مقاطعة جاكسون بولاية متشجان الأمريكية في عام 1977 ويستخدم هذا الجهاز لأربعة أغراض رئيسية هي: الاتصال اللغوي واستدعاء المعلومات والتعبير اللفظي وقضاء وقت الفراغ .

ويتطلب استعمال هذا الجهاز أن يقوم الشخص بإدخال المادة المكتوبة على شاشة التلفزيون وذلك من أجل تحويلها إلى مادة منطوقة باستعمال هذا الجهاز.

12. جهاز الاتصال المسمى بـ : Zygo يعتبر هذا الجهاز ذا فائدة كبيرة للأشخاص ذوي المشكلات اللغوية في الاتصال كالصم ، والشلل الدماغي ، المعاقون عقلياً ، ولهذا الجهاز عدد من لوحات الاتصال تستخدم في نظام إدخال المعلومات ومن ثم تحويلها إلى لغة منطوقة .

13. نطق الأصوات المسمى TRS-80: ويمكن استخدامه عن طريق إدخال المعلومات المراد التعبير عنها لفظيا وبطريقة مسموعة في هذا الجهاز، ويحولها إلى لغة مسموعة.

14. جهاز التعبير اللفظي Express 1 يعتبر هذا الجهاز من أجهزة الاتصال المصغرة التي يمكن حملها ، ويمكن لجهاز الكمبيوتر هذا أن يبرمج بإدخال المعلومات فيه بطرق مختلفة ، ويتميز بقدرته على تحويل هذه المعلومات إلى أشكال مكتوبة أو منطوقة من خلال الأجهزة المساعدة التي توصل به ، ويمكن للشخص الذي يستعمل الجهاز أن يدخل المعلومات فيه بطريقتين : الأولى ، هي طريقة تهجئة الكلمات أو الجمل وكتابتها ، أما الثانية ، فهي طريقة إدخال الرموز الكلمات وفي كلا الأمرين يكون الناتج منطوقاً ومسموعاً .

15. جهاز الكمبيوتر المصغر يسمى باسم:BARD/CARBA يعمل هذا الجهاز وفق خمسة أنواع من البرامج، وذلك حسب قدرات مستخدم هذا الجهاز بوصلة تلفزيون عادي، يهدف إلى تحويل الذبذبات أو الكلمات المكتوبة إلى لغة منطوقة مسموعة.

16. جهاز تكوين الجمل القصيرة :يعتبر هذا الجهاز من الأجهزة الصوتية والناطقة ، وهو مزود بشريط من الكلمات المخزونة المقننة يتضمن 128 شحنة من الجمل ، ويتكون كل منها من كلمة إلى خمس كلمات ، وبتجميع هذه الشحنات المختلفة تتكون الجمل الصغيرة المنطوقة ويصدر مثل هذا الصوت على شكل صوت مؤنث أو مذكر أو بصوت طفل .

17- جهاز الاتصال المتعدد الاستعمال:يعتبر هذا الجهاز من أجهزة الاتصال اللغوي والذي يمكن حمله، ويتضمن لوحة معدنية مقسمة إلى 100 مربع (10_10) عليها بعض الكلمات أو الرموز أو الصور وذلك من أجل أن تتناسب هذه اللوحات مع حاجات وظروف الأفراد الفردية. ويعمل هذا الجهاز من خلال الإشارة إلى الرمز أو الكلمة أو

الصور المطلوبة ، ومن ثم تحويل تلك الرموز أو الكلمات أو الصور إلى لغة منطوقة ،

كما يمكن لهذا الجهاز أن يحتفظ بالكلمات أو الرموز التي يطلب التعبير عنها بلغة

مسموعة ليكون جملاً من تلك الكلمات .

18- جهاز ال يونيكوم (Unicom) :يعتبر هذا الجهاز من الأجهزة التعليمية المعززة ،

وفي الوقت نفسه يعتبر أداة للاتصال اللغوي ، لقد طور هذا الجهاز من قبل رويل

مدير مركز الوسائل الحسية في الولايات المتحدة ويتكون هذا الجهاز من جهاز

تلفزيون ولوحة وآلة كاتبة متصلة بالجهاز وآلة إدخال المعلومات في الجهاز .

19- الجهاز الصوتي اليدوي:يعتبر هذا الجهاز من أجهزة الاتصال اللغوي النقالة، والذي

يعمل على مساعدة الأفراد الصم وذوي المشكلات اللغوية على التعبير عن أنفسهم

لفظياً بصوت يشبه الصوت الإنساني وقد ظهر هذا الجهاز على نموذجين.

* جهاز الاتصال المسمى بـ The Tift Interactive Communication يعتبر هذا

الجهاز من أجهزة الاتصال الإليكترونية والتي تعمل على مساعدة الأفراد المعاقين

عقلياً والصم من ذوي المشكلات اللغوية لكي يعبروا عن أنفسهم بواسطة نظام

إدخال الكلمات بعد تهجئتها في هذا الجهاز للتحول إلى لغة منطوقة، مسموعة ،

وقد طور هذا الجهاز في أمريكا عام 1976 .

* أجهزة تركيب الكلام : إن استخدام هذه الأجهزة ، يعني أن المعاقين بصريا

يستطيعون الوصول إلى الأجزاء المهمة للبرمجيات المتوفرة تجاريا ، وبالتالي يصبح

المتعلمين المعاقين بصريا على قدم المساواة مع المبصرين في استخدام البرمجيات ،

وتكون أجهزة تركيب الصوت هذه مصدرا مهما للاختصاصيين التربويين والنظاميين.

20. الطباعة المضخمة: يظل هذا النظام مفيدا جدا للمعاقين بصريا ويمكن في بعض الأحيان استخدام أجهزة مساعدة مكبرة لقراءة المواد المطبوعة على الورق وعلى جهاز العرض التلفزيوني.

أنواع الوسائل التعليمية للمعوقين: يتوجب علينا أن نستخدم وسائل تعليمية تناسب كل نوع من أنواع الإعاقات ، وبالرغم من أن هناك كثيراً من الوسائل التعليمية ، ولكن طريقة استخدامها تختلف من إعاقة إلى أخرى ونشمل:

أولا : الوسائل المناسبة للمكفوفين:

النماذج : نلجأ إليها في بعض المواقف إلى محاكاة الأشياء الحقيقية بأن نعمل لها نماذج من خامات مختلفة ، ويلعب خيال دورا كبيرا في استيعاب النموذج وكثيرا ما يعطى الخيال صورة غير واقعية لنماذج الأشياء وهو ما يضر ويخل بالمعلومات العلمية الدقيقة التي يراد إيصاله للتلاميذ . فالخيال قد يضر بالصورة الحقيقية للأشياء فقد يكبرها أو يصغرها فقد يتصور الكفيف مثلا أن الدجاجة أكبر من الفيل فربما لم يرهما من قبل.

العينات (العينة): هي جزء من الأصل أو الأصل نفسه، وبذلك يستطيع الطالب الكفيف أن يكون فكرة صحيحة عن الشيء المراد فحصه وبخاصة إذا كانت طبيعة العينة وخصائصها مما لا يعتمد بالضرورة على حاسة البصر أثناء المتابعة. ويستطيع أن ينقل المعلم بعض أو أجزاء من الأشياء المراد دراستها ، بحيث تتمثل فيها جميع الخصائص والصفات النوعية .

الخرائط البارزة : يمكن للخرائط بمختلف بأنواعها الطبيعية والسياسية والجيولوجية والبشرية والإحصائية والمناخية أن تقدم الكثير من المعلومات عن

الأشكال والسواحل والحدود وتوزيع السكان وغير ذلك من المعلومات الأخرى الهامة عن طريق استخدام الخطوط والرموز البارزة

صندوق الرمل: وهو عبارة عن وعاء من الخشب المبطن بالزنك ، يوضع به كمية مناسبة من الرمل ويتحرك هذا الصندوق على عجلات لتسهيل الحركة والاستخدام ، ويستخدم هذا الصندوق في عرض النماذج المختلفة مثل المعابد والأهرامات والسدود وغير ذلك .

السبورة الضوئية: ويراعى عند استخدامها الكتابة بالنبط الكبير وتباعد السطور وتبسيط الرسوم واستخدام الألوان الواضحة

الخرائط يراعى عند الاستخدام تمايز ألوانها وعدم تداخلها وتجنب التفاصيل الدقيقة منعا للبلبلة.

الصور: ثابتة كالصور الفوتوغرافية أو متحركة، واستخدام الصور والأفلام يوصل إلى نتيجة مرضية.

اللوحة المسمارية: يمكن بهذه الوسيلة إيضاح الأشكال الهندسية ذات الأضلاع المستقيمة، والمقارنة بين مساحاتها، بتحديد هذه الأشكال بواسطة حلقات من المطاط تشد حول المسامير التي تختارها لتكون الشكل الهندسي المطلوب.

المعينات البصرية وتشتمل على أدوات التكبير على أنواع مختلفة من العدسات الخاصة ، والتي تستخدم لمساعدة الطلبة المعوقين بصريا على الكتابة والتنقل، وتتوفر حاليا برمجيات محوسبة تعرض على الشاشة المادة المطبوعة بعد تكبيرها إلى الحجم المرغوب فيه .

المواد المكبرة: ويفضل بعض الطلبة قراءة المواد المكبرة حيث يجدونها أكثر سهولة وفائدة من المواد المطبوعة.

أجهزة تسجيل أشرطة الكاسيت:وتتوفر أنواع من المسجلات تسمح للطالب الكفيف بتنظيم سرعة الشريط حسب رغبته.   ويستخدم الطلبة المكفوفون أشرطة التسجيل لأخذ الملاحظات وتسجيل الحصص أو للاستماع إلى الكتب المسجلة والإجابة على أسئلة الاختيارات بطريقة شفهية .

التعليم بمساعدة الكمبيوتر للطلبة ذوي الإعاقات البسيطة :-بالإضافة إلى الكتب الناطقة ، وكتابة بريل ووسائل التنقل الإلكترونية والآلات الإلكترونية والتعليمية أصبح يتوفر أدوات تكنولوجية بالغة التعقيد مثل آلات القراءة الناطقة وبريل الإلكترونية وأجهزة الكمبيوتر المعدلة والأدوات الخاصة التي تعمل بأشعة الليزر ، وقارئات الكلام المحوسبة والعديد من الأدوات التكنولوجية الخاصة .

الكفاءات الحاسوبية التي تلبي بعضا من الحاجات المحددة بصريا :

حاسوب تركيب الصوت الذي يحدد مكان وجود المؤشر ويلفظ الكلمات في ذلك السطر ، وهذا يجعل إمكانيات الحاسوب متاحة للمكفوفين .

لكتابة على الشاشة بحروف مضخمة عالي الحدة.

النماذج الملموسة للذين لا يستطيعون قراءة أي شئ مطبوع .

معالجة الكلمات بنظام بريل بتوصيلها مع طابعات خاصة من خلال الحاسوب .

تمييز الحروف باستخدام الحاسوب من خلال تحويل الكلمات المخزنة إلى كلام ، أو إلى بريل ، أو إشارات ملموسة .

تحويل الحروف المطبوعة إلى كلام عن طريق إمكانيات التحويل بالآلة القارئة.

ثانيا: وسائل المعاقين عقلياً:

يجب الاعتماد على الأشياء المحسوسة حتى نستطيع الآن تقال بالمعاق عقلياً إلى المجرد، مستعينين بالتكرار. ويفضل أن يساهم الأطفال في جمع الوسائل حيث يطلب المعلم من طلابه جمع صور لأشياء مختلفة من المجلات أو الكتب..ومن الوسائل البالونات بأحجام مختلفة ، وألوان مختلفة ، والأوراق ، والنماذج والأشكال الهندسية ، وقطع أثاث مصغرة ، والرسومات ، والساعات وقطع الملابس وقطع النقود والأقلام والخضراوات والفواكه . .الخ .

ثالثا: وسائل المعاقين سمعيا ونطقيا: تعليم هذه الفئة يقوم على تنبيه وإثارة وتدريب أعضاء النطق، ويقوم تدريبهم على قراءة الشفاه، وتفسير حركات الوجه، وأعضاء النطق عن طريق دقة الملاحظة، والتمييز وتركيز الانتباه. من الوسائل المناسبة لهذه الفئة، قص الحروف، واستخدام صندوق الرمل، أو استغلال درس الأشغال اليدوية في عمل حروف وأرقام.بالإضافة إلى استخدام الرسوم التوضيحية ، والخرائط ، والنماذج ولوح الطباشير وغيرها من اللوحات المعينة ، والصور والأفلام التعليمية ، والبرامج التلفزيونية ، وموجودات غرفة الصف والمدرسة والإكثار من الرحلات والزيارات ، كما ويقدم الكمبيوتر عددا من الخدمات للمعوقين بصريا ، وخاصة في مجال التربية والتعليم والمتمثلة في قراءة الرسائل والتقارير والمتطلبات المدرسية بطريقة لفظية مسموعة وذلك من خلال تحويل تلك المواد المطبوعة إلى مواد منطوقة مسموعة .

الأدوات المساعدة على السمع وانطق:تعمل المساعدات التكنولوجية بالنسبة لضعاف السمع والصم على استعادة بعض وظائف السمع من خلال توفير وسائط

بديلة للاتصال مع الآخرين ، وهذه الأدوات عبارة عن السماعات الطبية باختلاف أنواعها والتي تعمل على تضخيم الأصوات ، وهناك أداة الاتصال عن بعد للصم (TDD) والتي تسمح للافراد أن يجروا أو يستقبلوا مكالمات هاتفية من خلال طبع معلومات على الهاتف، ومكبرات الصوت ، وسماعات الرأس .

تركز تطبيقات الحاسوب المتعلقة بالمعاقين سمعيا على المشكلات التواصلية والتربوية الناتجة عن الإعاقة السمعية ، والإعاقة السمعية تؤثر في القدرة على معالجة المعلومات من منظور لغوي واستخدامه لأغراض التدريب النطقي ، الذي يؤثر على الاستيعاب في علم السمع والكلام واللغة ، يستطيع ذوى الإعاقة السمعية على سبيل المثال ومن خلال برامج حاسوب مخصصة أن يواصل تعليمه من خلال تغذية راجعة بصرية تمكنه من التعلم ومعرفة صحة استجاباته وكذلك الحال بالمعوق بصرياً إذ يمكن أن يزود ببرامج التعليم الذاتي السمعية اللمسية التي يمكن أن تعوضه عن إعاقته وتمكنه من متابعة التعليم ، ويمكن استخدام الحاسوب لتعليم الطلبة الصم وضعاف السمع

وهنا يمكن استخدام الحاسوب في :-

* تقديم الخدمات العلاجية في السمعيات والكلام بما يعرضه الحاسوب على الشاشة ، يمكن أن يكون فعالا في تعديل الكلام بطريقة موضوعية يسهل تقيمها وقياسها.

* يعتبر الحاسوب أداة رئيسية في التعليم والخدمات العلاجية والأبحاث المتعلقة بالاضطرابات التواصلية، وغير ذلك من تقييم بيانات المريض وتخزينها واسترجاعها، وتقديم الخطط العلاجية من خلال عرض تصويري على شاشة الحاسوب .

* تقييم تطور اللغة الذي يعتبر جانبا من تطبيقات الحاسوب بسبب طول

الوقت المستغرق لإجراء فحوص للطلبة المعاقين سمعيا ولتحليل استجاباتهم .

* فاعلية تطبيقات الحاسوب في مجالات القراءة والرياضيات والبرمجة بلغة لوغو للأطفال المعاقين سمعيا.

فثمة أدوات تعرف بأدوات الاتصال عن بعد للصم تقوم بطباعة المكالمات الهاتفية للأصم ليتمكن من قراءتها ، وعندما لا توصل هذه الأدوات بالتلفاز ، تكتب النقاط المهمة في المشهد أو النص على الشاشة ، وهناك بعض الأدوات التكنولوجية التي تصدر إشارات ضوئية أو لمسية تشبك الأدوات المنتجة للصوت ، وتستخدم لتنبيه الشخص الأصم إلى صوت معين .

استخدام الفيديو في صفوف التربية الخاصة:

1 . تحضير الطلبة المعوقين للالتحاق بالصفوف العادية عند تنفيذ برامج الدمج .

2 . تعليم الطلبة المعوقين مهارات متنوعة .

3 . تعديل سلوك الطلبة من خلال استخدام الفيديو كأداة للتعزيز ، أو لتوضيح قواعد السلوك الصفي ، أو للتعلم بالنمذجة .

4 . التواصل مع أولياء الأمور أو تـدريبهم أو إطـلاعهم على البرامج المدرسية.

رابعا: الإعاقات العقلية والسلوكية والتعليمية:-

تركزت الجهود على استخدام الحاسوب والأدوات التكنولوجية الأخرى لتطوير وتنفيذ البرامج التربوية الفردية ، ومراعاة الأنماط التعليمية ، وإتاحة

الفرص للتمرين والممارسة وبخاصة في مجالات تعلم القراءة والحساب والكتابة وذلك بواسطة الحواسيب.

خامسا: الوسائل والتكنولوجيا مع الأشخاص ذوي الإعاقات الحركية:

يعتبر استخدام التكنولوجيا المساعدة وأدوات الاتصال احد ابرز التوجهات الحديثة في مجال خدمة الأشخاص ذوي الإعاقات وتفعيل دورهم في المجتمع لأكبر قدر ممكن ، وتتزايد هذه الحاجة بشكل مستمر تبعا لاتساع وشمول الثورة التكنولوجية في شتى المجالات .

وبالنظر إلى مختلف أنواع الإعاقات واحتياجاتها، فإننا نرى مدى حاجة الأشخاص ذوي الإعاقات الحركية في استخدام مختلف أنواع التكنولوجيا المساندة لتطوير العديد من مهارات حياتهم اليومية.

وفي هذا المجال سنعمل على تغطية مختلف جوانب استخدام التكنولوجيا المساعدة وأدوات الاتصال في خدمة الأشخاص ذوي الإعاقات الحركية وذلك من خلال: التكنولوجيا المساعدة: وهي أدوات ، منتجات ، معدات ، برامج أو أنظمة سواء تم شراؤها مباشرة من الأسواق أو تم تعديها لتناسب حاجة الفرد ، وذلك لزيادة أو الحفاظ على تطوير القدرات الوظيفية لدى الأشخاص ذوي الإعاقات . وتلعب دورا حيويا في مساعدة الطلبة المعوقين على اكتساب مهارات متنوعة في مجالات التنقل والحركة والتعلم والتواصل.

أما خدمات التكنولوجيا المساعدة:أي خدمة مباشرة تساعد الإفراد ذوي الإعاقات في اختيار، طلب أو استخدام التكنولوجيا المساعدة، وهذه الخدمات تشمل (التقييم، طلب الخدمة، تعديلها، التدريب عليها، صيانتها)

ويمكن حصر الإعراض الناتجة عن المشاكل الحركية والتي تتطلب تعديل أو

استخدام التكنولوجيا المساعدة وأدوات الاتصال في:

- في وظائف الجهاز العصبي المركزي (الدماغ والنخاع الشوكي)

- مشاكل في العضلات واستجاباتها .

- خلل في الحركة أو الشلل .

- مشاكل أو قصور في العظام.

- التشوه الخلقي وتشوهات الإطراف

- مشكلات التآزر الحركي والتوازن.

- مشاكل في الإحساس أو اللمس.

- إضافة إلى الجوانب الإدراكية والاستيعابية

النواحي الرئيسية التي يتم استخدام التكنولوجيا المساعدة ووسائل الاتصال فيها:

(أدوات الحياة اليومية، حركة، الاتصال، البيئة، المدرسة ومكان العمل، الرياضة

والترفيه)

تصميم التكنولوجيا المساعدة:تنقسم التكنولوجيا المساعدة من حيث تصميمها

إلى قسمين:

- تكنولوجيا مساعدة ذات تصميم عالمي: تتميز بأنها تخدم فئة واسعة بفعالية تتراوح

من جيدة إلى ممتازة.

- كلفتها مرتفعة وذات تكنولوجيا عالية.

- يمكن نقلها واستخدامها من مكان لآخر مع بعض التعديلات .

- يسهل انتشارها .

- لا تراعي الفروق الفردية .

- صيانتها مكلفة ومرتفعة .

- تكنولوجيا ذات تصميم محلي (خاص)

- تخدم فئة محددة بفعالية ممتازة مع هذه الفئة .

- كلفتها متدنية وذات تكنولوجيا منخفضة.

- يصعب نقلها وتعديلها .

- من الصعب انتشارها .

- تراعي الفروق الفردية .

- يمكن أن تتحول إلى تكنولوجيا ذات تصميم عالمي.

- صيانتها غير مكلفة.

وترتبط وفرة التكنولوجيا المساندة ووسائل الاتصال ارتباط وثيق بعدة عوامل:

- العوامل المادية والاقتصادية .

- معرفة العاملين والأشخاص ذوي الإعاقة بأهميتها وفعاليتها وحاجتها و مدى ملائمتها .

- وجودها في الأسواق المحلية والعالمية .

التكنولوجيا المساعدة ووسائل الاتصال قد تحتاج في اغلب الأحيان إلى تعديل حتى تتلاءم مع احتياجات الإفراد ذوي الاحتياجات الخاصة وهذا التعديل قد يكون في عدة جوانب :

1. تعديل الأداة نفسها من حيث البرامج، الأزرار، التطبيقات..الخ .

2. تعديل البيئة الموضوعة فيها .

3. تطوير قدرات ومهارات الإفراد حتى يتمكنوا من استخدامها .

4. إضافة تعديلات خارجية لتمكين الفرد من استخدام الأداة

الفصل الخامس

إدارة برامج التربية الخاصة وتنظيمها (الهيئات الإدارية والفنية)

"عندما نصل الى المرحلة التي نستطيع فيها إدارة المؤسسات ادارة صحيحة وإدارة رشيدة نكون حينها قد تجاوزنا الصعوبات ووصلنا الى أعلى الدرجات في تنمية مواردنا واستغلالها بالشكل الأمثل"

مقدمة:

تعتبر مراكز التربية الخاصة شأنها كشأن أية مؤسسة بحاجة إلى إدارة منظمة تقوم على أسس علمية، إذ أن تحقيق أهداف مراكز التربية الخاصة يعتمد الى حد كبير على عدد معين من الوظائف الإدارية والفنية، فالوظائف الإدارية ترتبط بإدارة وتنظيم أمور المؤسسة. أما الوظائف الفنية فترتبط بتنظيم وإدارة الصفوف والمجموعات وتنظيم البرامج اليومية أو الشهرية أو السنوية سواء على شكل نشاطات منظمة أو نشاطات أخرى متنوعة إضافة على تحديد الأهداف التربوية والتعليمية الفردية والخطط التعليمية، كما تبدو الوظائف التعليمية في النشاطات اللامنهجية كالمعارض والنوادي والندوات والدورات التدريبية، كذلك هناك وظائف أخرى في برامج التربية الخاصة منها الأخصائي الاجتماعي والنفسي وأخصائي العلاج المهني والطبيعي والنطق واللغة، وتختلف هذه الوظائف في طبيعتها أو شكلها، أو حجمها أو من مراكز لآخر تبعاً لعددٍ من المتغيرات أهمها:

- طبيعة الإعاقة.
- عدد الطلبة.
- نوع الهيئات التعليمية المتوفرة.
- الموقع.

ومهما يكن من أمر هذه الوظائف الإدارية فإن مهمة الإدارة تبدو في ثلاثة اتجاهات:-

الاتجاه الأول: التنظيم والتنسيق: بحيث تعمل الإدارة على تنظيم وتنسيق

العمل مع الكوادر الموجودة في المركز وبين تلك الهيئات وعلاقتها المهنية ببعض والتي يدونها تصبح أمور المؤسسة فوضوية، والعمل على ربط جوانب العمل الإدارية والفنية معاً في نظام متكامل.

الاتجاه الثاني: توفير الوقت والجهد والمعدات المدرسية، وهذه من المهمات الرئيسية للمدير أو لمؤسسة التربية الخاصة، وخاصة فيما يتعلق بتوفير النفقات أو الجهود أو الأجهزة والمعدات لصالح المؤسسة.

الاتجاه الثالث: العمل على تحقيق أهداف المؤسسة التربوية ومن ثم تحديد الأهداف ا لتربوية والتعليمية لكل طفل أو مجموعة ضمن خطط معينة سواء كانت أهداف طويلة المدى أو قصيرة المدى.

وهنا يأتي أهمية التسلسل الإداري في المؤسسة أو ما يسمى السلم الهرمي للوظائف الإدارية أو الهيكل التنظيمي للمؤسسة، والتي تشمل المدير أو من يساعده ويقصد هنا الجهاز التنفيذي.

وحول مهمة الإداري في مؤسسات التربية الخاصة فيما يتعلق بتنظيم الهيئات الرئيسية أو الأقسام الرئيسة في المؤسسات وتوزيع المهام، فإن على المدير تقع كامل المسؤولية في تنظيم وإدارة المؤسسة، ومدير المؤسسة هو ذلك الشخص الذي يمكن معرفة وقيادة واعية في برامج التربية الخاصة، ومن هنا كانت مهمة الإداري الناجح في تحديد أعداد الوظائف الرئيسية في التربية الخاصة والوصف الوظيفي لها وتنظيم تلك الوظائف وتبدو مهمة الإداري في تحقيق الأهداف ذات العلاقة:

- التعليم.

- القياس والتشخيص.

- اجتماعات أولياء الأمور.

- تدريب الهيئات والإشراف عليها.

وتعرف الإدارة أنها عملية تكامل الجهود الإنسانية في الوصول إلى هدف مشترك إضافة إلى القيادة والتوجيه والمراقبة لمجموعة من الناس لتحقيق الأهداف المنشودة.

أما الإدارة التربوية فهي كل نشاط تحققت من ورائه الأغراض التربوية تحقيقاً فعالاً منتجاً.

أما الإدارة في التربية الخاصة فهي: تلك العملية الشاملة للنشاطات والبرامج الخاصة والموجه للأفراد ذوي الحاجات الخاصة وأسرهم لغايات تحقيق الأهداف المنشودة.

ويقوم بإدارة المؤسسات والإشراف عليها إدارياً وفنياً وتربوياً قيادات بشرية وتربوية متخصصة كالمدير والمساعد والمشرف التربوي لها خبرات طويلة في مجال التربية الخاصة، وتم تدريبها وتأهيلها في الأردن والخارج بما يتفق مع متطلبات الإعاقة، ويراعى في الاختيار أفضل العناصر للعمل مع المعوقين واستعدادهم الشخصي وخلوه من عيوب النطق واللغة وسلامته الصحية والتميز بالصبر وقوة التحمل، والاندماج مع حياة الأطفال المعوقين ومشكلاتهم، إضافة إلى توفر مجموعة من الكفاءات المهنية ذات العلاقة بالخصية والمناهج وطرائق التدريس والعلاقات الأسرية والمجتمع وتيسير البيئة المحيطة سواء في داخل المدرسة أو خارجها لما فيه مصلحة الطلبة.

وحتى تكون إدارة مراكز ومؤسسات التربية الخاصة وبرامجها ناجحة وفاعلة لا بد من توفر وصف وظيفي للهيئات العاملة بدءاً من المدير والتركيز على آلية العمل لأهمية وصف المهمات المطلوبة.

ويحدد التنظيم الإداري المتطور عدداً من الوظائف الإدارية مثل المدير العام والمدير التنفيذي (المساعد) لتصبح الفرصة مواتية لترتيب الخدمات وتوجيه البرامج وتنظيمها حسب ضرورتها للأطفال المعوقين.

الهيئات الإدارية والفنية:

تنبع أهمية الهيئات العاملة في ميدان التربية الخاصة لمجموعة من المبررات الهامة، إذ يمكن اعتبار أهم تلك المبررات أن ما نسبته 10% من سكان مجتمع ما يعانون إعاقة ما من الإعاقات المختلفة التي تصيب الإنسان، وهذا يتطلب توفير هيئات متخصصة تؤدي دورها في تقديم مجموعة من خدمات التربية الخاصة الشاملة، والإنسان بطبعه يبحث دائماً عن آخرين في سبيل التعاون والسعي لإشباع الحاجات الأساسية التي يعجز هو عن تحقيقها بمفرده.

إن النجاح في تحقيق وتقديم خدمات شاملة في التربية الخاصة لكافة فئات المعوقين تنبع من نجاح الإدارة الذكية والواعية لمسؤولياتها والتنظيم الجيد، والإدارة الجيدة هي التي تستطيع توفير أكبر قدر من تلك الخدمات بأسرع وقت وأقل جهد وباستغلال الإمكانات البشرية الفنية والمتاحة للاستفادة من قدراتها في عملية التطوير والتحديث المستمرة.

وبتبلور مفاهيم كثيرة أصبحت الآن شبه عالمية كمفهوم التربية الخاصة " Special Education" ومفهوم التأهيل ""Habilitation" إعادة التأهيل ""Re-Habilitation" مما أصبح لزاماً على المجتمع أن يوفر للأفراد المعوقين التدريب والتأهيل المناسب، وحيث أن نسبة المعوقين في المجتمع - أي مجتمع - قابلة للزيادة والارتفاع فإن إعداد وتدريب وتأهيل الهيئات المتخصصة يصبح أمراً حتمياً، ويجب أن تتولاه منظمات وهيئات مسئولة عن المعوقين بشكل جاد وفعال.

وكان لظهور مراكز ومؤسسات التربية الخاصة وخاصة المراكز الداخلية والتي يبقى فيها الفرد أطول وقت وأحياناً معظم حياته، يتلقى خدمات الرعاية الداخلية، كل هذا أدى إلى جملة انتقادات تركزت حول مفهوم العزل، والذي يتضمن عزل المعوق في تلك المراكز عن المجتمع وحرمانه من الاتصال والتفاعل الاجتماعي، وهذا أدى إلى ظهور مراكز الرعاية النهارية والصفوف الملحقة بالمدارس العامة سعياً إلى دمج المعوقين القابلين للتعلم في المدرسة والمجتمع ودمج القابلين للتدريب بالوظيفة المهنية، مما يتطلب توفير هيئات متخصصة ومؤهلة.

وحيث أن الاهتمام بالمعوقين بدأ من الأردن منذ الستينات، فقد كان يتم التركيز على الهيئات التي تعمل في مجال العناية والرعاية أكثر من التعليم والتدريب والتأهيل، ولكن مع تطور التربية الخاصة خلال العقود المتتالية والتحديث الذي رافق تلك التطورات في البرامج والمناهج وما رافق ذلك من تشريعات وقوانين تؤكد المعوقين في التعليم والتدريب على أقصى درجة ممكنة، إضافة إلى حقوقهم الأخرى في الحياة، كل ذلك أحدث نقلة جيدة في عمليات التحديث التي واكبت عملية إعداد وتدريب الهيئات وتأهيلها بصورة جيدة.

ومع اهتمام الدولة الأردنية بكافة مؤسساتها ونتيجة للتطور والتقدم في شتى الميادين بما فيها التربية الخاصة والتوسع في تقديم الخدمات، والزيادة في أعداد المراكز والمؤسسات التي تعنى بشؤون المعوقين، فقد كان لزاماً على الجميع أداء واجبهم تجاه هذه الفئات التي أصبحت بحاجة فعلية إلى توفير كوادر متخصصة للعمل معها، إذ كان الاعتماد أصلاً في إعداد الهيئات يتم خلال الدورات التدريبية للعاملين في المراكز والمؤسسات من غير المتخصصين، ولكن مع تباين فئات التربية الخاصة بخصائصها الجسمية والعقلية والنفسية بدأ الاهتمام بتدريب الهيئات وإعدادها بشكل أفضل والتخصص لكل فئة من فئات التربية الخاصة.

وبنظرة سريعة على بداية الاهتمام في التربية الخاصة يتبين أن معظم ا لمعلمين والمعلمات الذين كانوا يعملون مع فئات التربية الخاصة في الأردن غير مدربين أصلاً للعمل مع المعوقين، وذلك يعود لأسباب منها عدم توفر معلمين متخصصين في التربية الخاصة بشكل كاف أو هيئات مؤهلة للعمل مع المعوقين في تلك الفترة، ورغم ظهور حلول جزئية في التأهيل والتدريب للمعلمين من خلال عقد دورات قصيرة ومستمرة إلا أن ذلك لم يكن فعال ومجدي، مما دفع بالجهات المعنية إلى إحداث كلية الخدمة الاجتماعية (الأميرة رحمة) لإعداد هيئات متخصصة في مجال الخدمة الاجتماعية والإعاقة السمعية والإعاقة العقلية بدءاً من عام 1981/1980، حيث أنبثق هذا التوجه من خلال المبررات التالية:

1. حق المعوقين في تلقي التربية والتعليم الخاصة.
2. الزيادة المستمرة في أعداد المراكز والمؤسسات التي تعنى بالمعوقين وإعداد الملتحقين بها.
3. قلة توافر الكوادر المتخصصة في التربية الخاصة.
4. عدم وجود مؤسسة أو جهة في الأردن تأخذ على عاتقها مثل هذه البرامج.
5. تطور خدمات التربية الخاصة وتشعب مجالاتها.

كذلك بدأت الجامعة الأردنية في عام 81/80 فتح برنامج دبلوم الدراسات العليا في كلية التربية وتخريج معلمين يحملون دبلوم عال في التربية الخاصة بعد مرحلة البكالوريوس حيث يتلقى الدارس خلال المرحلة مساقات ذات علاقة بالتربية الخاصة لمدة سنتين دراسيتين.

وفي عام 87/86 تم إحداث برنامج الماجستير في التربية الخاصة في كلية

التربية بالجامعة الأردنية، حيث يدرس الطالب (36) ساعة معتمدة وتقديم رسالة ماجستير في أحد موضوعات التربية الخاصة، وتم تعديل البرنامج حالياً ليطبق نظام الامتحان الشامل بدل إعداد الرسالة.

إضافة إلى ذلك تم إحداث برنامج بكالوريوس في التربية الخاصة وتم تخريج الدفعة الأولى منه خلال العام الدراسي 1996/1995م بحيث يدرس الطالب لمدة أربع سنوات مساقات في التربية الخاصة وعلم النفس وبلغ عدد الخريجين حوالي 750 حتى نهاية العام 2004، إضافة الى إحداث برنامج الدكتوراه والذي التحق في حوالي 80 طالبا حتى عام 2004، وكذلك تم افتتاح برنامج البكالوريوس في كلية العلوم التربوية في جامعة مؤتة عام 1998/1999 وتخرج منه حتى عام 2004 حوالي 450 خريجا، إضافة الى إحداث برنامج البكالوريوس في التربية الخاصة في جامعة البلقاء التطبيقية عام2003 ، وبكالوريوس التربية الخاصة في جامعة الطفيلة عام 2007، إضافة الى تخصص التربية الخاصة في عدمن الجامعات الخاصة.

إن نظرة شاملة لإعداد الخريجين في التربية الخاصة التي حصلت على مؤهلات في الدبلوم المتوسط والدبلوم العالي والماجستير والدكتوراه في التربية الخاصة من الجامعات الأردنية وعدد من الكليات المتوسطة في القطاع الخاص، يؤكد مدى الحرص والاهتمام من الدولة الأردنية على ضرورة توفير هذه الأعداد والتي تجاوز عددها1250 طالب وطالبة تم تخريجهم على مستوى البكالوريوس، كذلك (1800) يحملون درجة الدبلوم المتوسط و(230) يحملون درجة الدبلوم العالي و(230) يحملون درجة الماجستير، و(22) يحملون درجة الدكتوراه حتى العام 2004 ، وأن أكثر المشكلات التي واجهت هؤلاء الخريجين عدم توافر فرص عمل لهم داخل المملكة مما استدعى إلى هجرتهم للعمل في الخارج وخاصة في دول الخليج العربي.

أما بالنسبة للعاملين في ميدان التربية الخاصة في مؤسسات ومراكز ومدارس التربية الخاصة الحكومية وغير الحكومية فإن أعدادهم ونسبتهم متدنية جداً، إذا أشارت الدراسة التي أجريت حول واقع مؤسسات ومراكز التربية الخاصة في الأردن أن 25% من مجموع العاملين هم من المتخصصين في التربية الخاصة ممن يحملون درجة الدبلوم المتوسط والدبلوم العالي والماجستير وهذا يؤكد مدى الحاجة الفعلية إلى هيئات متخصصة لاستقطابها للعمل في الميدان.

وكذلك تشير نفس الدراسة على أن مجموع العاملين في ميدان التربية الخاصة قد تجاوز (3000) عامل منهم (750) في القطاع الحكومي و (1250) في القطاعات ا لأهلية والتطوعية الدولية، وأن النسبة العالية من هؤلاء يعملون مع فئة الإعاقة العقلية والتي تشكل 81%، وقد أوصت جميع الدراسات في ميدان التربية الخاصة برفد الميدان بمختلف التخصصات ذات العلاقة وبشكل كافي للوصول إلى مستوى متطور من الأداء في التعامل مع فئات المعوقين.

ويمكن الإشارة هنا إلى أن هناك ثلاثة أنماط تتشكل من خلال الهيئات العاملة في ميدان التربية الخاصة هي:

أولاً: هيئات متخصصة ومدربة بشكل جدي وهذه تشكل رأس الهرم ومن مستوى خبراء وأساتذة عاملين في الجامعات والكليات المتوسطة ولديهم مؤهلات عالية كالدكتوراه والماجستير ويقومون بمهام الإشراف والتدريب للطلاب الدارسين في أقسام التربية الخاصة، إضافة إلى عملهم في مجال التخطيط وإعداد البرامج والتأليف والإدارة والتنظيم سواء في الوزارات أو المؤسسات ذات العلاقة بالتربية الخاصة ويبلغ عدد هؤلاء حوالي (55) من حملة الدكتوراه والماجستير.

ثانياً: الهيئات المتخصصة ولديها خبرات طويلة في ميدان التربية الخاصة، بحيث تقوم هذه الهيئات بالإشراف الفني والتخطيط للبرامج وتمارس أعمالها

بمستوى جيد مع فئات التربية الخاصة بشكل مباشر ويؤدون أدواراً إدارية وفنية وهؤلاء مثل الموجهين التربويين ورؤساء أقسام التربية الخاصة ومديري المراكز والمؤسسات والأخصائيين الاجتماعيين والمستشارين في مجال التربية الخاصة.

ثالثاً: هيئات غير متخصصة وهؤلاء يحملون مؤهلات تربوية غير مجال التربية الخاصة واكتسبوا خبراتهم من خلال الممارسة العملية مع المعوقين ونتيجة للدروات التدريبية المستمرة لهم اكتسبوا خبرة جيدة لممارسة دورهم التعليمي والتدريبي بشكل مباشر مثل ا لمعلمين والمساعدين والمدربين والمشرفين والعاملين الآخرين.

وقد كان للدورات التأهيلية والتدريبية في مجال التربية الخاصة والتي عقدتها عدة جهات أثراً هاماً واضحاً في رفد الهيئات العاملة في الميدان بالخبرات الجديدة التعليمية والتدريبية والمهارات المختلفة في مجالات القياس والتشخيص وتعديل السلوك وأساليب التدريس وحل المشكلات والمناهج والوسائل التعليمية والتأهيل المهني والإرشاد الأسري وصعوبات التعلم وغيرها من البرامج ذات الارتباط المباشر بكفاية تلك الهيئات، وقد شارك في تلك الدورات الجهات التالية:

- وزارة التنمية الاجتماعية من خلال كلية الخدمة الاجتماعية (الأميرة رحمة)

- صندوق الملكة علياء للعمل الاجتماعي التطوعي.

- الجامعة الأردنية.

- وزارة التربية والتعليم.

هـ- مراكز ومؤسسات التربية الخاصة مثل مركز نازك الحريري ومؤسسة علياء

للسمع والنطق والمركز الوطني للسمعيات ومؤسسة العناية بالشلل الدماغي وغيرها من المؤسسات الوطنية.

ويتألف الجهاز الإداري والفني في مؤسسات ومراكز التربية الخاصة حالياً من مدير المركز ومساعده والأخصائي الاجتماعي والموظفين الإداريين والمعلمين والفنيين والمشرفين والمستخدمين، وتختلف طبيعة الوصف الوظيفي بين المراكز سواء الحكومية أو الخاصة وسوف نشير في الصفحات التالية عن الوصف الوظيفي ومسميات الهيئات العاملة حسب النظام الداخلي المعمول به.

أما بالنسبة للدول المتقدمة فإن ا لوظائف الإدارية والفنية التي تؤخذ بعين الاعتبار في مراكز ومؤسسات التربية الخاصة تتمثل في: مدير المركز ومساعد المدير والاخصائي الاجتماعي والنفسي والمسؤول المالي والإداري ومسؤول الخدمات، وهذا يؤدي على عملية تنظيم وترتيب البرامج والخدمات بصورة أفضل، وهناك الوظائف الفنية والتي تتمثل في المعلمين في كافة التخصصات والمعالجين الوظيفيين والحكميين والنطق واللغة وأخصائي السمع وتعديل السلوك والإرشاد الأسري وهؤلاء يقومون بأداء الدور الفني من خلال تنفيذ البرامج ذات العلاقة بالمؤسسة، وهناك وظائف طبية وصحية وتدريبية والعمالية والمستخدمين والذين يقومون بأداء أدوار مساعدة للعمل الإداري بحيث يؤدون خدمات مصاحبة للمعاقين تتطلب جهداً مميزاً وخبرة جيدة.

أما على مستوى الإدارة العليا والتي تشرف على تنظيم برامج التربية الخاصة فإن الوضع الأفضل يتطلب وجود مدير عام للتربية الخاصة وضرورة توفير صفات قيادية وقدرة عالية للقيام بدوره بشكل فعال والتخطيط بذكاء ولديه معرفة قوية في مجال الاختصاص وعلى علم بكل جديد في مجال التربية الخاصة وما يتصل به من علوم أخرى مثل الطب وعلم النفس وعلم الاجتماع.

ويساعد مدير التربية الخاصة في الوضع الأفضل مجموعة من الكوادر بمستوى خبراء ومستشارين متخصصين بهدف رسم السياسة العامة للتربية الخاصة، بحيث يتم تقسيمها إلى وحدات تتمثل في وحدات التعليم والإشراف والإرشاد الأسري والتهيئة المهنية والتأهيل المهني والرعاية الداخلية والتقييم والتخطيط والدراسات.

أما في الأردن فإن الهيئات الرئيسية العاملة في الوقت الحالي في برامج التربية الخاصة والتأهيل تقسم كما يلي:

اولاً: الهيئات الإدارية.

ثانياً: الهيئات الفنية التربوية.

ثالثاً: الهيئات التدريبية والإشرافية.

رابعاً: الهيئات الطبية والصحية.

خامساً: الهيئات الفنية التخصصية.

سادساً: الهيئات العمالية الخدمية.

ولإلقاء الضوء على واضع هذه الهيئات التي تقوم بها والمسؤوليات الملقاة على عاتقها والمهام المناطة بها، فلا بد من التعرف على الهيكل التنظيمي سواء في الجهة المشرفة مركزياً أو ميدانياً إضافة إلى المراكز والمدارس العاملة مباشرة في الميدان.

ويمثل الهيكل التنظيمي التالي مديرية التربية الخاصة في الوزارة مجموعة الكوادر ذات العلاقة بالتربية الخاصة والتي تشمل:

1. مدير التربية الخاصة.

2. مساعد المدير.

3. رئيس قسم الإرشاد والتعليم.

4. رئيس قسم الرعاية.

5. رئيس قسم التأهيل.

6. رئيس قسم التشغيل.

7. الموجهون التربويون.

8. مشرف النشاطات.

9. باحثون.

10. رئيس شعبة الرعاية والتأهيل.

11. رئيس شعبة التدريب والتأهيل.

12. كاتب وطابعة.

13. مراسل ومستخدم.

أما فيما يتعلق بالجهات الأخرى مثل وزارة التربية والتعليم فقد تم إحداث قسم للتربية الخاصة تحول الى مديرية للتربية الخاصة يشتمل على الوظائف التالية:

- مدير

- رؤساء أقسام.

- أعضاء التربية الخاصة.

والعمل جار على توسعات فعلية في مجال التربية الخاصة، لمواكبة التوسع في فتح غرف المصادر ضمن المدارس العامة وتوفير هيئات متدربة ومتخصصة قادرة على العمل مع فئات التربية الخاصة المقرر لها الالتحاق في تلك المدارس

مثل حالات بطء التعلم وصعوبات التعلم والإعاقة العقلية البسيطة والإعاقة السمعية والبصرية والحركية.

أما صندوق الملكة علياء للعمل الاجتماعي التطوعي فقد تم تأسيس قسم يعني بشؤون التربية الخاصة ويتولى مسؤولية الإشراف المباشر على ما يتم إحداثه من صفوف ومراكز ومشروعات لفئات التربية الخاصة في كافة أنحاء المملكة وتنفيذ خطط وبرامج الصندوق بالتعاون مع الجهات الأخرى ويشتمل على رئيس قسم التربية الخاصة وعدد من الباحثين والمعلمين الذين يؤدون دوراً ريادياً في المجال.

ويقوم الاتحاد العام للجمعيات الخيرية بالدور المساند في مجال التربية الخاصة حيث تم إحداث قسم للتربية الخاصة يشرف عليه عدد من المتخصصين والباحثين للإشراف على مؤسسات ومراكز التربية الخاصة، إضافة إلى عدد من العاملين والمستخدمين الذين يقومون بتعليم وتدريب الأطفال المعوقين.

أن واقع الهيئات البشرية العاملة في مجال التربية الخاصة في الأردن ورغم أن الجهات المختلفة تدعم هذه الهيئات، غلا أن الحاجة الماسة والفعلية تحتم بذل مزيد من الجهود وتوسع في فتح البرامج المتخصصة وإيجاد إطار عام وشامل لتوفير الهيئات المطلوبة ضمن هيكلية تنظيمية واضحة وسليمة، أما بالنسبة للهيكل التنظيمي الحالي فيمكن الاتفاق على النمط التالية بالنسبة لجميع المؤسسات.

أولاً: الهيئات الإدارية:

وتشمل مدير، مساعد مدير، سكرتير، مسؤول مالي ولوزام.

ثانياً: الهيئات الطبية:

وتشمل طبيب عام واخصائي نفسي وممرض ومساعد ممرض.

ثالثاً: الهيئات الفنية التربوية:

وتشمل الموجهين التربويين والمعلمين والمشرفين على النشاطات ومساعدين المعلمين.

رابعاً: الهيئات التدريبية والإشرافية:

وتشمل: المدربون المهنيون، مشرفو الإنتاج والمشرفون الداخليين وأخصائيو التشغيل والمعالجون الحكوميون والوظيفيون والمدربون الآخرون.

خامساً: الهيئات الفنية المتخصصة:

الفنيون للطباعة والتجليد والصيانة والطبع والمساعدون وفنيو التصميم والبصريات والصيانة الالكترونية.

سادساً: الهيئات العمالية:

وتشمل السائقين والمراسلين والحراس وعمال النظافة والبستنة.

الشروط والمؤهلات والخبرات المطلوبة في الهيئات العاملة في مراكز التربية الخاصة.

ولغايات تنظيم العمل وإيجاد الهيئات الجدية فقد تم وضع أسس يتم من خلالها انتقاء الكفاءات العاملة ف يميدان التربية الخاصة وفي ضوء ما يلي:

1. تحديد أعداد العاملين والحاجة الفعلية لهم.
2. تحديد الوصف الوظيفي لكل وظيفة.
3. تحديد الشروط والمتطلبات لكل وظيفة.
4. تحديد أولويات للعاملين في تلك المؤسسات.

أما أهم الشروط والمتطلبات الحد الأدنى لكل وظيفة فيمكن أن نير لها على النحو التالية:

1. المؤهل الجامعي (الدرجة الجامعية الأولى أو الثانية أو الثالثة) بالنسبة للمدراء والأخصائيين والمشرفين التربويين والفنيين المتخصصين والأطباء.

2. الدبلوم المتوسط (سنتان بعد الثانوية) بالنسبة للمعلمين والمعلمات والمشرفين والمشرفات والمدربين المهنيين والمعالجين الحكميين والوظيفيين والإداريين الآخرين.

3. الثانوية العامة (بالنسبة للوظائف الأخرى).

4. شهادات الكفاءة والخبرة بالنسبة لوظائف الخدمات مثل السائقين والطهارة والفنيين.

ويمكن إيجاز المهام التي تقوم بها الهيئات العاملة في مراكز ومدارس التربية الخاصة في الأردن باعتماد النظام الداخلي لوزارة التنمية الاجتماعية على النحو التالي:

المادة (13) الهيئات الإدارية ومهامها الوظيفية:

أ- المدير:

1. يشرف على سير العمل وأعمال الموظفين في المؤسسة.

2. تخطيط العمل مع الموظفين ووضع الخطط الفصلية.

3. يتابع البرامج التربوية والتعليمية في المؤسسة.

4. يشرف على الأمور الإدارية من سجلات ولوازم وقيود مالية وتنظيم العمل فيها.

5. ينفذ جميع الأنظمة والتعليمات الصادرة من الجهات المختصة.

6. يعد التقارير الشهرية والسنوية عن أوضاع المؤسسة والطلبة والموظفين.

7. تشكيل مجالس الآباء والأمهات ومتابعة نشاطاتها واجتماعاتها.

8. يعمل على توثيق العلاقة بين المؤسسة وأية جهة أخرى.

9. يضع البرامج والنشاطات الخارجية وينظمها.

ب- مساعد المدير:

1. يقوم بالأعمال الإدارية المنوطة بالمدير في حال غيابه.

2. يساعد المدير في إدارة المؤسسة.

3. أية أمور يكلفه إياها المدير.

جـ- الكاتب وأمين المستودع:

1. مسئولا عن كافة الكتب الرسمية وملفاتها.

2. استقبال المراجعين وتحويلهم لصاحب العلاقة.

3. يراقب حركة النقل والمواصلات في المدرسة وأوامر الحركة والصيانة ومتابعتها.

4. يحافظ على اللوازم والاثاث وما يشتمل عليه المستودع.

5. يستلم الأرزاق.

6. يشرف على شؤون المستخدمين.

7. كتابة المخاطبات الرسمية وتوثيقها وحفظها.

د- ربة المنزل:

1. توزيع العمل عل المشرفات والمستخدمات.

2. الإشراف على أمور النظافة وسير العمل في الأقسام الداخلية وعمل المناوبات.

3. الإشراف على استلام الأرزاق والطهي أثناء إعداد الطعام.

هـ- المشرف:

1. يشرف على أمور النظافة في المدرسة ونظافة الملابس والغسيل والاستحمام ونظافة الطلبة.

2. يشرف على إعداد الوجبات من الطعام.

3. يشرف على استلام الأرزاق وحفظها.

4. التعاون مع ربة المنزل والمستخدمين الآخرين في أعمال القسم الداخلي.

5. مراقبة سلوك الأطفال وتصرفاتهم وأمور الصحة العامة.

6. تنفيذ النشاطات المنهجية واللامنهجية ومتابعتها.

و- السائق:

1. نقل المنتفعين من وإلى المؤسسة.

2. الحفاظ على صلاحية ونظافة المركبة وإجراء الصيانة اللازمة لها.

ز- الحارس:

1. يشرف على موجودات المؤسسة ويحافظ عليها.

ح- عامل التنظيف:

1. يعمل على تنظيف محتويات المدرسة وملابس الطلبة.

ط- الطاهي:

1. إعداد الوجبات الغذائية اليومية.

2. حفظ الأغذية بطريقة صحيحة.

3. تنظيف الأواني والمطبخ.

المادة (14) الهيئات الفنية التربوية:

أ- المعلمون:

1. إعداد الخطط التربوية والتعليمية الفردية.

2. متابعة تحصيل الطلاب وفتح ملف خاص لكل طالب.

3. مراقبة سلوك الطلبة وحل المشكلات مع الإدارة.

4. كتابة التقارير الفصلية ومناقشتها.

5. انتاج الوسائل التعليمية المناسبة للأهداف التعليمية.

6. المشاركة في النشاطات اللامنهجية.

7. المشاركة في المحاضرات والندوات والاجتماعات.

8. القيام بأعمال المناوبات.

ب-الأخصائي الاجتماعي:

1. استقبال الدراسات الاجتماعية للطلبة وتسجيلها.

2. المشاركة في لجنة قبول الطلاب.

3. فتح ملفات خاصة بالطلبة في المؤسسة وتدوين كافة الملاحظات وحفظ الأوراق بها.

4. دراسة مشكلات المنتفعين ومتابعة حلها وكتابة تقاريرها.

5. الاتصال بأولياء الأمور والقيام بالزيارات المنزلية والمتابعة الدورية وتوثيقها.

6. الإشراف على الحالات المرضية واتخاذ الإجراءات اللازمة لاسعافها.

7. المشاركة في المناوبات الليلية والنهارية.

8. إعداد البرامج والأنشطة اللامنهجية بالتعاون مع الزملاء والمشرفين.

9. الإعداد للاجتماعات المختلفة.

ج- الاخصائي النفسي:

1. التقييم والتشخيص لحالات المنتفعين بالتعاون مع الاخصائيين الآخرين.

2. المشاركة في البرامج والخطط وتعديل السلوك.

3. وضع الحلول المناسبة للمشكلات السلوكية.

4. فتح ملف خاص لكل حالة تعاني من مشكلة سلوكية وتدوين الملاحظات عنها.

5. كتابة التقارير للمديرين عن الحالات التي يعمل معها.

6. إجراء اللقاءات والزيارات مع الأسر.

7. المشاركة في الاجتماعات المختلفة.

8. العمل على إعداد وتنفيذ البرامج الإرشادية.

د- أخصائي التربية الخاصة:

1. تقييم حالات المنتفعين بالتعاون مع الاخصائيين الآخرين.

2. عضو فاعل في الخطة التربوية الفردية.

3. مساعدة المعلمات في إعداد وتنفيذ الخطط والبرامج وإنتاج الوسائل الفصلية.

4. الإشراف على المعلمات أثناء كتابة التقارير الفصلية.

5. الاشتراك في اجتماعات المؤسسة مع الإدارة والأسر والعاملين الآخرين.

هـ- **المعالج النطقي:**

1. تشخيص الحالات والتعرف على مشكلاتها النطقية واللغوية ووضع تقاريرها.

2. التدريب النطقي للحالات التي تحتاج إلى مساعدة.

3. تقديم الاستشارات فيما يتعلق باضطرابات اللغة والنطق.

4. إجراء اللقاءات مع أسر المنتفعين والمعلمين للتعرف على مشكلات المنتفعين.

5. فتح ملف لكل طالب بحاجة إلى التدريب النطقي.

و- **الطبيب العام:**

1. الكشف المستمر على المنتفعين والتأكد من سلامتهم وخلوهم من الأمراض.

2. معالجة المرضى من المنتفعين.

3. تحويل الحالات من المرضى إلى المستشفى ومراقبتها.

4. فتح ملف طبي لكل منتفع.

ز- **اخصائي التأهيل الطبي:**

1. عضو فعال في لجان التصحيح والقبول في المراكز.

2. تشخيص حالات المنتفعين ووضع البرامج والخطط الطبية التأهيلية المناسبة.

3. الإشراف على المعالجين الطبيعيين والوظيفيين.

ح- **المعالج الوظيفي:**

1. المشركة في تقييم الحالة وظيفيا.

2. تنفيذ البرامج العلاجية الوظيفية بالمشاركة مع الاخرين.

3. وضع تقارير دورية عن حالة المنتفع.

4. فتح ملف لكل منتفع في المدرسة أو المركز.

ط- المعالج الطبيعي:

1. تنفيذ البرامج العلاجية التي يضعها اخصائي التأهيل.

2. فتح ملف لكل منتفع في المدرسة أو المركز.

3. رفع تقارير دورية عن حالة المنتفع.

ي- المدرب المهني:

1. تدريب الطلبة على المهنة وتنظيم سجلات لأداء الطالب.

2. كتابة التقارير اللازمة عن الطالب ورفعها للمدير.

3. استلام المعدات والأدوات والآلات والمواد الخام اللازمة والمحافظة عليها وصيانتها.

4. القيام بالمناوبات وفق تعليمات المدير.

5. رفع تقارير عن انجازات المشغل مع بيان الأسباب المؤدية للنجاح أو الفشل.

ك- أخصائي تشغيل:

1. عضو في لجنة التقييم المهني والقبول في المركز.

2. تسجيل الاشخاص المعوقين طالبي العمل.

3. تقديم التوجيه والإرشاد للمعوقين حول فرص العمل وتحديد مواقع وأماكن وجود فرص العمل.

4. دراسة سوق العمل وإجراء تحليل الأعمال والمهن المناسبة للمعوقين.

5. متابعة المعوقين في أماكن عملهم.

6. الاتصال والتنسيق مع أصحاب العمل وتأمين عقود العمل.

ل- أخصائي التقييم:

1. عضو في لجنة التقييم المهني والقبول في المركز.

2. إجراء التقييم الأولي لطالبي الالتحاق بالتنسيق مع الاخصائي الاجتماعي.

3. إجراء التقييم المهني لطالبي الالتحاق وتحديد طبيعة المهنة ومكان التدريب.

4. وضع خطة التقييم التي تتواءم مع ميول المتدرب واحتياجاته واستعداداته.

5. ملاحظة ومتابعة المتدرب بالتنسيق مع رئيس المدربين.

6. متابعة الخطط والسجلات بالتنسيق مع رئيس المدربين.

7. مساعدة المتدرب على التكيف مع المهنة وتهيئته للعمل.

م- رئيس المدربين:

1. عضو لجنة التقييم المهني والقبول في المركز.

2. الإشراف على الخطط التدريبية وتوفير المواد الخام والسجلات المطلوبة.

3. الإشراف على المشاريع الإنتاجية داخل المركز وتأمين تسويقها.

4. الإشراف على عملية الصيانة للأجهزة والأدوات المعدات.

5. التنسيق مع مراكز التدريب المهني أو المدارس لتنويع وتوسيع وتطوير خدمات التدريب المهني بالتنسيق مع أخصائي التشغيل والتقييم المهني.

ن- الممرض:

1. تنفيذ الأوامر الطبية من قبل الطبيب وتفقد المنتفعين.

2. تنظيف العيادة وتحضيرها لاستقبال المنتفعين يومياً.

3. مرافقة المنتفعين لأي عيادة خارجية أو مستشفى.

4. إعطاء العلاج اللازم للمريض حسب الوصفة الطبية.

5. كتابة تقرير يومي حسب نظام الشفتات بجميع الأعمال والملاحظات اليومية.

هـ- مساعد ممرض / عامل تمريض:

1. التزام برنامج المناوبات والتقيد بالأوامر والتعليمات وتوزيع الطعام على المنتفعين.

2. متابعة النظافة العامة ونظافة المنتفعين وملابسهم.

3. ترتيب الأسرة وتغير الملابس وغسلها وكيها.

4. تنفيذ أوامر الطبيب والممرض فيما يتعلق بالعلاجات والأدوية ومراقبتها.

5. مراقبة المنتفعين خلال نومهم والإشراف الليلي المستمر على جميع متطلباتهم

6

الفصل السادس

تشريعات العمل بالتربية الخاصة

في الأردن العدل أساس الحكم ... وتوفير تشريع يحمي المواطن المعوق من شأنه السير في الإصلاح والصلاح

التشريعات والأنظمة والتعليمات ذات العلاقة بالتربية الخاصة

ترتكز سياسة الدولة الأردنية في مجال التربية الخاصة على ثلاثة محاور رئيسية هي:

أولاً: الوقاية من الإعاقة والتخفيف من حدتها.

ثانياً: ضمان حقوق الفرد المعاق كانسان ومواطن وتمكينه من المشاركة الفعلية في التنمية والانتفاع بثمارها.

ثالثاً: مشاركة الجهات والمؤسسات الرسمية والأهلية والتطوعية أفراداً وجماعات بما في ذلك المعاقون أنفسهم وأسرهم في تحمل المسؤولية الكاملة تجاه المعاقين وإدماجهم في المجتمع.

وسعياً لإحقاق الحقوق بما تم ذكره سابقاً تم في الأردن خلال السنوات الأخيرة توسعاً في برامج وخدمات التربية الخاصة وتوجت تلك الجهود بإحداث إطار تشريعي يضمن حقوق المعاقين في التربية والتعليم والتدريب والتأهيل والعمل وتوفير الحياة الفضلى والكريمة ضمن ما يتوفر من إمكانيات ومقدرات.

وقد نصت المادة السادسة فقرة (2) من الدستور الأردني على "أن الدولة تكلف العمل والتعليم ضمن حدود إمكانياتها وتكفل الطمأنينة وتكافؤ الفرص لجميع الأردنيين".

أن البند السابق يؤكد ضمان حقوق المعاق مثل العادي باعتبار أنه إنسان وإن الأردنيين سواء أمام القانون والإنسان أغلى ما نملك، فجميعهم جون استثناء مواطنون يشاركون في التنمية ويسهمون في البناء وينتفعون من ثمار ما يجني وكنهم.

أما في جانب التربية والتعليم، فقد ورد في المادة الثالثة فقرة (ج) بند (6) من قانون التربية والتعليم لسنة 1988 "أن التربية ضرورة اجتماعية وأن التعليم حق للجميع كل وفق قابليته وقدراته الذاتية".

ونصت المادة الخاصة المتعلقة بمبادئ السياسة التربوية الفقرة (و) على توسيع أنماط التربية في المؤسسات التربوية لتشمل برامج التربية الخاصة.

ونصت المادة التاسعة المتعلقة بمرحلة التعليم الأساسي الفقرة (ب) أن هذه المرحلة تهدف إلى تحقيق الأهداف العامة للتربية وإعداد المواطن في مختلف جوانب شخصيته الجسمية والعقلية والروحية والوجدانية والاجتماعية ليصبح قادراً على أن:

بند (2) يتقن المهارات الأساسية للغة العربية بحيث يتمكن من استخدامها بسهولة ويسر.

بند (9) التعامل مع الأنظمة العددية والعلميات الرياضية الأساسية والأشكال الهندسية ويستخدمها في الحياة العملية.

أما المادة العاشرة من الفصل الثالث فقرة (أ) فقد نصت على "أن التعليم الأساسي تعليم الزامي ومجاني في المدارس الحكومية".

أما الفقرة (ج) فقد نصت على "أن لا يفصل الطالب من التعليم قبل إتمام السادسة عشر من عمره ويستثنى من ذلك من كانت به حالة صحية خاصة بناءً على تقرير من اللجنة الطبية المختصة.

وكما نصت المادة (41) من الفصل الثاني من باب احكام عامة على «أن تضع الوزارة - أي وزارة التربية والتعليم - برامج التربية الخاصة في حدود إمكاناتها».

وفي ضوء هذه الإحداثيات والتطورات عقد المؤتمر الوطني للتطوير التربوي في عمان (6-7) أيلول عام 1987م وكان من أبرز أهدافه ما يلي:

1. توسيع أنماط التعليم في المؤسسات التربوية لرعاية الموهوبين والعاديين وبطيئي التعلم وصعوبات التعلم وفق قدراتهم وميولهم.

2. توجيه خدمات الإرشاد التربوي للطلبة ذوي الاحتياجات الخاصة من الموهوبين واللذين يعانون من بطء التعلم وصعوبات التعلم.

أما فيما يتعلق بالميثاق الوطني 1990م فإن البند الخامس من الفقرة الثانية من الفصل السادس يشير إلى "أن يتصف نظام التربية والتعليم بالشمول والمرونة بحيث يتم من خلاله الاهتمام بالنابهين والموهوبين وتوفير الفرص التي تتلائم مع قدراتهم وقابلياتهم وتضمن استفادة المجتمع الأردني من عطائهم المتميز والاهتمام بتعليم المعاقين ودمجهم المبكر في نظام التربية والتعليم وتأهيلهم ليصبحوا عناصر منتجة في المجتمع.

ويعتبر قانون رعاية المعاقين رقم (12) لسنة (1993) إنجازاً كبيراً في مجال حقوق المعاقين حيث برز هذا القانون إلى حيز الوجود بعد أن بذلت عدة جهات جهوداً كبيرة في وضع بنوده وصياغته بالصورة النهائية التي ظهر فيها.

وقد كان من أبرز القرارات التي اتخذتها الجهات الرسمية في الاردن لخدمة المعاقين منذ برزت التحولات والتطورات في مجال التربية الخاصة هي تشكيل المجلس الوطني لرعاية المعوقين وإحداث مؤسسات تعنى بشؤون المعوقين مثل مديرية التربية الخاصة في وزارة التنمية الاجتماعية وتم تكليفها رسمياً بمتابعة شؤون المعوقين والإشراف المباشر على مؤسسات ومراكز التربية الخاصة والنهوض بها، إذ ساهمت هذه المديرية من خلال وزارة التنمية الاجتماعية بجهود كبيرة

وتخطيط السياسة العامة للتربية الخاصة باعتبار الإعاقة قضية وطنية تحتاج إلى جهود جميع المؤسسات والأفراد.

وقد صدر قانون رعاية المعاقين رقم (12) لسنة 1993 بمجموعة من البنود لا بد من الإشارة إليها على النحو التالي:

أولاً: التعريفات: وقد برز مجموعة من المفاهيم والمصطلحات في المادة الثالثة من القانون يمكن إيجازها بما يلي:

المعوق: «كل شخص مصاب بقصور كلي أو جزئي بشكل مستمر في أي من حواسه وقدراته الجسمية أو النفسية أو العقلية إلى المدى الذي يحد من إمكانية التعلم أو التأهيل أو العمل بحيث لا يستطيع تلبية متطلبات حياته العادية في ظروف أمثاله من غير العاديين».

التربية الخاصة: الخدمات التربوية والتعليمية التي تقدم للمعاقين بهدف تلبية حاجاتهم وتنمية قدراتهم ومساعدتهم على الاندماج في المجتمع.

التأهيل: الخدمات والأنشطة التي تمكن المعوق من ممارسة حياته بشكل أفضل على المستويات الجسدية والاجتماعية والذهنية والنفسية والمهنية.

ثانياً: الحقوق العامة: وقد نصت المادة الثالثة من القانون على مبادئ تضمن حقوق المعاق والتي تنطلق من فلسفة المملكة الأردنية الهاشمية تجاه المعوقين المنبثقة من القيم الإسلامية والدستور الأردني والميثاق الوطني وقانون التربية والتعليم والإعلام العالمي لحقوق الإنسان والإعلان الدولي للمعوقين حيث أكدت المبادئ التالية:

- حق المعوقون في الاندماج في الحياة العامة للمجتمع.

- حق المعوقون في التربية والتعليم كل حسب قدراته.

جـ- حق المعوقون في العمل الذي يتناسب مع قدراتهم ومؤهلاتهم وحقهم في الرياضة والترويح.

- حق المعوقون في الوقاية الصحية والعلاج الطبي.

هـ- حق المعوقون في بيئة مناسبة توفر لهم حرية الحركة والتنقل بأمن وسلامة.

- حق المعوقون في بيئة مناسبة توفر لهم حرية الحركة والتنقل بأمن وسلامة.

ز- حق ذوو الإعاقة المتعددة والحادة في التعليم والتدريب والتأهيل.

ح- حق ذوو المعاقين المحتاجين في الإغاثة والخدمات المساندة.

ط- حق المعاقون المحتاجون في المشاركة في صنع القرارات المتعلقة بهم.

ثالثاً: التنسيق بين مختلف الجهات:

ولغايات التنسيق والتعاون بين جميع الجهات ذات العلاقة في التربية الخاصة وخدمات المعاقين فقد نصن المادة الرابعة بأن تعمل وزارة التنمية الاجتماعية بالتعاون مع الوزارات والدوائر الحكومية وجميع الجهات ذات العلاقة برعاية وتعليم المعاقين على قيام هذه الجهات بتقديم خدماتها وبرامجها لرعاية المعوقين ضمن المجالات التالية:

1. توفر وزارة التنمية الاجتماعية الخدمات التالية:

- خدمات التشخيص الاجتماعي.

- خدمات الرعاية والوقاية والتدريب والتأهيل والإغاثة والخدمات الأسرية والتثقيفية للإعاقات المتعددة والشديدة.

- الإشراف على جميع مؤسسات ومراكز تأهيل المعاقين ورعايتهم واغاثتهم في القطاعين العام والخاص.

- إصدار التراخيص المؤقتة والدائمة للمؤسسات الأهلية والتطوعية ومراكز التربية الخاصة للإعاقات المتعددة والشديدة.

2. توفر وزارة التربية والتعليم العالي ما يلي:

- التشخيص التربوي اللازم لتحديد طبيعة الإعاقة وبيان درجتها.

- التعليم الأساسي والثانوي بأنواعه للمعاقين حسب قدراتهم بما في ذلك توفير أنماط التربية لتشمل برامج التربية الخاصة.

- الإشراف على جميع المؤسسات التعليمية التي تعنى بتربية المعاقين وتعليمهم في القطاعين العام والخاص.

- إصدار تراخيص مؤقتة ودائمة للمؤسسات والمراكز التي تقدم خدمات تعليمية.

- توفير فرص تعليمية للمعوقين كل حسب قدراته وإمكاناته في المعاهد والجامعات.

- إعداد الكوادر الفنية المؤهلة للعمل مع مختلف فئات المعاقين.

3. توفر وزارة الصحة والخدمات الطبية الملكية ما يلي:

- الخدمات الوقائية والعلاجية والصحية والنفسية والبيئية الخاصة للمعاقين.

- خدمات التشخيص والتصنيف اللازمة لتحديد درجة الإعاقة بالتعاون مع وزارة التنمية الاجتماعية.

- صرف بطاقات التأمين الصحي مجاناً للمعاقين ومن يعيلون من غير

المقتدرين وغير مشمولين باي نظام تأمين صحي حيث صدرت تعليمات خاصة بالتأمين الصحي للمعاقين.

4. توفر وزارة الإعلام من خلال مؤسساتها وأجهزتها المختلفة الاهتمام بالبرامج والنشاطات الخاصة بالمعاقين وإبراز أهمية دمجهم في المجتمع.

5. توفر وزارة العمل ومؤسسة التدريب المهني ما يلي:

- البرامج والخطط وإجراءات التقييم الكفيلة بتحقيق التدريب المهني المناسب للمعاقين.

- توفير فرص العمل المناسبة في سوق العمل.

- دعم مشاريع المشاغل المحمية.

- إلزام المؤسسات في القطاع العام والخاص والشركات التي لا يقل عدد العاملين فيها عن (50) عاملاً تخصيص ما نسبته 2% من عدد العاملين من المعاقين و1% للمؤسسات التي يقل عدد العاملين فيها عن 50 عامل على أن لا يتعارض نوع الإعاقة مع طبيعة العمل في المؤسسة.

6. وزارة الشباب توفر ما يلي:

- تسهيل البيئة عند إنشاء الأبنية والمنشآت الرياضية مثل الممرات والمرافق الصحية.

- تشجيع وتسهيل إجراءات تأسيس الأندية الرياضية للمعاقين في مختلف مناطق المملكة.

- دعم رياضية المعاقين والمساهمة في تذليل العقبات التي تواجه فئة المعاقين من أبناء المجتمع الأردني.

- توفير فرص الرياضة والترويح من ملاعب وقاعات وأدوات للشباب بما يلبي حاجاتهم ويطور قدراتهم.

7. وزارة الإشغال العامة والإسكان توفر المسارب الخاصة والتجهيزات والمعينات اللازمة لاستخدامات المعاقين مما يسهل حركتهم ويؤمن سلامتهم عند إقامة الأبنية الرسمية العامة وفتح الطرق والإنفاق.

8. الإعفاءات الجمركية:

- الإعفاء من رسوم الجمارك والاستيراد وأية رسوم أخرى على جميع المواد التعليمية الطبية والوسائل المساعدة والأدوات والآلات وقطعها.

- إعفاء وسائط النقل اللازمة لمدارس ومؤسسات وبرامج المعاقين والمشاريع الإنتاجية الفردية والجماعية التي يملكها المعاقين ويديرونها.

- إعفاء وسائط النقل المعدة إعداداً خاصاً لاستعمال الأفراد المعاقين بالاتفاق على الشروط ما بين وزارة التنمية الاجتماعية ودائرة الجمارك.

- الإعفاء من ضريبة الأبنية والأراضي والمعارف وللعقارات التي تملكها مراكز ومؤسسات المعاقين الحكومية والتابعة للجمعيات الخيرية، وكذلك الإعفاء من رسوم تسجيل الأراضي والعقارات وعوائد التحسين ورسوم المجالس البلدية والقروية ما دامت تستخدم من قبل المعوقين.

رابعاً: على المستوى المركزي: فقد نصت المادة السادسة فقرة (أ) على تشكيل المجلس الوطني لرعاية المعوقين يمثل كافة القطاعات التي تعمل مع المعوقين وهي وزارات التنمية الاجتماعية والعمل والتربية التعليم والصحة والتعليم العالي والشباب والإعلام والأشغال العامة وهيئة الأركان المشتركة وصندوق الملكة علياء والاتحاد العام للجمعيات الخيرية وممثلو القطاعات التطوعية

الأهلية وأولياء الأمور والمعوقين أنفسهم والجامعات الأردنية ويجتمع المجلس مرة واحدة كل ثلاثة شهور على الأقل وتكون مدة المجلس ثلاث سنوات.

وقد نصت المادة السابعة بأن يتولى المجلس المهام والصلاحيات التالية:

- رسم السياسة العامة لرعاية المعوقين وتأهيلهم وتعليمهم.

- وضع خطة وطنية للوقاية من حدوث الإعاقات وتخفيف حدتها والعمل على منع تفاقمها.

- استقطاب الإعانات والتبرعات لدعم مشاريع رعاية المعوقين على أن تؤخذ موافقة مجلس الوزراء إذا كانت هذه الإعانات والتبرعات من مصادر خارجية

- اقتراح مشاريع الأنظمة الخاصة بالمعوقين واللازمة لتطبيق أحكام القانون

- وضع التعليمات التنفيذية والتطبيقية الداخلية للمشروعات والبرامج الإدارية والتربوية والتأهيلية اللازمة لتطبيق أحكام القانون والأنظمة الصادرة بموجبه.

خامساً: العقوبات:

نصت المادة العاشرة من القانون بإلزام من يخالف أحكام هذا القانون بالعقوبات التالية:

- توجيه الإنذار لإزالة المخالفة خلال مدة يحددها الوزير.

- إغلاق المؤسسة أو المركز للمدة التي يراها وزير التنمية مناسبة إذا لم تزال أسباب المخالفة خلال المدة التي حددها الوزير.

جـ- إلغاء الترخيص بصورة نهائية.

سادساً: تعتبر الجهات التي تنفذ أحكام قانون رعاية المعوقين رقم (12) لسنة 1993م:

- مجلس الوزراء يصدر الأنظمة اللازمة.

- رئيس الوزراء والوزراء لتنفيذ أحكام هذا القانون.

جـ- وزارة التنمية الاجتماعية للتنسيق مع كافة الجهات.

وقد صدر لغايات تنفيذ أحكام قانون رعاية المعوقين رقم (12) لسنة 1993م التعليمات التالية:

1. شروط تراخيص مؤسسات ومراكز التربية الخاصة والتأهيل.

2. تعليمات منح مترجمي لغة الإشارة أذن ترجمة.

3. التعميم على كافة الجهات ذات العلاقة بالقانون بتنفيذ المهام المطلوبة من كل جهة في ضوء الاختصاص.

ملحق رقم (1)

نحن الحسين الأول ملك المملكة الأردنية الهاشمية

بمقتضى المادة --31 من الدستور وبناء على ما قرره مجلسا الأعيان والنواب نصادق على القانون الآتي ونأمر بإصداره وإضافته إلى قوانين الدولة:

قانون رقم --12لسنة 1993 قانون رعاية المعوقين

المادة(1) - يسمى هذا القانون (قانون رعاية المعوقين لسنة 1993) ويعمل به بعد شهرين من تاريخ نشره في الجريدة الرسمية.

المادة (2) - يكون للكلمات والعبارات التالية حيثما وردت في هذا القانون المعاني المخصصة لها أدناه، إلا إذا دلت القرينة على غير ذلك:

الوزارة: وزارة التنمية الاجتماعية.

الوزير: وزير التنمية الاجتماعية.

المعوق: كل شخص مصاب بقصور كلي أو جزئي بشكل مستقر في أي من حواسه أو قدراته الجسمية أو النفسية أو العقلية إلى المدى الذي يحد من إمكانية التعلم أو التأهيل أو العمل بحيث لا يستطيع تلبية متطلبات حياته العادية في ظروف أمثاله من غير المعوقين.

المجلس: المجلس الوطني لرعاية المعوقين المؤلف وفقاً لاحكام هذا القانون.

التربية الخاصة: الخدمات التربوية والتعليمية التي تقدم للمعوقين بهدف تلبية حاجاتهم وتنمية قدراتهم ومساعدتهم على الاندماج في المجتمع.

التأهيل: الخدمات والأنشطة التي تمكن المعوق من ممارسة حياته بشكل أفضل على المستويات الجسدية والاجتماعية والذهنية والنفسية والمهنية.

المادة (3) - تنبثق فلسفة المملكة الأردنية الهاشمية تجاه المواطنين المعوقين من القيم العربية الإسلامية والدستور الأردني، والميثاق الوطني وقوانين التربية والتعليم العالي، والإعلان العالمي لحقوق الإنسان، والإعلان الدولي للمعوقين، وتؤكد علىالمبادئ التلاية:

- حق المعوقون في الاندماج في الحياة العامة للمجتمع.

- حق المعوقون في التربية والتعليم العالي كل حسب قدراته.

التربية الخاصة في الأردن

جـ- حق المعوقون في العمل الذي يتناسب مع قدراتهم ومؤهلاتهم وحقهم في الرياضة والترويح.

- حق المعوقون في الوقاية الصحية والعلاج الطبي.

هـ- حق المعوقون في بيئة مناسبة توفر لهم حرية الحركة والتنقل بأمن وسلامة.

- حق المعوقون في بيئة مناسبة توفر لهم حرية الحركة والتنقل بأمن وسلامة.

ز- حق ذوو الإعاقة المتعددة والحادة في التعليم والتدريب والتأهيل.

ح- حق ذوو المعاقين المحتاجين في الإغاثة والخدمات المساندة.

ط- حق المعاقون في المشاركة في صنع القرارات المتعلقة بهم.

المادة(4) - تعمل الوزارة بالتعاون مع الوزارات والدوائر الحكومية وجميع الجهات ذات العلاقة برعاية وتعليم المعوقين على قيام هذه الجهات بتقديم خدماتها وبرامجها لرعاية المعوقين بما في ذلك ما يلي:

أ- وزارة التنمية الاجتماعية:

1- توفر الوزارة التشخيص الاجتماعي اللازم لتحديد طبيعة الاعاقة وبيان درجتها.

2- توفر الوزارة لذوو الاعاقات المتعددة والشديدة الخدمات الخاصة بالمعوقين في مجال الرعاية والعناية والإغاثة والتدريب والخدمات الأسرية والتثقيفية.

3- تشرف الوزارة على جميع المؤسسات والمراكز التي تعنى بتأهيل المعوقين ورعايتهم وأغاثتهم في القطاعين العام والخاص وترخص من قبلها.

ب. وزارة التربية والتعليم

1- توفر وزارة التربية والتعليم التشخيص التربوي اللازم لتحديد طبيعة الإعاقة وبيان درجتها.

2- توفر وزارة التربية التعليم التعليم الأساسي والثانوي بأنواعه للمعوقين حسب قدراتهم بما في ذلك توفير أنماط التربية لتشمل برامج التربية الخاصة.

3- تعتبر كل مؤسسة تعليمية تعنى بتربية المعوقين وتعليمهم في اللقطاعين العام والخاص مدرسة تشرف عليها وزارة التربية والتعليم وترخص من قبلها.

جـ- وزارة التعليم العالي:

1. تعمل وزارة التتعليم العالي على قيام مؤسسات التعليم العالي الرسمية والأهلية بتوفير الفرص للمعوقين بممارسة حقهم في هذا التعليم كل حسب قدراته وإمكانياته.

2. تعمل وزارة التعليم العال يعلى إعداد كوادر فنية مؤهلة للعمل مع مختلف فئات المعوقين.

د- توفر وزارة الصحة الخدمات الطبية الملكية كل في مجال اختصاصها ما يلي:

1. الخدمات الوقائية والعلاجية والصحية والنفسية الخاصة بالمعوقين.

2. خدمات التشخيص والتصنيف اللازمة لتحديد درجة أغعاقة المعوق بالتعاون مع الوزارة.

3. صرف بطاقات تأمين صحي مجاناً للمعوقين ومن يعيلون من غير المقتدرين وغير

المشمولين بأي نظام تأمين صحي آخر وفق أنظمة تصدر لهذه الغاية.

هـ- تقوم وزارة الإعلام من خلال أجهزتها المختلفة بالاهتمام بالمعوقين وإبراز أهمية دمجهم في المجتمع.

و - توفر وزارة العمل ومؤسسة التدريب المهني

1- البرامج والخطط وإجراءات التقييم الكفيلة بتحقيق التدريب المهني المناسب للمعوقين وتطوير قدراتهم وإيجاد فرص العمل الملائمة ودعم مشاريع المشاغل المحمية.

2- تستخدم مؤسسات القطاع العام والخاص والشركات التي لا يقل عدد العاملين فيها عن 25 ولا يزيد على 50 عاملاً واحداً من المعوقين وإذا زاد عدد العاملين في أي منها على 50 عاملاً تخصص ما لا يقل نسبته عن 2% من عدد العاملين للمعوقين على أن لا يتعارض نوع الإعاقة مع طبيعة العمل في المؤسسة.

ز - تعمل وزارة الشباب على توفير فرص الرياضة والترويح من ملاعب وقاعات وأدوات للشباب المعوقين بما يلبي حاجاتهم ويطور قدراتهم.

المادة (5): أ- تعفى من رسوم الجمارك والاستيراد ومن أية رسوم أو ضرائب أخرى جميع المواد التعليمية والطبية والوسائل المساعدة والأدوات والآلات وقطعها ووسائط النقل اللازمة لمدارس ومؤسسات وبرامج المعوقين والمشاريع الانتاجية الفردية ولجماعية التي يملكها المعوقون ويديرونها ووسائل النقل المعدة اعداداً خاصة لاستعمال الأفراد المعوقين بتوصية من الوزارة ووفق الشروط التي يتفق عليها بين الوزارة ودائرة الجمارك العامة.

ب - تعفى مراكز رعاية المعوقين ومؤسساتهم التابعة لاحكومية أو الجمعيات الخيرية من ضريبة الأبنية والأراضي والمعارف على العقارات التي تملكها وكذلك رسوم تسجيل هذه الأراضي والعقارات وأية ضرائب أو عوائد تحسين أخرى والرسوم التي تتقاضاها أي بداية أو مجلس قوي في المملكة ما دامت هذه العقارات تستخدم لخدمة المعوقين على أن يتم الإعفاء بتنسيب من الوزير.

المادة: 6-أ- يشكل مجلس يسمى (المجلس الوطني لرعاية المعوقين) برئاسة الوزير وعضوية كل من:

1- أمين عام الوزارة - نائباً للرئيس.

2- أمين عام وزارة العمل - عضواً.

3- أمين عام وزارة التربية والتعليم - عضواً.

4- أمين عام وزارة الصحة - عضواً.

5- أمين عام وزارة التعليم العالي - عضواً.

6- ممثل عن وزارة الشباب - عضواً.

7- ممثل عن رئاسة هيئة الاركان المشتركة - عضواً.

8- ممثل عن صندوق الملكة علياء للعمل الاجتماعي التطوعي الأردني يسميه مجلس أمناء الصندوق - عضواً.

9- ممثل عن المجلس التنفيذي للاتحاد العام للجمعيات الخيرية يسميه المجلس التنفيذي - عضواً.

10- مدير التربية الخاصة في الوزارة - عضواً ومقرراً.

11- ممثل عن مراكز ومؤسسات القطاع الأهلي العاملة في مجال المعوقين يسيمه الوزير - عضواً.

12- ممثل عن أولياء المعوقين يسميه الوزير - عضواً.

13- ثلاثة ممثلين عن المعوقين يسميهم الوزير على أن يكون أحدهم معوقاً حركياً واثاني بصرياً والثالث سمعياً - أعضاء.

14- ممثل عن الجامعة الأردنية يسميه رئيس الجامعة - عضواً.

- يعين الوزير أحد موظفي الوزارة امينا للسر.

قانون رقم (31) لسنة 2007

قانون حقوق الأشخاص المعوقين

المادة 1: يسمى هذا القانون (قانون حقوق الأشخاص المعوقين لسنة 2007) ويعمل به من تاريخ نشره في الجريدة الرسمية.

المادة 2: يكون للكمات والعبارات التالية حيثما وردت في هذا القانون المعاني المخصصة لها أدناه ما لم تدل القرينة على غير ذلك:

المجلس: المجلس الأعلى لشؤون الأشخاص المعوقين.

الرئيس: رئيس المجلس

الأمين العام: امين عام المجلس

الصندوق: الصندوق الوطني لدعم الأشخاص المعوقين.

الشخص المعوق: كل شخص مصاب بقصور كلي أو جزئي بشكل مستقر في أي من حواسه أو قدراته الجسمية أو النفسية أو العقلية إلى

المدى الذي يحد من إمكانية التعلم أو التأهيل أو العمل بحيث لا يستطيع تلبية متطلبات حياته العادية في ظروف أمثاله من غير المعوقين.

التمييز على أساس الإعاقة: كل حد أو تقييد أو استبعاد أو إبطال أو إنكار مرجعة الإعاقة لاي من الحقوق أو الحريات المقررة في هذا القانون أو في أي قانون آخر.

التجهيزات المعقولة: التجهيزات اللازمة لمواءمة الظروف البيئية من حيث المكان والزمان وتوفير المعدات والأدوات والوسائل المساعدة حيثما كان ذلك لازماً لضمان ممارسة الأشخاص المعوقين لحقوقهم على قدم المساواة مع الآخرين على أن لا يترتب على ذلك ضرراً جسيماً بالجهة المعنية.

التأهيل: نظام خدمات متعدد العناصر يهدف إلى تمكين الشخص المعوق من استعادة أو تحقيق قدراته الجسمية أو العقلية أو المهنية او الاجتماعية أو الاقتصادية إلى المستوى الذي تسمح به قدراته.

إعادة التأهيل: التدابير والبرامج والخطط التي غايتها استرجاع أو تعزيز أو المحافظة على القدرات والمهارات وتطويرها وتنميتها في المجال الصحي أو الوظيفي أو التعليمي أو الاجتماعي أو أي مجال آخر بما يحقق تكافؤ الفرص والدمج الكامل للشخص المعوق في المجتمع وممارسته لجميع الحقوق والحريات الأساسية على قدم المساواة مع الآخرين.

التأهيل المجتمعي: مجموعة برامج في إطار تنمية المجتمع لتحقيق التأهيل والتكافؤ في الفرص والدمج الاجتماعي للشخص المعوق.

الدمج : التدابير والبرامج والخطط والسياسات التي تهدف إلى تحقيق

المشاركة الكاملة للشخص المعوق في شتى مناحي الحياة دون أي شكل من أشكال التمييز وعلى قدم المساواة مع الآخرين.

المادة 3- تنبثق فلسفة المملكة تجاه المواطنين المعوقين من القيم العربية الإسلامية والدستور الأردني والإعلان العالمي لحقوق الإنسان والمبادئ والأحكام المنصوص عليها في الاتفاقيات الدولية المتعلقة بحقوق الأشخاص المعوقين، وتؤكد على المرتكزات التالية:

أ- احترام حقوق الأشخاص المعوقين وكرامتهم وحرية اختيارهم واحترام حياتهم الخاصة.

ب- المشاركة في وضع الخطط والبرامج وصنع القرارات الخاصة بالأشخاص المعوقين وشؤونهم.

ج- تكافؤ الفرص وعدم التمييز بين الأشخاص على أساس الإعاقة.

د- المساواة بين الرجل والمرأة المعوقين في الحقوق والواجبات.

هـ- ضمان حقوق الأطفال المعوقين وبناء قدراتهم وتنمية مهاراتهم وتعزيز دمجهم في المجتمع.

توفير التجهيزات المعقولة لتمكين الشخص المعوق من التمتع بحق أو حرية ما أو لتميكنه من الاستفادة من خدمة معينة.

ز- قبول الأشخاص المعوقين باعتبارهم جزءاً من طبيعة التنوع البشري.

ح- الدمج في شتى مناحي الحياة والمجالات وعلى مختلف الصعد بما في ذلك شمول الأشخاص المعوقين وقضاياهم بالخطط التنموية الشاملة.

ط- تشجيع البحث العلمي وتعزيزه وتبادل المعلومات في مجال الإعاقة وجمع البيانات والمعلومات والإحصاءات الخاصة بالإعاقة التي تواكب ما يستجد في هذا المجال.

ي- نشــر الوعي والتثقيف حول قضايا الأشخاص المعوقين وحقوقهم.

المادة 4- مع مراعاة التشريعات النافذة، توفر الجهات ذات العلاقة كل حسب اختصاصها للمواطنين المعوقين الحقوق والخدمات المبينة وفقاً لأحكام هذا القانون في المجالات التالية:

أ- الصحة:

1- البرامج الوقائية والتثقيف الصحي بما في ذلك إجراء المسوحات اللازمة للكشف المبكر عن الإعاقات.

2- التشخيص والتصنيف العلمي وإصدار التقارير الطبية للأشخاص المعوقين.

3- خدمات التأهيل الطبي والنفسي والخدمات العلاجية بمستوياتها المختلفة والحصول عليها بكل يسر.

4- الرعاية الصحية الأولية للمرأة المعوقة خلال فترة الحمل والولادة وما بعد الولادة.

5- منح التأمين الصحي مجاناً للأشخاص المعوقين بمقتضى نظام يصدر لهذه الغاية.

ب- التعليم والتعليم العالي:

1- فرص التعليم العام والتعليم المهني والتعليم العالي للأشخاص المعوقين حسب فئات الإعاقة من خلال أسلوب الدمج.

2- اعتماد برامج الدمج بين الطلبة المعوقين وأقرانهم من غير المعوقين وتنفيذها في إطار المؤسسات التعليمية.

3- التجهيزات المعقولة التي تساعد الأشخاص المعوقين على التعلم

والتواصل والتدرب والحركة مجاناً بما في ذلك طريقة برايل ولغة الإشارة للصم، وغيرها من التجهيزات اللازمة.

4- إجراء التشخيص التربوي ضمن فريق التشخيص الكلي لتحديد طبيعة الإعاقة وبيان درجتها واحتياجاتها.

5- إيجاد الكوادر الفنية المؤهلة للتعامل مع الطلبة المعوقين.

6- برامج في مجال الإرشاد والتوعية والتثقيف للطلبة المعوقين وأسرهم.

7- التقنيات الحديثة في تدريس وتعليم الطلبة المعوقين في القطاعين العام والخاص بما في ذلك تدريس مبحثي الرياضيات والحاسوب.

8- قبول الطلبة المعوقين الذين اجتازوا امتحان الدراسة الثانوية العامة وفق شروط يتفق عليها بين المجلس ومجلس التعليم العالي للقبول بالجامعات الرسمية.

9- وسائل التواصل للصم من خلال توفير أشكال من المساعدة بما في ذلك تأمين مترجمي لغة الإشارة.

ج- التدريب المهني والعمل:

1- التدريب المهني المناسب للأشخاص المعوقين وتطوير قدراتهم وفقاً لاحتياجات سوق العمل، بما في ذلك تدريب المدربين العاملين في هذا المجال وتأهيلهم.

2- حصول الأشخاص المعوقين على فرص متكافئة في مجال العمل والتوظيف بما يتناسب والمؤهلات العلمية.

3- الزام مؤسسات القطاع العام والخاص والشركات التي لا يقل عدد العاملين في أي منها عن (25) عاملاً ولا يزيد على (50) عاملاً

بتشغيل عامل واحد من الأشخاص المعوقين وإذا زاد عدد العاملين في أي منها على (50) عاملاً تخصص ما لا تقل نسبته عن (4%) من عدد العاملين فيها للأشخاص المعوقين شريطة أن تسمح طبيعة العمل في المؤسسات بذلك.

4- التجهيزات المعقولة من قبل جهة العمل.

د- الحماية الاجتماعية والرعاية المؤسسية:

1- تدريب أسر الأشخاص المعوقين على التعامل السليم مع الشخص المعوق بصورة لا تمس كرامته أو إنسانيته.

2- دمج الطفل المعوق ورعايته التأهيلية داخل أسرته، وفي حال تعذر ذلك تقدم له الرعاية التأهيلية البديلة.

3- خدمات التأهيل المهني والاجتماعي وإعادة التأهيل والخدمات المساندة بجميع أنواعها وبما يحقق الدمج والمشاركة الفاعلة للأشخاص المعوقين ولأسرهم.

4- الرعاية المؤسسية النهارية أو الايوائية للأشخاص المعوقين الذين يحتاجون لذلك.

5- معونات شهرية للأشخاص المعوقين من غير المقتدرين على الإنتاج وفقاً لأحكام قانون صندوق المعونة الوطنية النافذ المفعول.

هـ- التسهيلات البيئية:

1- تطبيق كودة متطلبات البناء الوطني الرسمي الخاص بالأشخاص المعوقين الصادرة عن الجهة ذات العلاقة في جميع الأبنية في القطاعين العام والخاص والمتاحة للجمهور ويطبق ذلك على الابنية القائمة ما أمكن.

2- عدم منح تراخيص البناء لأي جهة الا بعد التأكد من الالتزام بالأحكام الواردة في البند (1) من هذه الفقرة.

3- تأمين كل شركات النقل العام والمكاتب السياحية ومكاتب تأجير السيارات واسطة نقل واحدة على الأقل بمواصفات تكفل للأشخاص المعوقين استخدامها أو الانتقال بها بيسر وسهولة.

4- وصول الأشخاص المعوقين إلى تكنولوجيا ونظم المعلومات بما في ذلك شبكة الانترنت ووسائل الاعلام المختلفة المرئية والمسموعة والمقروءة وخدمات الطوارئ بما في ذلك تأمين مترجمي للغة الإشارة.

و- الاعفاءات الجمركية والضريبية:

1- إعفاء التجهيزات المعقولة للأشخاص المعوقين بما في ذلك المواد التعليمية والطبية والرياضية والوسائل المساعدة والأدوات والآلات وقطعها من الرسوم الجمركية والضريبة العامة على المبيعات ورسوم طوابع الواراداتمن أي رسوم او ضرائب أخرى بمقتضى نظام يصدر لهذه الغاية.

2- إعفاء واسطة نقل واحدة لاستخدام الشخص المعوق ولمرة واحدة من الرسوم الجمركية والضريبة العامة على المبيعات ورسوم طوابع الوارادت وأي رسوم أخرى، وتحدد أسس وشروط منح هذه الإعفاءات وتبديل واسطة النقل بما في ذلك درجة الإعاقة بمتقضى نظام يصدر لهذه الغاية.

3- إعفاء الأشخاص شديدي الإعاقة من دفع رسوم تصريح العمل لعامل واحد غير أردني يهدف خدمتهم في منازلهم بمقتضى نظام يصدره لهذه الغاية.

4- إعفاء مدارس الأشخاص المعوقين ومراكزهم ومؤسساتهم التابعة

للجمعيات الخيرية من جميع الرسوم الجمركية والضريبة العامة على المبيعات وضريبة الأبنية والمسقفات والمعارف ورسوم طوابع الواردات ورسوم تسجيل هذه العقارات وأية ضرائب أو عوائد تحسين أخرى بمقتضى نظام يصدر لهذه الغاية.

5- إعفاء مدارس الأشخاص المعوقين ومراكزهم ومؤسساتهم من الرسوم والضرائب المنصوص عليها من البند (4) من هذه الفقرة إذا قدمت خدمات مجانية للأشخاص المعوقين المحولين إليها من المجلس أو من وزارة التنمية الاجتماعية على أن تحدد الأسس والشروط الواجب توافرها لمنح هذا الاعفاء بمقتضى نظام يصدر لهذه الغاية.

ز- الحياة العامة والسياسة:

1- حق الأشخاص المعوقين في ممارسة الترشيح والانتخاب في المجالات المختلفة وتهيئة أماكن ومرافق مناسبة وسهلة الاستعمال تمكنهم من ممارسة حق التصويت بالاقتراع السري في الانتخابات.

2- البيئة المناسبة للمشاركة بصورة فاعلة في جميع الشؤون العامة دون تمييز بما في ذلك المشاركة في المنظمات والهيئات غير الحكومية المعنية في الحياة العامة والسياسية.

ح- الرياضة والثقافة والترويح:

1- إنشاء الهيئات الرياضية والثقافية ودعمها بهدف فتح المجال للأشخاص المعوقين لممارسة أنشطتهم المختلفة بما يلبي حاجاتهم ويطور قدراتهم.

2- دعم مشاركة المتميزين من الأشخاص المعوقين رياضياً وثقافياً في الأنشطة والمؤتمرات الوطنية والدولية.

3- إدخال البرامج والأنشطة الرياضية والترويجية والثقافية ضمن برامج

المؤسسات والمراكز والمدارس العاملة في مجال الإعاقة وتوفير الكوادر المتخصصة والتجهيزات المعقولة لذلك.

4- استخدام المكتبات والحدائق العاملة والمرافق الرياضية أمام الأشخاص المعوقين وتوفير التجهيزات المعقولة.

ط- التقاضي:

1- تراعى الظروف الصحية للشخص المعوق من حيث الأماكن الخاصة بالتوقيف إذا اقتضت طبيعة القضية وظروفها توقيفه.

2- توفير التقنيات المساعدة للأشخاص المعوقين بما في ذلك ترجمة لغة الإشارة.

المادة 5- مع مراعاة التشريعات النافذة ذات العلاقة، تستأنس أي جهة مختصة برأي المجلس قبل منح الترخيص لأي جمعية أو هيئة اجتماعية أو ناد أو مدرسة أو مركز أو مؤسسة تعمل أي منها في مجال الإعاقة.

المادة 6-

أ- يؤسس في المملكة مجلس يسمى (المجلس الأعلى لشؤون الأشخاص المعوقين) يتمتع بشخصية اعتبارية ذات استقلال مالي وإداري وله بهذه الصفة القيام بجميع التصرفات القانونية اللازمة لتحقيق أهدافه بما في ذلك إبرام العقود وتملك الأموال المنقولة وغير المنقولة والاقتراض والبيع والرهن وقبول الهبات والتبرعات والإعانات والوصايا والوقف وله حق التقاضي ويمثله لهذه الغاية المحامي العام المدني أو أي محام آخر.

ب- يكون المركز الرئيس للمجلس في مدينة عمان وله إنشاء فروع وفتح مكاتب في مراكز محافظات المملكة.

ج- يعين رئيس المجلس بإرادة ملكية سامية.

د- يعين أمين عام المجلس بقرار من مجلس الوزراء بناءً على تنسب المجلس.

هـ- يشكل المجلس برئاسة الرئيس وعضوية كل من:

1- أمين عام المجلس.

2- أمين عام وزارة التنمية الاجتماعية.

3- أمين عام وزارة العمل.

4- أمين عام وزارة الصحة يسميه وزير الصحة.

5- أمين عام وزارة المالية.

6- أمين عام وزارة التربية والتعليم يسميه وزير التربية والتعليم.

7- وكيل أمانة عمان الكبرى يسميه أمين عمان.

8- أمين عام المجلس الأعلى للشباب.

9- مدير الصندوق.

10- أمين عام اللجنة الأولومبية الموازية الأردنية (البارالمبية)

11- سنة ممثلين عن الأشخاص المعوقين اثنان منهم معوقين بصرياً واثنان معوقين حركياً واثنان معوقين سمعياً، يتم تعيينهم بقرار من مجلس الوزراء بناءً على تنسب المجلس على أن يكون واحداً من كل إعاقة ممثلاً عن الجمعيات العاملة مع تلك الإعاقة.

12- ممثل واحد عن أهالي المعوقين ذهنياً يسميه الرئيس.

13- ثلاثة أشخاص من المتميزين في مجال الإعاقة وممن أدوا خدمات للمعوقين يعينون بقرار من مجلس الوزراء بناء على تنسيب المجلس.

و- يختار المجلس في أول اجتماع له من بين أعضائه نائباً للرئيس يتولى مهامه عند غيابه.

ز- تكون مدى العضوية للأعضاء المنصوص عليهم في البنود (11) و (12) و (13) من الفقرة (هـ) من هذه المادة ثلاث سنوات قابلة للتجديد لمرة واحدة فقط.

المادة 7-

يتولى المجلس المهام والصلاحيات التالية:

أ- رسم السياسة الخاصة بالأشخاص المعوقين ومراجعتها ومتابعة تنفيذها بالتنيق مع الجهات ذات العلاقة بقصد توحيد جميع الجهود الرامية لتحسين مستوى وظروف معيشة الأشخاص المعوقين وتسهيل دمجهم في المجتمع.

ب- المشاركة مع الجهات ذات العلاقة في وضع خطة وطنية شاملة للتوعية والوقاية للحد من حدوث الإعاقات وتخفيف حدتها والعمل على منع تفاقمها.

ج- متابعة ودعم تنفيذ بنود الإستراتيجية الوطنية للأشخاص المعوقين وما ينبثق عنها من خطط وبرامج وأنشطة.

د- اقتراح تعديل التشريعات ذات العلاقة بالأشخاص المعوقين والأنظمة والتعليمات اللازمة لتنفيذ أحكام هذا القانون.

هـ- وضع المعايير اللازمة لجودة البرامج والخدمات المقدمة للأشخاص المعوقين بالتنسيق مع الجهات ذات العلاقة.

و- المشاركة في الجهود الرامية إلى تحقيق أهداف المواثيق والاتفاقيات الدولية المتعلقة بشؤون الأشخاص المعوقين التي صادقت عليها المملكة.

ز- وضع الخطط والسياسات اللازمة لاستثمار أموال المجلس.

ح- التعاون مع المؤسسات والجهات الوطنية والإقليمية والدولية ذات العلاقة بأهداف المجلس.

ط- إيجاد مراكز وطنية ريادية للتدريب وإجراء البحوث والدراسات وإنشاء قواعد البيانات المتعلقة بشؤون الأشخاص المعوقين.

ي- المشاركة في تمثيل المملكة لدى المؤسسات والهيئات العربية والإقليمية والدولية المعنية بشؤون الأشخاص المعوقين.

ك- تشكيل لجان دائمة ومؤقتة لمساعدة المجلس على القيام بمهامه وتحديد صلاحياتها ومكافآتها.

ل- إقرار الموازنة السنوية التقديرية ورفعها لمجلس الوزراء للمصادقة عليها.

م- المصادقة على الحساب الختامي السنوي المدقق.

ن- إصدار التعليمات التنفيذية المتعلقة بالشؤون المالية والإدارية والفنية في المجلس.

س- تحديد الهيكل التنظيمي للمجلس ووصف الوظائف والمهام والمسؤوليات فيه.

ع- أي أمور أخرى يحيلها الرئيس إليه.

المادة 8-

أ- يجتمع المجلس مرة على الأقل كل ثلاثة أشهر وكلما دعت الحاجة لذلك، بدعوة من رئيسه أو نائبه عند غيابه، ويكون النصاب القانون لاجتماعاته بحضور ما لا يقل عن الأغلبية المطلقة لأعضائه على أن يكون من بينهم الرئيس أو نائبه ويتخذ قرارارته بأغلبية أصوات أعضائه الحاضرين على الأقل.

ب- يسمي الرئيس أحد موظفي المجلس أميناً للسر يتولى الاعداد لاجتماعات المجلس وتدوين محاضر جلساته وقرارته وحفظ قيوده وسجلاته.

ج- للرئيس دعوة أي شخص من ذوي الخبرة أو الاختصاص لحضور اجتماعات المجلس للاستئناس برأيه في الأمور المعروضة عليه دون أن يكون له حق التصويت على قراراته.

د- تحدد مكافآت أعضاء المجلس مقابل حضور جلساته بقرار من رئيس الوزراء بناءً على تنسيب الرئيس.

المادة 9- يتولى الرئيس المهام والصلاحيات التالية:

أ- متابعة السياسة العامة التي يضعها المجلس والإشراف على تنفيذ القرارات الصادرة عنه.

ب- متابعة التقارير الخاصة بأعمال المجلس.

ج- تمثيل المجلس لدى الغير.

د- أي صلاحيات أخرى يفوضها له المجلس على أن يكون التفويض خطياً ومحدداً وموقوتاً.

المادة 10- يتولى الأمين المهام والصلاحيات التالية:

أ- تنفيذ قرارات المجلس.

ب- رفع تقارير دورية عن سير العمل في المجلس إلى الرئيس ليتم عرضها على المجلس.

ج- الإشراف على موظفي ومستخدمي المجلس وإدارة جميع أجهزته.

د- اعداد مشروع الختامي المدقق وعرضه على المجلس خلال مدة لا تتجاوز ثلاثة أشهر من تاريخ انتهاء السنة المالية.

و- أي صلاحيات أخرى يكلفه بها الرئيس على أن يكون التفويض خطياً ومحدداً وموقوتاً.

المادة 11- يكون للمجلس جهاز من الموظفين والمستخدمين يتم تعيينهم وتحديد رواتبهم وسائر الأمور المتعلقة بهم بمقتضى نظام يصدر لهذه الغاية.

المادة 12-

أ- يترتب على كل مؤسسة في القطاع الخاص ثبت امتناعها عن تنفيذ أحكام البند (3) من الفقرة (ج) من المادة (4) من هذا القانون دفع غرامة مالية لا يقل مقدارها عن ضعف الأجرة الشهرية للحد الأدنى لعدد الأشخاص المعوقين المترتب عليها تشغيلهم خلال السنة، وفي حال تكرار المخالفة تضاعف الغرامة.

ب- تؤول الغرامات المنصوص عليها في الفقرة (أ) من هذه المادة إلى المجلس.

المادة 13-

أ- يؤسس في المجلس صندوق يسمى (الصندوق الوطني لدعم الأشخاص المعوقين) يرتبط بالرئيس ويكون له حساب مالي مستقل.

ب- يتولى المجلس توفير الموارد اللازمة لدعم البرامج والأنشطة الخاصة بالإعاقات وتوزيع هذه الموارد على جهاتها المختلفة وفق الأسس والمعايير والقرارات الصادرة عن المجلس لهذه الغاية.

ج- تحدد الأحكام والإجراءات المتعلقة بكيفية تشكيل لجنة الصندوق ومديره والعاملين فيه وعقد اجتماعاته والمسؤوليات والصلاحيات وسائر الأمور المتعلقة به مقتضى تعليمات يصدرها المجلس لهذه الغاية.

المادة 14- يكون للمجلس موازنة مستقلة، وتبدأ السنة المالية للمجلس في اليوم الأول من شهر كانون الثاني من كل سنة وتنتهي في اليوم الحادي والثلاثين من شهر كانون الأول من السنة ذاتها.

المادة 15-أ - تتكون الموارد المالية للمجلس مما يلي:

1- المخصصات المرصدة له في الموازنة العامة للدولة.

2- (10%) من صافي أرباح اليانصيب الخيري الأردني الصادر عن الاتحاد العام للجمعيات الخيرية.

3- دينار واحد إضافي عن الترخيص السنوي لكل مركبة باستثناء المركبات الزراعية.

4- خمسة دنانير عن كل معاملة تسجيل للعقارات.

5- خمسة بالألف من رسوم كل رخصة بناء تصدرها الجهات المختصة.

6- الهبات والتبرعات والمنح والهدايا والوصايا المقدمة له شريطة موافقة مجلس الوزراء عليها إذا كانت من مصدر غير أردني.

7- البدل الذي يفرضه المجلس بموجب تعليمات خاصة على استخدام مرافقه.

8- عوائد استثمار أمواله

9- الغرامات التي تتأتى له وفقاً لأحكام هذا القانون.

10- أي مصادر أخرى يوافق عليها المجلس.

11- تحدد أسس وشروط استيفاء الرسوم المنصوص عليها في البنود (3) و (4) و (5) من الفقرة (أ) من هذه المادة بمقتضى تعليمات يصدرها وزير المالية لهذه الغاية.

المادة 16- يتمتع المجلس بالإعفاءات والتسهيلات التي تتمتع بها الوزارات والدوائر الحكومية.

المادة 17- تخضع أموال المجلس ديوان المحاسبة.

المادة 18- تعتبر أموال المجلس وحقوقه لدى الغير أموالاً عامة يتم تحصيلها وفقاً لأحكام قانون تحصيل الأموال الأميرية المفعول.

المادة 19- يصدر مجلس الوزراء الأنظمة اللازمة لتنفيذ أحكام هذا القانون.

المادة 20- يلغى قانون رعاية المعوقين رقم (12) لسنة 1993 وما طرأ عليه من تعديلات.

المادة 21- رئيس الوزراء مكلفون بتنفيذ أحكام هذا القانون

31/3/2007

عبد الـله بن الحسين الثاني

رئيس الوزراء ووزير الدفاع الدكتور معروف البخيت

وزير دولة للشؤون القانونية الدكتور خالد الزعبي

وزير الخارجية عبد الاله الخطيب

نائب رئيس الوزراء ووزير المالية الدكتور زياد فريز

وزير دولة لشؤون رئاسة الوزراء الدكتور محي الدين توق

وزير الشؤون البلدية نادر الظهيرات

وزير تطوير القطاع العام ووزير دولة للشؤون البرلمانية الدكتور محمد الذنيبات

وزير التربية والتعليم ووزير التعليم العالي والبحث العلمي الدكتور خالد طوقان.

وزير الأشغال العامة والإسكان المهندس حسني أبو غيدا.

وزير الداخلية عيد الفايز.

وزير البيئة المهندس خالد الإيراني.

وزير التخطيط والتعاون الدولي سهير العلي .

وزير العدل شريف الزعبي.

وزير النقل سعود نصيرات.

وزير المياه والري المهندس محمد ظافر العالم.

وزير الأوقاف والشؤون والمقدسات الإسلامية عبد الفتاح صلاح.

وزير الصناعة والتجارة سالم الخزاعلة.

وزير العمل باسم السالم.

وزير الطاقة والثروة المعدنية الدكتور خالد الشريدة.

وزير الصحة الدكتور سعد الخرابشة.

وزير التنمية الاجتماعية الدكتور سليمان الطراونة.

وزير الثقافة الدكتور عادل الطويسي.

وزير السياحة والآثار أسامة الدباس.

وزير الاتصالات والتكنولوجيا باسم الروسان.

وزير الزراعة الدكتور مصطفى قرنفلة.

وزير التنمية السياسية الدكتور محمد العوران.

7

الفصل السابع

التطلعات المستقبلية للتربية الخاصة في الأردن

"اننا نواجه تحديات كبيرة تحتاج منا جميعا أن نقف وقفة رجل واحد لتجاوزها وواحدة منها هو الانسان المعوق الذي يعتبر التحدي الأهم على الصعيد الإنساني"

من أجل مجتمع أفضل للجميع وإدراكاً لحجم المعاناة الإنسانية للأفراد المعوقين في الاردن وكغيرها من الدول التي ما زالت تعاني من شمول كافة المعوقين بالخدمات، ولما لهذا الموضوع من أهمية تتطلب وضع إستراتيجية طويلة الأمد في ضوء ما طرحته هيئة الأمم المتحدة ومنظمات دولية أخرى من شعارات ومبادئ للنهوض في مجال التعامل مع المعوقين وإيجاد أسلوب عمل بديل للعمل معهم بعيد عن الأساليب التقليدية التي تمارس من خلال مؤسسات التربية الخاصة التي لم تعطي البعد الحقيقي المطلوب للتربية والتعليم ودمج المعوق في المجتمع، إذ بقيت تلك المؤسسات مغلقة على نفسها وضمن توسع كمي.

أما النهج الجديد أو العصري فيتطلب العمل به إدماج المعاق مع المجتمع بعيداً عن فكرة العزل والحرمان، وإدخاله إلى المدارس والمراكز العامة، وتفعيل دور الأسرة في التعليم والتدريب والتأهيل ضمن أسس ومفاهيم واضحة ومشاركة من المجتمع المحلي وتفعيل دوره الأهلي من أبناء المنطقة الواحدة، وتفعيل دور الوسائل الإعلامية المختلفة كالتلفزيون والراديو والصحف، والمشاركة الفعلية والمباشرة والتوجيه لأسر المعوقين والمجتمع إلى الأسلوب الأمثل لتقديم الخدمات للمعوقين وتأهيلهم، والعمل على توفير كافة الإمكانات المتاحة ضمن البيئة والدعم المتواصل بهدف الوصول إلى أفضل الحلول، وأن ننتقل إلى بدايات القرن الحادي والعشرون وفي ذهن الجميع أفراداً ومؤسسات إستراتيجية واضحة وشاملة ومفهومة الأسس والمعالم للعمل في ميدان المعوقين، لتمكينهم من المشاركة الكاملة في المجتمع كبقية أفراد المجتمع سعياً إلى تحقيق استقلاليتهم في العيش الكريم والاعتماد على النفس واستغلال قدراتهم وإمكاناتهم ليصبحوا أعضاء

نافعين وفاعلين لهم حقوقهم المتساوية مع الآخرين ومتحملين مسؤولياتهم وواجباتهم نحو المجتمع.

ومن هنا كان لزاما علينا في هذا المؤلف الجديد أن نجمل مجموعة من التوصيات والاقتراحات المستقبلية ونوجهها إلى كافة المؤسسات والأفراد والمسئولين وغيرهم بأن يتمعنوا النظر فيما سوف أورد من توصيات ومقترحات هامة ضمن المجالات التالية وهي:

أولاً: برنامج وطني للوقاية والكشف والتشخيص.

ثانياً: إعداد الهيئات وتدريبها.

ثالثاً: البرامج التعليمية والتدريبية والمناهج.

رابعاً: برنامج وطني للإرشاد والتوجيه والتثقيف الأسري.

خامساً: التأهيل المهني.

سادساً: التشغيل والتوظيف.

سابعاً: الأنظمة والتعليمات.

ثامناً: البرنامج الوطني لمسح المعوقين.

أولاً: برنامج وطني للوقاية والكشف والتشخيص:

بالرغم من التقدم الملحوظ والملموس في مجالات الطب والعلوم الحياتية والنفسية وتعدد الدراسات والبحوث للكشف عن أسرار وأسباب الإعاقة، فإن الجهود التي تقوم بها الدولة لوضع برامج جادة للوقاية والعلاج من مختلف أنواع الإعاقة ما زالت في حاجة إلى تفعيل أكثر ويمكن وضع آلية أو رؤية تتناسب والمرحلة القادمة التي سوف تشهد تطوراً في مجال الوقاية والكشف عن الإعاقة والتي يمكن أن نجملها في النقاط التالية:

1. إقامة مركز تشخيص وطني أو وحدات تشخيص متنقلة للكشف عن الإعاقات المبكرة تابعة لمركز الأمومة والطفولة حيث أن هذه المراكز مركز تجمع الأمهات الحوامل وحديثات الوضع والأطفال الرضع، مما يسهل عملية الكشف والإرشاد والتوجيه.

2. مواصلة تطعيم الأمهات الحوامل ضد الأمراض السارية ضمن ما يسمى برنامج التطعيم الوطني الشامل لأمراض الشلل والحصبة الألمانية وكذلك المطعوم الثلاثي والتي تشكل في مجملها أسباباً رئيسية للإعاقة.

3. وضع نظام للفحص الطبي قبل الزواج لمعرفة الأمراض عند كلا الزوجين، وفحص الدم وأية أمراض خلقية في الجسم، وإيجاد برامج توعية لحث المقبلين على الزواج للإقبال على الفحص قبل الزواج وخاصة في الأسر المتقاربة والتي سجلت فيها حالات الإعاقة التي يكون سببها المباشر الوراثة.

4. التثقيف والتوعية فيما يتعلق بالتغذية وتقديم المساعدة للحصول على الغذاء الملائم للأم والطفل.

5. وضع نظام للكشف المبكر والتدخل المبكر، من خلال توفير متخصصين في دراسة المواليد الجدد وإجراء الاختبارات على الرضع وتوفير الأجهزة الطبية المتطورة للكشف والتعرف على الإعاقات المختلفة.

6. بناء برامج الإرشاد الجيني وذلك من خلال الاتصال المباشر مع الأسرة وتقديم الخدمات الوقائية لمشاكل قد تحدث ناتجة عن خلل وراثي في الأسرة وهذا يحتاج إلى توفير مرشد جيني يكون ذا إطلاع على طبيعة الاضطرابات الوراثية والحقائق الطبية ونمط الوراثة ونسبة احتمالات حدوث الاضطرابات الوراثية.

7. بناء برامج للمحافظة على البيئة الجغرافية التي قد تكون حمايتها من التلوث وتأثيرها على حالات الحمل والولادة والأطفال الرضع بشكل قد يسبب نوع من الإعاقة، والعمل على إيجاد بيئة مناسبة وسليمة لنمو الطفل والوقاية من التلوث الذي قد يحد من حدوث الإعاقات.

8. برامج الوقاية من حوادث الطرق والإصابات والحوادث المنزلية من خلال تثقيف المجتمع والأسرة والحد من تأثيرها الواضح على زيادة الإعاقات مثل الإعاقة الحركية وإصابات أجزاء من الجسم.

9. اعتماد مركز وطني لبناء الاختبارات والمقاييس المعربة والمعدلة للبيئة الأردنية وأن يتبع هذا المركز لإحدى الجامعات الأردنية كمركز القياس في كلية العلوم التربوية بالجامعة الأردنية وتوفير جميع الاختبارات والمقاييس بهدف وضع أسس واضحة للكشف والتصنيف للأفراد المعوقين.

ثانياً: إعداد الهيئات وتدريبها:

لما للهيئات التدريسية والوظائف الإدارية والمهنية من أهمية في تدريب الأفراد المعوقين وتعليمهم وتأهيلهم ورعايتهم فقد حرصنا في هذا الكتاب أن نضع بعض الأمور الهامة والتوصيات المنطقية لتوفير هيئات تدريسية كافية وفاعلة للتعامل مع جميع فئات المعوقين من خلال النقاط التالية:

1. إيجاد نظام خاص بإجازة التعليم للمعلمين العاملين مع المعوقين والزام الملتحقين بالعمل مع المعوقين بالحصول على إجازة ممارسة المهنة وفقاً لشروط يتم تحديدها مسبقاً.

2. إيجاد مركز تدريب وتأهيل للمعلمين الغير متخصصين في مجال التربية

الخاصة من العاملين وزيادة خبرات المعلمين المتخصصين في التربية المستمرة وأن تشرف على هذا المركز مجموعة من الكفاءات من خلال لجنة ترأس هذا المركز يشمل كافة الجهات ذات العلاقة بالتربية الخاصة.

3. دعوة الجامعات الأردنية لفتح برامج متخصصة في شتى مجالات التربية الخاصة على مستوى البكالوريوس لمواكبة الزيادة المستمرة في إعداد المراكز والزيادة المستمرة في إعداد المعوقين وتخريج معلمين متخصصين مع كافة فئات الإعاقة للعمل في مراكز التربية الخاصة.

4. إجراء مزيد من الدراسات والبحوث المتخصصة في مجال الهيئات العاملة من حيث الوقوف على مدى تأهيل وفعالية وتدريب العاملين في مجال التدريب وإيجاد نظام متكامل أساسه الكفاية المهنية لمعلم التربية الخاصة.

5. إيجاد نظام وظيفي أو هيكلية تنظيمية موحدة لمراكز التربية الخاصة تشمل الوظائف الرئيسية في التربية الخاصة سواء الإدارية أو الفنية مما يؤدي إلى تنسيق أفضل وصورة واضحة ومنظومة سليمة.

6. إيجاد نظام لتأهيل وتدريب المعلمين المساعدين حيث يمكن أن يقدم هؤلاء مساعدات في مجالات مختلفة مثل التغذية والتدريب وتعديل السلوك وكتابة التقارير وغيرها من الأعمال.

7. العمل على توعية معلمين ومعلمات المدارس العامة من خلال إلقاء المحاضرات أو الدورات التدريبية أو تبادل الخبرات أو الانتداب للمدارس التي تعنى بالمعوقين أو من خلال نشرات تثقيفية وكتيبات خاصة للتعامل مع المعوقين وخاصة المرحلة القادمة سوف تشهد مزيد من دمج المعوقين مثل الصم والمكفوفين في المدارس العامة.

ثالثاً: البرامج التعليمية والتدريبية والمناهج:

حيث أن البرامج في حالة توسع مستمرة نظراً للتوسع في أعداد المراكز والمدارس والتطورات المتسارعة في مجال التربية الخاصة فإنه لا بد من إيجاد نوع جيد من البرامج ومحدد إضافة إلى وضع مناهج واضحة ومناسبة لفئات المعوقين، ويمكن التوصية في هذا المجال بما يلي:

1. إنشاء المزيد من دور الحضانة ورياض الأطفال للأطفال الصم والمكفوفين والمعوقين عقلياً ووضع منهاج خاص بمرحلة الروضة لتلك الفئات.
2. اعتماد مناهج التربية والتعليم فقط في مدارس الصم والمكفوفين، وتعديل هذه المناهج لما يتناسب مع قدرات هؤلاء الطلاب.
3. ضرورة إقامة ندوة وطنية أو مؤتمر وطني شامل ودعوة كافة الجهات ذات العلاقة بعنوان "دمج المعوقين في المدارس العامة" مطلب وطني يحقق جزءاً من متطلبات الفئات المحرومة في المجتمع ودمجها مع بقية أفراد المجتمع.
4. العمل على إيجاد منهاج موحد خاص بالمعوقين عقلياً يتم إعداده من قبل مختصين في التربية الخاصة وتشكيل لجنة عليا للمناهج والبرامج في مجال التربية الخاصة على المستوى الوطني وبمشاركة الجهات ذات العلاقة.
5. وضع نظام خاص للحركة والتنقل للمكفوفين لما له من أهمية كبيرة في حياة الكفيف.
6. إدخال أنظمة التعليم التكنولوجية "تكنولوجيا التعليم" في مدارس ومراكز التربية الخاصة كالحاسوب والتلفزيون التربوي وإيجاد نظام

خاص بذلك وتوفير الأجهزة المطلوبة والفنيين القادرين على العمل والمدربين على تلك الأجهزة بهدف تمكين المعوقين من استعمالها وتكييفها لتلاءم فئات الإعاقة لفتح أفاق جديدة لهم.

7. إيجاد نظام خاص ببرامج تعديل السلوك وحل المشكلات وبإشراف أفراد مدربين وأخصائيين في برامج تعديل السلوك.

8. توفير المواد المكتوبة والمطبوعة بطريقة "برايل" وخاصة الكتب والمناهج ذات العلاقة بالتدريس.

9. وضع نظام متكامل للتدريب السمعي والتدريب النطقي من خلال إنشاء وحدة التدريب السمعي والنطقي تكون مسئولة مسؤولية مباشرة عن التدريب السمعي واستعمال السماعات منذ لحظة اكتشاف الإعاقة السمعية عند الطفل والتدريب النطقي للطفل.

10. التوسع في مجال التدريب المهني ومراكز ومؤسسات التدريب المهني والمشاغل المحمية والتخطيط لإيجاد مشاريع لتشغيل المعوقين المتدربين.

رابعاً: برنامج وطني للإرشاد والتثقيف والتوجيه:

بما أن عملية الإرشاد والتثقيف والتوجيه مهمة سواء للأسرة أو المجتمع أو الفرد المعاق نفسه، فإن إيجاد برامج إرشادية مبنية على أسس عملية أصبح مطلباً أساسياً للتعامل مع هذه الفئات والأسر والمجتمع، فبقدر التثقيف والتوعية نستطيع الوصول إلى أفضل السبل لبناء تربية خاصة عصرية، وبذلك نستطيع أن نوجز أهم التوصيات في هذا المجال كما يلي:

1. إيجاد برنامج تدريب أسري موجه للأسرة والمجتمع يتم من خلاله تدريب وتوعية وتثقيف الأسرة من خلال عقد الدورات التدريبية إلقاء

المحاضرات وإقامة الندوات، والوصول إلى الأسرة وتدريبها في المنزل على كيفية التعامل مع الفرد المعاق.

2. إعداد النشرات والكتب والمقالات الموجهة للمجتمع والأسر والمربين والعاملين في مجال التربية الخاصة وإمكانية استفادة الأفراد المعوقين سواء في المدرسة أو سوف العمل أو في المجتمع ضمن قدراته وإمكاناته.

3. تفعيل دور الإعلام المركزي من تلفزيون وراديو وصحافة ومؤسسات إعلام ومراكز إعلام متخصصة في مجالات التربية الخاصة وحثها على الإرشاد والتوجيه والتثقيف من خلال برامج عملية مدروسة ويتم تعميمها بصورة ملائمة ونافعة للأسر والمجتمع.

4. تفعيل دور الأسر والمجتمع المحلي من خلال مجالس الآباء ومجالس المجتمعات المحلية وجمعيات رعاية المعوقين وجمعية أهالي أصدقاء المعوقين.

5. التوسع في توفير خدمات التوجيه والإرشاد التربوي والنفسي والمهني والاجتماعي للطلبة وأسرهم في المراكز وتوفير الأخصائيين القادرين على القيام بعملية الإرشاد والتوجيه في مجال التربية الخاصة ونشرهم في شتى المواقع ودعمهم بالتقنيات الخاصة والمساعدة لتقديم البرامج الإرشادية.

6. إحداث وحدة إرشاد أسري متنقلة في كافة أنحاء المملكة تقدم الخدمات والاستشارات النفسية للأسرة وأفرادها في كيفية العمل مع الفرد المعاق.

7. إيجاد نظام خاص يسمح بفتح مراكز الإرشاد في التربية الخاصة أهلية تطوعية في كافة أنحاء المملكة بهدف تدريب وإرشاد الأسر والمجتمع.

خامساً: التأهيل المهني:

حيث أن الخطوة الأولى هي التربية الخاصة والخطوة التي تليها هي التأهيل فقد تم إبلاء موضوع التأهيل العناية الخاصة لما له من أهمية في إكساب الفرد المعوق مهنة يستطيع من خلالها العمل في السوق ونورد هنا التوصيات التالية:

1. التوسع في برامج التهيئة المهنية والارتقاء بمستوى المؤسسات والمراكز.

2. التوسع في إنشاء مراكز التأهيل المهني في المحافظات مع التركيز على التأهيل الزراعي والانتقال المدروس والمنظم من المهن التدريبية التقليدية إلى البرامج التدريبية التي تواكب احتياجات السوق المستقبلية وتتوائم مع المستجدات الاقتصادية والاجتماعية والتي تتطلب دورات قصيرة المدى والتركيز على برامج تجزئة المهن القائمة حالياً.

3. إيجاد مشاريع انتاجية وتأهيلية موجهة للمعوقين أما جماعياً على شكل مشاغل محمية أو تأهيل فردي ضمن الأسرة والمجتمع المحلي.

4. إعداد نموذج مناسب وعصري للتأهيل المهني الشامل من قبل الجهات التي لها علاقة بالمعوقين مثل وزارة الصحة والعمل ومؤسسة التدريب المهني بالإضافة إلى وزارة التربية والتعليم والتنمية الاجتماعية والجامعات الأردنية وصندوق الملكة علياء للعمل الاجتماعي التطوعي والاتحاد العام للجمعيات الخيرية.

5. إيجاد نظام معين للتقييم المهني والتوجيه المهني والإرشاد المهني ليكون الاختيار المناسب للمهنة المناسبة عند الالتحاق بالمراكز الخاصة بالتدريب المهني.

6. ابتكار مشاريع تأهيلية جديدة موجهة للمعاقين لمساعدتهم على إيجاد فرص عمل ذاتية.

سادساً: التشغيل والتوظيف للمعوقين:

وحيث أن تشغيل المعوقين أصبح في حكم القانون الخاص برعاية المعوقين رقم (12) لسنة 1993م وقانون الأشخاص المعوقين رقم (3) لسنة 2007 وقانون ملزماً لكافة المؤسسات بنسبة 2% من عدد الأفراد العاملين في أي مؤسسة وللأهمية البالغة في مساعدة المعوق للحصول على فرصة عمل في السوق ودمجه في الحياة العملية وسوق العمل فلا بد من وضع مجموعة من التوصيات الداعية إلى مزيد من العمل مع المعوقين كما يلي:

1. العمل على إلزام المؤسسات والشركات الوطنية تشغيل النسبة المحددة في قانون رعاية المعوقين من الأفراد القادرين على العمل في المهنة المحددة.

2. العمل على إفساح المجال أما أكبر قدر من المعوقين للمساهمة في التنمية والمشاركة الفعلية في العمل الاجتماعي والانخراط في سوق العمل وخطط التنمية لشعورهم بأنهم أعضاء ذو قيمة في المجتمع.

3. تشجيع المعوقين على إنشاء الجمعيات التعاونية التي يستطيعون إدارتها بأنفسهم والعمل من خلالها بمساعدة الجمعيات الخيرية وتبني برامج التدريب والتأهيل المهني المختلفة.

4. محاولة الحد من البطالة الموجودة بين المعوقين وإيجاد الفرص المناسبة لهم.

سابعاً: الأنظمة والتعليمات:

أن وجود أنظمة وتعليمات تنطلق من قانون رعاية المعوقين رقم (12) لسنة (1993م) وقانون رقم (31) لسنة 2007 أصبحت ضرورة للانطلاق إلى تنظيم التربية الخاصة وهذا يتأتي من خلال الدعوة إلى تطوير وتحديث التشريعات والأنظمة وشروط ترخيص المؤسسات والمراكز لتواكب عملية التطور المستمرة

لفئات التربية الخاصة، وإصدار لوائح خاصة بجميع الأمور ذات العلاقة بالمعوقين مثل الأمور الإدارية والمالية والقبول في المراكز والامتحانات المدرسية وأنظمة الدوام المدرسي والعطل والغياب والانضباط المدرسي وغيرها من التعليمات الضرورية.

ثامناً: البرنامج الوطني لمسح المعوقين:

لما للإحصاءات من أهمية في حياة المجتمعات وتحديد أعداد السكان، فقد كان الاهتمام بموضوع إحصاء المعوقين محور اهتمام المؤسسات الوطنية بهدف توفير أرقام إحصائية دقيقة عن المعوقين وفئاتهم وأعدادهم وأن يتم فتح سجل وطني تشرف عليه الدوائر المعنية بالمعوقين مثل وزارة الصحة ووزارة التنمية الاجتماعية ودائرة الإحصاءات العامة. والدعوة إلى اتخاذ إجراءات عملية لتنفيذ عملية إحصاء المعوقين.

إضافة إلى وضع برنامج زمني لاستيعاب المعوقين الصغار في المراكز بحيث يتم خلال عشر سنوات استيعاب أكبر عدد ممكن من المعوقين.

تاسعاً: الدمج أينما كان :

أن دمج المعوقين في المجتمع مطلب أساسي في التربية الخاصة حيث أن عملية الدمج تؤدي إلى تقبل المجتمع للإنسان المعوق سواء في المدرسة أو العمل أو المجتمع، من الصم والمكفوفين والمعوقين حركياً في المدارس العامة وتهيئة الغرف الصفية المناسبة والهيئات التدريسية للتعامل مع هذه الفئات، وأن تتولى جميع الجهات المشرفة على المراكز والمؤسسات التنسيق والتعاون فيما بينها لإنجاح هذه التجربة لضمان استفادة الطفل المعاق من المدرسة ضمن قدراته وطاقاته.

عاشراً: برنامج وطني للهندسة التأهيلية والتعويضية للمعوقين:

والتي تتطلب إعداد تصاميم للوسائل والأدوات والأجهزة التي يحتاجها المعوقين سواء لحمايتهم اودعمهم ومساندتهم أو الحد من تضاعف إعاقتهم أو أداء وظائفهم الحياتية مما يحقق لهم الاندماج وسهولة الحركة والتنقل والعمل والمشاركة الفاعلة مع مجتمعهم معتمدين على أنفسهم وتوفير وتصنيع تلك المعينات من خلال مراكز متخصصة في هندسة التأهيل تضم المختصين والفريق المناسب لعمل الأجهزة والأدوات والتدريب عليها.

أن كل ما سبق من توصيات وبنظرة مستقبلية فاحصة لمتطلبات نحن أحوج ما نكون إليها في سبيل تفعيل وتحديث ميدان التربية الخاصة تحتاج لجهود حثيثة من جميع الأفراد والمؤسسات على المستوى الرسمي وغير الرسمي من أجل بناء منظومة متكاملة للوصول إلى تربية خاصة عصرية تتلاءم مع المرحلة القادمة.

وآمل أن أكون قد وفقت في صياغة التوصيات بأسلوب يستطيع من خلاله الباحث والقارئ والمختص أن يأخذ الصور المثلى في تصوراته تجاه مستقبل التربية الخاصة لأخذها بعين الاعتبار في التخطيط للمستقبل.

نموذج بناء إستراتيجية وطنية للتربية الخاصة في الاردن

مقدمة:

تعتبر الإعاقة قضية على درجة عالية من الأهمية ليس في الأردن فحسب بل في جميع أقطار العالم، وتعود أهميتها إلى أنها تشكل نسبة لا بأس بها من مجموع السكان والتي تقدر بـ(10%) لقد قطع العالم شوطاً كبيراً في إيجاد الوسائل والسبل الكفيلة بمواجهة مشكلة الإعاقة، ورغم التقدم الذي حصل في

العشرين سنة الماضية، إلا أن هناك الكثير من الأنشطة والفعاليات التي هي قيد الدراسة والبحث والتطبيق.

ويعتبر الأردن من الدول التي قطعت شوطاً مناسباً في رسم الخطط ووضع البرامج للتعامل مع مشكلة الإعاقة والاحتياجات الخاصة للمعوقين، بالمقارنة مع غيرها من دول المنطقة، أي أن هذا الأمر لا يجب أن يغنينا عن التفكير في برنامج وطني شامل ومتكامل يأخذ بعين الاعتبار كافة القضايا والحاجات والبرامج المتعلقة بالمعوقين ومتطلباتهم، من هنا تأتي أهمية وضع استراتيجية وطنية تشمل كافة المتطلبات والاحتياجات للفرد المعوق وأسرته وللمجتمع ككل.

إن مشكلة الإعاقة ليست مشكلة فردية تؤثر على المعوق ذاته فقط بل هي مشكلة مجتمعية تؤثر على أسرة المعوق بشكل خاص، وعلى المجتمع بشكل عام.

ورغم قناعتنا بأهمية وضرورة وضع استراتيجية وطنية شاملة ومتكاملة لمشكلة الإعاقة في الأردن، إلا أن الأمر لا يجب أن يكون مجرد حبراً على ورق بل إن الأمر يقتضي إحداث التعديلات اللازمة على هيكلة مديرية التربية الخاصة وأقسامها وأساليب عملها والكادر العامل فيها سواء في وزارة التنمية الاجتماعية أو وزارة التربية والتعليم أو المجلس الأعلى للأشخاص المعوقين أو غيرها من المؤسسات المهمة بالإعاقة والمعوقين.

من هنا لا بد أن أن نتقدم بخطة عمل التي تحدد أولاً أبعاد وأهداف وبرامج الاستراتيجية الوطنية المقترحة، ونظرتنا إلى التعديلات اللازمة على مديرية التربية الخاصة ودورها وأقسامها حتى تتمكن من تحقيق متطلبات هذه الاستراتيجية.

تعتبر مشكلة الإعاقة في الأردن بل وفي كافة أقطار العالم من المشكلات المعقدة والكبيرة التي تحتاج إلى جهود كبيرة جداً لمواجهتها.

تشكل حجم مشكلة الإعاقة نسبة (10%) من مجموع السكان بناءً على تقديرات منظمة الصحة العالمية، وتختلف هذه النسبة من مجتمع لآخر بحيث تقل أو تزيد في ضوء المستوى الثقافي والاجتماعي والاقتصادي.

ولو حاولنا أن نحصر نسبة الإعاقة في الأردن باستخدام نفس المعادلة لوجدنا أن هناك ما يعادل (400.000) أربعمائة ألف حالةبحاجة إلى الخدمات المختلفة.

وتجدر الإشارة إلى أن الإعاقة ليست مشكلة تؤثر على الفرد المعوق بعينه بل هي مشكلة تؤثر على أسرة المعوق بشكل خاص وعلى المجتمع بشكل عام.

ومن هذا المنطلق يمكننا القول بأن علينا اعتبار هذه المشكلة مساوية لمشكلتي الفقر والبطالة، ويجب علينا أن ننتبه لها ونضع السياسات والاستراتيجيات الخاصة لمواجهتها.

متطلبات مواجهة مشكلة الإعاقة:

عند الحديث عن المتطلبات، لا بد لنا من تحديد المجالات التي يجب العمل من خلالها، وهي:

1. في مجال المعلومات والبيانات Information.
2. في مجال الوقاية والتثقيف Prevention.
3. في مجال الكشف التدخل المبكر Screning and Early Intervention out-Reach
4. في مجال التشخيص والتقييم Assessment and Diagnosis.

5. في مجال التأهيل والتدريب والتعليم & Rehabilitation and Training
Education.

6. في مجال التوجيه والتدريب الأسري Family Training and Counseling.

7. في مجال التأهيل المجتمعي Community Based Rehabilitation.

8. في مجال الدمج وتعديل الاتجاهات المجتمعية Community Attitudes and
Integration.

9. في مجال تأهيل وتدريب الكوادر Professional Training.

الفصل الأول: المعلومات

الأهداف:

1. توفير المعلومات الحقيقية عن حجم مشكلة الإعاقة في الأردن.

2. توفير نظام معلوماتي شامل بهدف التوعية الجماهيرية لمشكلة الإعاقة وطرق
الوقاية وأساليب التعامل مع المعوقين.

3. إجراء الدراسات والبحوث المتعلقة بالإعاقة والمعوقين.

الإجراءات:

1. توفير أو تأسيس مركز للمعلومات والدراسات وابحاث الإعاقة.

2. صرف بطاقة شخصية للمعوقين.

3. القيام بالدراسات والمسوحات للوقوف على حجم مشكلة الإعاقة في الأردن.

4. توفير معلومات إرشادية وتوجيهية متعددة الأغراض لتوعية المواطنين

وأهالي المعوقين فيما يتعلق بالوقاية من الإعاقة وأساليب التعامل مع الأفراد المعوقين.

5. بناء قاعدة معلومات وبيانات دقيقة وواضحة عن المؤسسات والبرامج والخدمات المقدمة للمعوقين في المملكة.

الفصل الثاني: الوقاية من الإعاقة

الأهداف:

1. التخفيف من حجم مشكلة الإعاقة ما أمكن.

2. التخفيف من النتائج السلبية المترتبة على الإعاقة.

الإجراءات:

1. وضع خطة وطنية شاملة للوقاية من الإعاقة بالتعاون والتنسيق مع جميع الوزارات والهيئات ذات العلاقة.

2. تنفيذ برامج توعية صحية وإرشاد اجتماعي خصوصاً في المناطق الرئيسية.

3. تشكيل لجنة وطنية للوقاية من الإعاقة تقوم بوضع السياسات والخطط والبرامج المناسبة للوقاية من الإعاقة.

4. استخدام وسائل الإعلام وفق خطة مدروسة لإثارة الوعي الجماهيري حول مشكلة الإعاقة ومواجهة الأسباب المؤدية لها.

5. إنشاء مركز وطني للفحص والإرشاد الجيني.

6. تفعيل قانون الفحص الطبي قبل الزواج.

الفصل الثالث: التدخل المبكر

الأهداف:

1. الكشف المبكر عن حالات الإعاقة الظاهرة أو الحالات المعرضة لخر الإعاقة.

2. تحويل الحالات إلى فريق متخصص في مجال التوجيه والإرشاد الأسري حال اكتشاف الإعاقة.

3. تقديم برامج التدريب المبكر من خلال مراكز ومؤسسات متخصصة.

الإجراءات:

1. إنشاء وحدات تسجيل في المستشفيات يتم من خلالها تسجيل الحالات التي يتم اكتشافها.

2. تتولى وزارة التنمية تشكيل إدارة خاصة بالتوجيه والإرشاد الأسري تقوم على توعية وإرشاد الأسر إلى كافة المعلومات التي يحتاجونها.

3. تعزيز تنظيم برامج التدخل المبكر من خلال إنشاء مراكز خاصة.

الفصل الرابع: التشخيص والتقييم

الأهداف:

تهدف عملية التشخيص إلى:

1. إصدار قرار يوضح نوع الإعاقة ودرجتها.

2. تحديد طبيعة البرامج التأهيلية المناسبة لكل حالة على انفراد.

3. تحديد الاحتياجات التربوية الخاصة للفرد المعوق.

الإجراءات:

1. تفعيل وتطوير مركز التشخيص الوطني للإعاقات من خلال تزويده بالكوادر المتخصصة.

2. بناء المقاييس والاختبارات الضرورية والمناسبة للبيئة الأردنية.

3. العمل على التزود بالمقاييس والاختبارات العالمية المعتمدة وتطبيقها وتطويرها بما يناسب البيئة الأردنية.

4. استحداث فروع للمركز الوطني للتشخيص في مواقع مختلفة من المملكة لتسهيل مهمة المواطنين وتجنيبهم مشقة الحضور إلى مركز العاصمة للحصول على وثيقة التشخيص.

5. اعتماد قرار التشخيص الصادر عن المركز الوطني لأغراض الحصول على كافة البرامج والخدمات التي يحتاجها المعوقون وأسرهم.

6. العمل على توفير لجان تقييم في كافة المراكز والمدارس وتدريبها للقيام بما يلي:

- تقييم قدرات كل طفل يحول إليها.

- تحديد البرنامج المناسب للطفل.

- متابعة نمو الطفل وتطورها خلال مرحلة تأهيله.

الفصل الخامس: التأهيل والتدريب والتعليم

الأهداف:

1. تهدف عمليات التأهيل والتدريب والتعليم إلى رفع مستوى قدرات الفرد المعوق إلى أقصى مستوى ممكن.

2. إيجاد فرص العمل المناسبة للمعوق وفقاً لقدراته وبرنامج التأهيل وفرص العمل المتوفرة في المجتمع.

3. دمج المعوق في المجتمع.

4. تأهيل المعوق سعياً للاستقلال الاجتماعي والاقتصادي.

الإجراءات:

1. تطوير مستوى البرامج والخدمات المقدمة في هذه الحالات.

2. تطوير مستوى أداء العاملين في المراكز والمدارس العاملة في المجال.

3. إعادة دراسة الأسس والسياسات والاستراتيجيات الخاصة بعمل هذه المراكز بطريقة تكفل تحقيق الأهداف التي أنشأت من أجلها.

4. التوسع في فتح المراكز والمؤسسات لتصل إلى أكبر عدد ممكن من المعوقين في مختلف مناطق المملكة.

5. توثيق العلاقة بين المراكز وبين أسر المعوقين والمجتمع المحلي.

6. العمل على تسجيل ونشر الخبرات والتجارب الإيجابية الناجحة وتعميمها على مختلف المراكز بهدف تبادل الخبرات والتجارب.

الفصل السادس: التوجيه والتدريب الأسري

تعتبر الأسرة المؤسسة الاجتماعية الأولى في حياة الفرد، ومن خلالها يتم تشكيل شخصية الفرد وتزويدها بالقيم والعادات والتقاليد.

لذلك فإن هناك ضرةر ملحة لتشجيع الأسر على أداء دورها تجاه طفلها المعوق بنفس المستوى الذي تؤديه لطفلها غير المعوق.

ولا بد من الإشارة هنا إلى أهمية التوجيه والتدريب الأسري كعملية تكاملية لدور المؤسسة أو المركز أو المدرسة وللوصول بالفرد المعوق إلى أقسى قدراته وطاقاته.

الأهداف:

1. تشجيع الأسر على أداء دورها المطلوب تجاه طفلها المعوق بنفس المستوى الذي تقدمه تجاه طفلها غير المعوق.

2. إرشاد أسر المعوقين والتخفيف من المشاكل والصعوبات النفسية والاجتماعية التي تعاني منها الأسرة.

3. تدريب أساليب المعوقين على أساليب وطرق تنشئة المعوق.

الإجراءات:

1. توفير مراكز للإرشاد والتوجيه الأسري.

2. تفعيل دور الأخصائي الاجتماعي في مراكز التربية الخاصة لزيادة التواصل مع الأسر.

3. وضع خطط وبرامج مناسبة لتدريب الأسر وتطوير قدراتها في التعامل مع طفلها المعوق.

4. العمل على تشكيل لجان من أسر المعوقين تكون مدربة وقادرة على تدريب أسر أخرى في المجتمع.

5. التركيز على وضع برامج لتدريب أسر الأطفال المعوقين المسجلين على قوائم الانتظار في المركز والمؤسسات كخطوة تمهيدية لتسهيل مهمة دخولهم إلى تلك المراكز.

6. العمل على توفير النشرات والكتب التي تقدم للأسر المعلومات وتزويدهم بالمهارات اللازمة للتعامل مع طفلهم المعاق حسب نوع الإعاقة.

الفصل السابع: التأهيل في المجتمع المحلي

الهدف الرئيسي للتأهيل المجتمعي هو ضمان قدرة المعوقين على الوصول بما

يتوفر لديهم من إمكانيات وقدرات إلى أقصى مستوى ممكن والانتفاع بالخدمات والفرص المتاحة لكافة أفراد المجتمع بشكل اعتيادي وتمكينهم من الاندماج بالمجتمع.

ويجب أن ينظر إلى التأهيل المجتمعي كعنصر من عناصر السياسة الاجتماعية كما ينظر إلى حقوق المعوقين في الحياة في مجتمعاتهم المحلية والتمتع بكافة الفرص المتاحة لأي فرد آخر في المجتمع، وبنفس المستوى والمشاركة الكاملة في كافة الأنشطة والفعاليات الاجتماعية والثقافية والتعليمية والدينية والاقتصادية والسياسية.

الأهداف:

1. ضمان توفير فرص وصول الفرد المعوق إلى أقصى ما تسمح به قدراته.

2. الاستغلال الأمثل للموارد المتاحة في المجتمع المحلي لخدمة الأفراد المعوقين.

3. تعزيز فرص الاندماج المجتمعي وحقوق المعوقين في الحياة في مجتمعهم والمشاركة في الأنشطة والفعاليات الاجتماعية والتعاونية والتعليمية والدينية والاقتصادية والسياسية بنفس مستوى مشاركة أفراد المجتمع الآخري.

الإجراءات:

1. اعتماد مراكز التنمية الاجتماعية الحكومية والأهلية كمراكز تأهيل مجتمعي للأفراد المعوقين.

2. تشكيل لجان محلية للتأهيل المجتمعي من أفراد المجتمع المحلي.

3. تأمين الكوادر الفنية المتخصصة في برامج التأهيل المجتمعي، والتي تتكون من:

. مشرف تأهيل.

. أخصائي اجتماعي.

. أخصائي علاج طبيعي أو علاج لفظي أو علاج وظيفي.

. أخصائي تربية خاصة.

4. تشجيع المواطنين على العمل التطوعي في مراكز التأهيل المجتمعي وتدريبهم.

5. الاستغلال الأمثل للموارد البيئة المحلية وتوظيفها لخدمة المعوقين.

6. العمل على توفير وتعديل البيئة لتناسب حاجة الفرد المعوق، وتوفر له متطلبات التنقل والحركة.

7. العمل على توفير برامج إرشاد وتوجيه أسري وتدريب القادرين من الأسر على تقديم المساعدة للأفراد المعوقين.

8. العمل على إجراء الدراسات والبحوث لكافة حالات الإعاقة في المجتمع المحلي ووضع البرامج المناسبة لاحتياجاتهم الخاصة.

9. العمل على وضع الخطط والبرامج المناسبة للوقاية من الإعاقة بالتعاون مع كافة الجهان المعنية في المجتمع المحلي.

الفصل الثامن: الدمج وتعديل الاتجاهات

إن أقصى ما يجب أن تصل إليه خدمات وبرامج التربية الخاصة هو دمج المعوق في كافة فعاليات المجتمع من تعليم وفرص عمل الحياة الصحية والاجتماعية السليمة، وحتى يتم هذا العمل لا بد من العمل على تغيير وتعديل في الاتجاهات المجتمعية من أجل ضمانة تقبل المعوق كعضو فاعل في

المجتمع، وليس كعضو عالة على المجتمع.

الأهداف:

1. تعديل الاتجاهات المجتمعية نحو الأفراد المعوقين وقدراتهم.

2. تطوير اتجاهات إيجابية نحو الأفراد المعوقين وخلق جو من التقبل.

3. توفير فرص مشــاركة الفرد في كافة الأنشطـة والفعــاليات في المجتمـع.

الإجراءات:

1. تأهيل وتدريب الأفراد المعوقين وفقاً لقدراتهم.

2. العمل على نشر الوعي الثقافي والاجتماعي في المجتمع لإبراز الجانب الإيجابي في حياة المعوقين وقدراتهم وعدم التركيز على العجز.

3. توفير كافة التسهيلات البيئية لتمكين المعوق من الوصول إلى جميع المرافق المجتمعية بدون إعاقة.

4. إجراء الدراسات والبحوث الاجتماعية في مجال دمج المعوقين وفي مجال اتجاهات الناس نحو المعوقين والاستفادة منها في وضع الخطط والاستراتيجيات المناسبة نحوها.

5. تفعيل القوانين والأنظمة التي تساعد الفرد المعوق على الاندماج في المجتمع كقوانين التعليم والصحة والعمل، وغيرها.

الفصل التاسع: تأهيل وتدريب الكوادر

إن تأهيل الكوادر اللازمة للعمل مع المعوقين مسؤولية وطنية لازمة لتحقيق

265

أبعاد الاستراتيجية وعلى الدولة وكافة المؤسسات الأهلية والخاصة التعاون من أجل توفير جميع الاختصاصات اللازمة للعمل مع المعوقين من خلال برامج تأهيل مناسبة سواء برامج إعداد وتأهيل ما قبل الخدمة ((Pre-Service أو برامج التدريب أثناء الخدمة ((In-Service.

ويحتاج ميدان التربية الخاصة إلى أنواع كثيرة من الاختصاصات، منها:

1. أخصائيين في التربية الخاصة على مستوى الشهادة الجامعية الأولى والثانية.

2. معلمي تربية خاصة على مستوى الشهادة الجامعية الأولى.

3. مساعد معلم تربية خاصة على مستوى الدبلوم المتوسط.

4. أخصائييون اجتماعييون.

5. أخصائيون في العلاج الطبيعي.

6. أخصائيون في العلاج وظيفي.

7. أخصائيون قياس وتشخيص السمع والنطق.

8. أخصائيون في العلاج نطقي.

9. أخصائيون نفسيانيون.

10. أخصائيون في علم نفس المعوقين.

11. أخصائيون في علم النفس التطوري للطفولة.

12. ممرضون مختصون للعمل مع المعوقين.

13. أخصائييون في التشخيص والقياس والتقويم.

14. إضافة إلى الاختصاصات الطبية المناسبة.

الأهداف:

1. توفير كافة الاختصاصات اللازمة للعمل مع المعوقين.

2. توفير برامج التأهيل المناسبة في مختلف المستويات التعليمية.

3. توفير برامج التدريب المناسبة للعاملين في مجال التربية الخاصة لتطوير ورفع مستوى أدائهم ومهاراتهم باستمرار.

الإجراءات:

1. تشجيع الكليات المتوسطة والجامعات لفتح التخصصات اللازمة للعمل مع المعوقين.

2. إعداد برامج للدريب أثناء الخدمة على المستويين القصيرة والطويلة حسب حاجة المؤسسات.

3. توفير البعثات والمنح الدراسية اللازمة لإعداد الكوادر المطلوبة وغير المتوفرة في المملكة.

4. فتح وتوسيع فرص العمل المناسبة لجميع الاختصاصات التي تلزم للعمل مع المعوقين.

5. توفير الحوافز والامتيازات التي تعمل على جذب المختصين للعمل في مراكز المعوقين لرفع مستوى العمل فيها، وضمان عدم هجرة هذه الاختصاصات خارج المملكة.

إن نظرة فاحصة وتقييمية لخدمات برامج التربية الخاصة في الأردن والتي تشرف عليها مديرية التربية الخاصة بالتعاون مع جهات أخرى تؤكد بأن هنالك ضرورة ماسة إلى إعادة النظر في برنامج وسياسة عمل هذه المديرية لوضعها في الإطار الذي يجب أن تكون فيه، ولا يعني هذا الكلام أي انتقاص من قدرة من

سبق وعمل في هذه المديرية بل هو نظرة واقعية وموضوعية وحاجة لمسايرة التطور الكبير الذي حصل في هذا المجال.

ولا بد لنا أن نشير في هذا المجال إلى أن آخر مؤتمر عالمي عقد في سالامانكا بأسبانيا عام (1994) في مجال التربية الخاصة صدر عنه ما يسمى بالقواعد الموحدة لتكافؤ الفرص، إضافة إلى الاتفاقية الدولية لحقوق الأشخاص المعوقين وقد أصبح العالم الآن يتكلم عن المساواة وتكافؤ الفرص بين المعوقين وباقي أفراد المجتمع، وكذلك الدمج المجتمعي والتأهيل المبني على المجتمع المحلي، وأصبحت هذه المبادئ الثلاث هي السياسة الموجهة لبرامج التربية الخاصة في العالم.

وإذا سألنا أنفسنا أين نحن الآن من هذه التوجهات نستطيع أن نلتمس البعد والفارق الزمني بين ما وصل إليه العالم وبين ما نحن عليه الآن.

لكن لا بد لنا أن نقول بالمقابل بأن الأردن ورغم محدودية الموارد والإمكانيات فإن ما يقدمه من برامج وخدمات للأشخاص المعوقين يعتبر إنجازاً يستحق الثناء، وهو مقارنة مع باقي الدول النامية من أكثر الدول تقدماً، وهذا توج بتسلم جلالة الملك عبد الثاني جائزة دولية رفيعة في المجال.

لكن الرغبة في التطور والتحسين تدفعنا دائماً لأن ننهض بهذا البلد نحو أفضل المراتب والمواقع ليكون بين الدول الأكثر تقدماً بما في ذلك التقدم الكبير الذي يشهده الأردن في المجالات والميادين الأخرى.

أما بخصوص مدارس ومراكز وزارة التربية والتعليم تخضع للشروط الصادرة عن وزارة التربية والتعليم والمعمول بها حالياً.

8

الفصل الثامن

نماذج من خطط وبرامج تعليم وتدريب الأطفال المعوقين في الأردن

لمواكبة التطور تنبه المشرفون والمختصون في إدارة التربية الخاصة من جامعات ووزارات ومؤسسات ومراكز إلى ضرورة توفير المناهج والبرامج والخطط المميزة لتعليم وتدريب الاثني من المعوقين من الفئات عاقة، وقد ظهرت وأقرت مجموعة من تلك البرامج والخطط في الأردن ثم تطويرها على يد خبراء ومختصين ويمكن توضيحها على النحو التالي:

أولا:الخطة التربوية الفردية (Individualized Educational plan (IEP

ثانيا: الخطة التعليمية الفردية Individualized Intervention Planl IIP

نظرا لزيادة الاهتمام بالخدمات التربوية المقدمة للأطفال المعوقين في القرن العشرين فقد بدأ التركيز على الخطة التربوية الفردية استنادا للقانون العام 142/94والذي صدر في أمريكا وبمقتضى هذا القانون تم استبدال كافة الأساليب القديمة في مجال التربية الخاصة وأصبح للمعاقين حقهم في التعليم والتدريب وفعالية الأساليب المستخدمة ومدى التحسن الذي يطرأ عليه ومستوى الأداء المتوقع كما توضح لنا الخطة التربوية أيضا مستوى الطفل بين أقرانه.

أما الخطة التعليمية الفردية فتعتمد على أسلوب تحليل الأهداف التعليمية إلى أهداف فرعية تساعد المعلم في الوصول إلى الأهداف المراد تحقيقها بأقل وقت وبشكل مناسب.

ثانيا:تعريف الخطة التربوية الفردية:

هناك عدة تعريفات للخطة التربوية الفردية تتفق في مضمونها بما جاء في القانون العام

142/94 وعلى سبيل المثال يعرفها ويسل (Wessel) بأنها "مخطط هادف لتعليم التلاميذ ،يشمل ما يتطلبه هذا التعليم من أدوات ومستلزمات محدده واستخدام النشاطات والحاجات اللازمة ". وقد عرفها هنلي(Henley)بأنها "عبارة عن بيان كتابي للبرنامج التربوي لكل طفل معاق بحيث تشمل مستوى الأداء الحالي والأساليب المستخدمة" وقد عرفها استيوارت (Stewart) بأنها "بيان للأهداف البعيدة المدى والأهداف القصيرة المدى والوسائل التعليمية المستخدمة لتلبية حاجات التلاميذ المعوقين".

كما عرف الروسان (1989)الخطة التربوية الفردية بأنها:

" الخطة التي صممت بشكل خاص لطفل معين تمكنه من سد حاجاته التربوية وتشمل الأهداف المتوقع تحقيقها وفقا لمعايير معينة في فترة معينة محدده وتعد هذه الخطة لجنة مكونة من مدير مركز التربية الخاصة ومعلمة الطفل المعوق وولي أمره وممثل عن مديرية التربية الخاصة والأخصائي النفسي في المركز وأي شخص آخر أو لعلاقة بالموضوع ومن مهام هذه اللجنة متابعة ما جاء فيها من أهداف وتقييمها في بداية كل شهرأو فصل دراسي".

ثالثا: مكونات الخطة التربوية الفردية:

تتضمن الخطة التربوية الفردية عدة جوانب أهمها:-

- وصف مستوى الأداء التربوي الحالي للطفل:-

ولتوضيح ذلك تم طرح عدة أسئلة منها:-

1. ما هي العلاقة بين مستوى الأداء التربوي الحالي وحاجات الطلبة؟

يفيدنا التقرير في مستوى أداء الطفل التربوي الحالي في رسم صورة واضحة عن قدرات الطفل الحالية وتحديد احتياجاته للتعليم وأهم من ذلك أنه يطلعنا

على مدى التحسن عند الطفل في نهاية مدة معينة، ويتم تحديد أداء الطفل الحالي من قبل اللجنة.

2. ما هي محتويات التقرير في أداء الطفل التربوي الحالي يشتمل على:-

التحصيل الأكاديمي، القدرة العقلية، مهارات التهيئة المهنية، التكيف الاجتماعي والانفعالي، مهارات الحياة اليومية، مهارات حركية، القدرة الاتصالية، معلومات طبية.

3. كيف يرتبط مستوى الأداء التربوي الحالي مع جوانب الخطة الأخرى؟

هناك علاقة مباشرة وواضحة بين مستوى الأداء التربوي الحالي وأي عنصر آخر في الخطة التربوية الفردية فمثلا إذا أشار التقرير إلى وجود مشكلة لدى الطفل في مهارة القراءة كصعوبة اللفظ أو النطق فهذه المشكلة تؤخذ بعين الاعتبار في صياغة جميع الأهداف الخاصة في الخطة وكذلك الخدمات المقدمة للطفل في منهاجه

وصف أو تقرير عن الأهداف العامة والأهداف قصيرة المدى:-

هناك مجموعة من الأسئلة تتعلق بهذه النقطة أهمها:-

1) ما هو الهدف العام ؟

يعرف الهدف العام على أنه تعبير عام يوضح التحصيل المتوقع من الطفل خلال مدة زمنية معينة كسنة دراسية وأن يتضح من الهدف الناتج التعليمي الذي يمكن قياسه.

2) ما هو الأداء المستهدف؟

هو السلوك المعبر عنه في الخطة التربوية الفردية والموضح في الأهداف

القصيرة المدى ويقترح أن يتم تحديد السلوك المستهدف على اعتبار أنه جزء من الخطة التربوية ضمن الشروط التالية:

- الشخص الذي سيقوم فيه

- السلوك الذي سيظهر

- السلوك النهائي

- الوقت اللازم لتعلم السلك

- الوسائل والأساليب المستخدمة لتعلم السلوك وطرق قياسه

- تحديد معيار النجاح

3. هل يكتب الهدف العام والأهداف القصيرة المدى في الخطة لتوضيح خدمات وبرامج تربوية خاصة أو برامج تعليمية عامة أو كلاهما؟

تركز الخطة التربوية الفردية على التوازن بين إعاقة الفرد والبرامج التربوية العادية فالمركز الخاص يحتوي على برامج المدرسة العادية إضافة إلى الأخذ بعين الاعتبار البرامج التي تختص به كفرد معاق.

ج- تحديد الخدمات التربوية الخاصة المرتبطة بالخطة التربوية الفردية والواجب تزويد الطالب بها ومن ثم تحديد أوجه مشاركة الطالب في برامج التعليم العادية.

وهناك أسئلة متعلقة بذلك أهمها:-

- هل يجب أن تحتوي الخطة التربوية الفردية كافة الخدمات التربوية الخاصة التي يحتاجها الطفل؟نعم يجب أن تتضمن الخطة التربوية الفردية جميع الخدمات التربوية الخاصة التي يحتاجها الطفل لتحقيق أهداف الخطة.

- إذا تلقى الطفل أكثر من نزع من الخدمات التربوية الخاصة فهل يجب وضع خطط تربوية مستقلة لكل منها؟

لا تكفي خطة تربوية واحدة لجميع الخدمات التي يتلقاها الطفل،لذا يجب تنظيم البرامج المقدمة له بحيث لا يكون هناك مجالا للتضارب في تلك الخدمات

- هل يجب أن تتضمن الخطة التربوية الفردية لأي طفل معاق ؟

يجب أن تتضمن الخطة التربوية الفردية لأي طفل معاق تربية بدنية ،علما بأن معظم حالات الأطفال المعوقين يأخذون ألعابا رياضية تشبه ألعاب الأطفال غير المعوقين ويكتب بالخطة ملاحظة بأنه يتلقى تدريبا رياضيا عاديا ويثبت الوقت اللازم لذلك وإذا احتاج بعض الأطفال لتكييف في بعض الألعاب يذكر ذلك أيضا في الخطة .

4-.هل يجب أن يدون في الخطة التربوية الفردية للطالب خدمات التربية المهنية؟

بجب أن يحدد لكل طفل الخدمات المهنية اللازمة وهذا التحديد يكون قرارا صادرا عن لجنة الخطة التربوية الفردية وأن يوضح كذلك في الخطة التربوية الفردية نوعية هذه الخدمات إضافة إلى الملاحظات حول إمكانية استفادة المعوق من التربية المهنية العادية أو يحتاج الفرد المعوق لتكيف هذه الخدمات وأسلوب هذا التكيف .

د. وضع برنامج زمني لتقديم هذه الخدمات وتحديد المدة المتوقعة لتقديمها .

يجب تقدير المدة المناسبة لتقديم الخدمات التربوية الخاصة للطفل على مدار العام الدراسي وان يثبت ذلك في الخطة التربوية الفردية.

هـ تحديد المعايير الخاصة لتحقيق الأهداف العامة والأهداف القصيرة المدى، بحيث تكون معايير التقييم مناسبة للفرد ونوع الإعاقة والسلك المتوقع ويجب على المعلم إنهاء تحقيق الهدف قبل الانتقال لهدف آخر.

رابعا: الشكل العام للخطة التربوية الفردية :

1)معلومات عامة مثل :-

اسم الطالب /اسم الوالدين /العنوان /رقم الهاتف/تاريخ الميلاد/الجنس/العمل/تاريخ التمويل/أي معلومات إضافية أخرى.

2)المشاركون في لجنة الخطة التربوية الفردية وتشمل:-

الأسماء وملخص عن جميع المشاركين .

3)المعلومات التقييمية وتتضمن :-تحديد مستوى الأداء الحالي للطفل المعوق في كافة القدرات والجوانب الأكاديمية وغير الأكاديمية .

4)معلومات أخرى:-كالمعلومات الطبية والثقافية العامة .

5) تقرير عن الأهداف التربوية العامة التي تم تحقيقها سابقا والأهداف العامة الجديدة.

6) تقرير عن الأهداف القصيرة المدى وتتضمن:-

- تحديد الشخص الذي سيقدم الخدمات.

- تحديد المكان الذي سيتم تقديم الخدمات فيه.

- تحديد الأدوات والأساليب اللازمة.

- تحديد معلومات عن استخدام التعزيز وتقديمه لتقوية السلوك.

7) تحديد الخدمات التربوية التي يجب أن تقدم مثلك-معالج نطقي ومعالج حكمي .

8) وضع التوصيات اللازمة .

9) تحديد برنامج البدء بالخدمات ومدتها وقت التقييم.

10)التوقيع بحيث يتم أخذ توقيع المشاركين في الخطة التربوية الفردية.

هذه خطة تربوية فردية تلاءم المجتمع الأردني (الروسان،1983)مكوناتها التالية:-

(1)المعلومات العامة وتشمل:-

اسم الطالب /تاريخ الميلاد /مستوى الإعاقة /الجنس/السنة الدراسية/تاريخ الالتحاق.

(2)التقييم الأولي ويشمل (القدرات العقلية.السلوك التكيفي .المهارات الأكاديمية.المهارات اللغوية.المهارات الحسيه والحركية .وأية مهارات أخرى.

(4)الأهداف التعليمية ويشترط في صياغتها أتكتب بعبارات سلوكيه محدده، يمكن قياسها ضمن شروط ومواصفات يحدث من خلالها السلوك النهائي وفق معايير محددة هي نسبة النجاح والفترة الزمنية أو عدد المحاولات.

مثال:أن يلبس صالح حذاؤه بشكل صحيح ولوحده عندما يطلب منه ذلك بنسبة نجاح 100%خلال شهر من تاريخ المهارة.

(5)ملاحظات عامة متعلقة بتعديل الخطة ويشمل هذا الجانب أية ملاحظات عامة بناءا على ملاحظات المعلمين فيما يتعلق بتبسيط الأهداف التعليمية وحذفها وتعديل المعايير المختلفة لهذه الأهداف ،وفيما يلي الشكل العام للخطة التربوية الفردية.

نموذج الخطة التربوية الفردية

معلومات عامة:-

اسم الطالب.......... تاريخ الميلاد:.............

درجة الإعاقة:.......... العام الدراسي:..............

تاريخ الالتحاق بالمدرسة/المركز:.................

التقييم الأولي للطالب:

تاريخ التقييم الأولي :.....................

أعضاء لجنة التقييم:-   وظيفته

1- ....   معلم/معلمة

2- ....   أخصائي نفسي

3- ....   مدير

4- ....   موجه/أخصائي تربية خاصة

نتائج التقييم:-

1.تقرير اللجنة عن القدرات العقلية باستخدام قياس/اختبار:

2.تقرير اللجنة عن المهارات التكيفية الاجتماعية باستخدام مقياس / اختبار:

3.رير اللجنة عن المهارات اللغوية باستخدام مقياس/اختبار:

4. تقرير للجنة عن المهارات الأكاديمية باستخدام مقياس/اختبار:

5.تقرير اللجنة عن القدرات الحسية الحركية باستخدام مقياس/اختبار________

6.أي اختبارات أخرى:________________

رقم الفقرة	الأهداف التعليمية الفردية	ملاحظات

توقيع المدير   توقيع ولي أمر الطالب   توقيع معلم/ معلمة الصف   التاريخ

خامسا: تعريف الخطة التعليمية الفردية:-

تعرف الخطة التعليمية الفردية بأنها:

الجانب التنفيذي للخطة التربوية الفردية فبعد إعداد الخطة التربوية الفردية تكتب الخطة التعليمية الفردية والتي تتضمن هدفا واحدا فقط من الأهداف التربوية الواردة في الخطة التربوية الفردية من أجل تعليمها للطفل المعوق.

سادسا: مكونات الخطة التعليمية الفردية :-

تشمل الخطة التعليمية الفردية عدد من الجوانب هي :-

أ- معلومات عامة عن الطفل المعاق: وتشمل:-

اسم الطالب /الهدف التعليمي/المواد اللازمة /الملاحظات العامة.

ب- الأهداف التعليمية:-

يعرف وهمان (Wehman) الأهداف التعليمية بأنها عبارة عن فقرات تتضمن مهارات نحدده على الطفل أن يتقنها ويتعلمها للوصول إلى الأهداف السنوية.

وتتطلب وضع الأهداف التعليمية ما يلي:-

1.تحديد مستوى الأداء الحالي للطفل.

2.تحديد مستوى الإنجاز الذي يتوقع من الطفل أن يحققه.

3.رسم الصفحة النفسية بالتسلسل المنطقي لتعلم المهارات في أبعادها المختلفة.

والأهداف التعليمية يتم تنظيمها كما يلي:-

- تحديد المهارات التي سوف يتعلمها الطفل المعوق مثل :مهارات حركية،العناية الذاتية،الكتابة.

- تحديد المهارات الفرعية المرتبطة بكل مهارة من هذه المهارات.

- وضع الأهداف السنوية والتي يعتقد بأن الطفل يحتاجها.

- تحليل الأهداف التعليمية بالاعتماد على المعلومات الواردة في الصفحة

الخاصة بالخطة التعليمية الفردية مع توفر معايير لهذه الأهداف منها:-

1. يجب أن تكون الأهداف التعليمية وثيقة الصلة بالمجتمع ومناسبة للتعليم.

2. يجب أن تكون الأهداف التعليمية مصاغة إجرائية.

3. يجب أن تكون الأهداف التعليمية في المستوى العام بحيث يمكن أن يتعامل معها المعلم والطالب.

4- يجب أن تكون الأهداف التعليمية واضحة ومكتوبة بشكل يسهل فهمها.

5- يجب أن تكون الأهداف التعليمية متكاملة بحيث تضم ثلاث عناصر هي:-

المحتوى/عناصر السلوك /المعيار المطلوب في تلك المهارة.

ج-طرق تحديد الأهداف التعليمية:-

أشار (Mager)إلى أن صياغة الأهداف بطريقة إجرائية تتضمن ثلاث جوانب هي:-

1. تحديد شروط الأداء:أي أن تصاغ الأهداف التعليمية بطريقة محددة فيها ماذا سنعطي المتعلم وما هي المعايير التي سنستخدمها في الحكم على الأداء.

2. تحديد السلوك أو الأداء الذي سوف يقوم به الطفل المعاق وما هي الأدوات المساعدة قي الوصول إلى السلوك النهائي.

3. تحديد معايير الحكم على الأداء الملائم (Blake) 1974 حدد معياريين هما:

أ-المعايير الذاتية وذلك من خلال مقارنة الطفل مع نفسه ويتم عادة تقييم أداء المعوقين وفقا للمعايير الذاتية.

ب-المعايير الصفية حيث يتم قياس إنجاز الطالب مقارنة بإنجاز الآخرين.

د-تحليل المهارات:-

يتم كتابة الأهداف التعليمية الفرعية في الخطة التعليمية الفردية عن طريق استخدام أسلوب تحليل المهارات بحيث تقسم كل مهارة من المهارات إلى مهارات جزئيه صغيرة تبدأ من السهل إلى الصعب من أجل تسهيل عملية التعلم لدى الطفل المعاق وهذه العملية تتضمن تسلسلا منطقيا.

هـ-طرق تحليل المهارات:وتشمل:-

1. مراجعة المصادر الموجودة من كتب ومراجع ومناهج وغيرها.
2. ملاحظة النمو التتابعي للطفل الطبيعي وما جاء في النظرية المعرفية للنمو
3. مراجعة المناهج السابقة.

تؤخذ بعين الاعتبار عند تحليل المهارة خطوات صغيرة هي:

1. كتابة الأهداف التعليمية للمهارة المحددة.
2. اشتقاق المصادر التعليمية المناسبة لاستخدام طرق تحليل المهارة.
3. اشتقاق الخطوات الأساسية من الهدف أي وضع الخطوة الأولى.
4. كتابة الخطوات الضرورية الأساسية بشكل متتابع.
5. حذف الخطوات غير الضرورية .
6. حذف الخطوات الزائدة.
7. تحديد المهارات التي يجب أن يتعلمها أو تكون في البداية.

والمثال التالي يوضح كيفية صياغة الهدف التعليمي والأهداف التعليمية الفرعية.

أن يسمي أحمد أيام الأسبوع بالترتيب لوحده عندما يطلب منه ذلك بنسبة نجاح 100% خلال ثلاث أسابيع من تاريخ بداية المهارة.

الأهداف التعليمية الفرعية(تحليل المهارة):-

1. أن يسمى أحمد يوم السبت لوحده.

2. أن يسمى أحمد يومي السبت والأحد لوحده.

3. أن يسمى أحمد أيام السبت والأحد والاثنين لوحده.

4. أن يسمى أحمد أيام السبت والأحد والاثنين والثلاثاء لوحده.

5. أن يسمى أحمد أيام السبت والأحد والاثنين والثلاثاء والأربعاء لوحده.

6. أن يسمى أحمد أيام السبت والأحد والاثنين والثلاثاء والأربعاء والخميس لوحده.

7. أن يسمى أحمد أيام السبت والأحد والاثنين والثلاثاء والأربعاء والخميس والجمعة لوحده.

و-الأدوات المستخدمة(الوسائل التعليمية):-

ويقصد بذلك أن يعد المعلم الأدوات والوسائل التعليمية اللازمة لتحقيق الهدف التعليمي وأن تكون هذه المواد محدده سلفا من قبل المعلم.

الأسلوب التعليمي وفق طرق تعديل السلوك:- ويتضمن الخطوات التالية:-

1. إعداد الطالب المعاق للمهارة التعليمية وجذب انتباهه لها وذلك من خلال استخدام استراتيجيات التعلم حيث يمكن للمعلم جذب انتباه

الطفل بالنظر إليه أو من خلال مناداته باسمه أو من خلال التعليمات اللفظية.

2. تقديم المهمة التعليمية للطفل المعاق كما هي فإذا تمكن الطفل من أداء المهمة فلا الحاجة لان يكمل المعلم تدريس المهمة أو تجزئتها.

3. مساعدة الطفل في أداء المهمة وتقديم المساعدة الإيمائية والمعززات المختلفة سواء كانت مادية أو رمزية.

4. مساعدة الطفل في أداء المهمة التعليمية مع تقديم المساعدة اللفظية وتعزيزه بالمعززات المختلفة إذا لم ينجح في الخطوة رقم (3).

5. مساعدة الطفل في أداء المهمة التعليمية مع تقديم المساعدة الجسمية وتعزيزه بالمعززات المختلفة إذا لم ينجح في الخطوة رقم(4).

6. مطالبة الطفل بأداء المهمة التعليمية أكثر من مرة لتثبيت تعليم المهارة.

7. تمثيل تقدم الطفل على المهمة التعليمية برسم بياني يمثل الخط العمودي نسبة النجاح، الخط الأفقي عدد المحاولات أو الفترة الزمنية التي تعلم الطفل فيها.

سابعا: نموذج عن الخطة التعليمية الفردية

نموذج مقترح من المؤلف للخطة التعليمية الفردية

اسم الطالب:........   تاريخ البدء بالمهارة:......   المهارة:......... المجال:......... الهدف التعليمي العام..............

* ملاحظات..

الأهداف التعليمية الفردية	تاريخ البدء	الاسلوب التعليمي والوسائل والأنشطة	التعزيز	تاريخ الانتهاء	التقويم	مصادر الدعم	تفاعل الطالب متابعة الأهل

* توصيات...

نموذج من إعداد د. أحمد الغرير وأحمد عادل المجالي

نموذج من (الخطة التربوية الفردية والخطة التعليمية الفردية)

مركز الكرك للرعاية

لندخل في البداية على المنهاج العام لأي خطة تربويه والذي هو عبارة عن تصور أساسي لعملية التعليم وما يتطلبه من مهارات حيث ينطلق المنهاج من المكونات المادية والثقافية والبيئية والتربوية للشخص ولا بد من يواكب التقدم والتطور ويتمحور حوله مجموعه من الأنشطة ضمن وحده متكاملة اعتماداً على أن يكون الشخص فاعلا ومتفاعلا ضمن قواعد أساسيه أهمها: اعتبار أن اللعب وسيله تربويه وعلاجيه بكافة إشكاله وأنواعه، تواصل كل المواد التعليمية والتربوية والتدريبية والعلاجية فيما بينها . اعتبار التقييم عملية أساسيه ومستمرة على اساس قدرات الشخص لا مقارنة بغيره.

اعتماد التوازن في الانطلاق من البيئة وربط ذلك في التقدم العلمي الدائم. اعتبار رعاية وتعليم وتدريب وتأهيل وتربية وعلاج الشخص المعوق تنشئه لتطويره واندماجه بالمجتمع.

ولا شك أن لكل شخص خصوصيته وعلى ضؤ هذه الخصوصية وعلى ضؤ الاختبارات والقياسات المتعددة والبيانات من السيرة الذاتية والبيان الصحي والاجتماعي والأسري والبيني وغير ذلك وعلى ضؤ كشف الاحتياجات الذي بين لنا الاحتياجات التدريبية والتعليمة للشخص وما هو مكتسب وغير مكتسب يتم وضع الخطة آو البرنامج الفردي.

وبالرغم من الفروقات في احتياجات الأشخاص فان اعتماد الخطة الفردية لكل شخص خطوه ضرورية.

إن الخطه التربويه الفرديه ليست إلا الكشف عن احتياجات الطالب وتحديد

الخطه السنويه العامه وتفصليها الى اهداف ومهمات حيث يتم الاعتماد على هذه البرامج الفرديه ضمن الاهداف البعيده والخاصه والتي يتم تحليلها الى مهام باشتراك كل من الاخصائئين المطلوبين من علاج نطقي وفيزيائي وأولياء أمور الذين لا بد من مشاركتهم في التقييم الفصلي والنهائي. ويكون المعلم مسؤول الفصل هو المرجع الوحيد لعملية تنفيذ البرنامج إلا في حال الضروره الى أخصائيين .

الخطة التربوية الفردية لابد أن تكون شاملة من حيث البيانات والمعلومات عن الطالب وما تحتويه من معلومات شخصية وأكاديمية واجتماعية ونفسية وأسرية ، من خلال تطبيق أساليب القياس المختلفة من اختبارات ومقاييس أكاديمية وإنمائية وملاحظة ومقابلة ، والنقص في توفر هذه المعلومات أو عدم الاهتمام بها أو الاستشهاد بها سوف يعيق عملية التشخيص ويجعلها غير دقيقة . ومن خلال تشخيص ودراسة هذه المعلومات نستطيع تحديد نقاط القوة ونقاط الاحتياج عند الطفل ، ومن هذه النقاط نقوم على صياغة البرنامج الزمني للخطة والمدة المتوقعة للانتهاء منها ، من حيث تحدد الأهداف بعيدة المدى للطفل وكل هدف بعيد نحلله إلى أهداف قصيرة مدى ، وكل هدف قصير يحلل إلى أهداف سلوكية ، وكل هدف سلوكي يصاغ من حيث الكم حسب قدرات وإمكانات الطفل ، على أن يتم تقييم مدى تحقق كل هدف بعد الانتهاء من تطبيقه مباشرةً، ومن هذا التقييم نستطيع أن نقيم ونقوم الخطة الفردية لمعرفة مدى التقدم الذي حققه الطفل ، بالإضافة إلى تحديد طبيعة التغييرات المطلوب إدخالها على الخطة ..

تشمل الخطة على البرامج والخدمات المساندة والتي يحتاج إليها الطفل كالخدمات النفسية والاجتماعية والصحية والإرشادية، وعلاج اللغة والكلام، والعلاج الطبيعي بالإضافة إلى العلاج الوظيفي . كل ذلك في حالة تطبيقه

لاشك بأنه سوف يمثل عبئاً على المعلم ولكن هذه الخطط في العادة تتم قبل بداية تعليم وتدريب الطفل وهي في العادة تأخذ فترة زمنية قد تطول وقد تقصر حسب تعاون فريق العمل المشارك في إعداد الخطة وهم : المعلم ، والأخصائي النفسي ، والأخصائي الاجتماعي ، أو المرشد الطلابي ، والطبيب ، والأخصائيين في البرامج المساندة مثل أخصائي عيوب النطق وقياس السمع وأخصائي العلاج الطبيعي والوظيفي ، وولي الأمر ، والطالب في بعض الفئات ... إن العمل على إعداد الخطة الفردية عمل جماعي وليس فردي .

1. إن وجود الخطة الفردية هو بمثابة إقرار واعتراف بخصوصية الطفل الفردية والتي على ضوئها ينبغي مواجهة احتياجاته الخاصة .

2. إن الخطة التربوية الفردية تعمل على تمكين المدرسة وكذلك الأهل من مراقبة تقدم الطفل وقياس نموه وتحديد مواطن الضعف بالإضافة إلى التركيز على علاج المشكلات .

3. تعتبر الخطة التربوية الفردية أسلوباً لمناقشة القرارات وصنعها بين هيئة التدريس وأفراد الأسرة .

4. المطالبة بمشاركة الآباء لا تعكس وحدها اهتماماتهم الشرعية تجاه حماية طفلهم من الممارسة الخاطئة ، بل إنها أيضاً تعزز وتقوي البرنامج التعليمي للطفل من حيث ربط وجهة نظر الوالدين باحتياجات طفلهم واحتياجاتهم بالمدرسة وبالقدرة الموجودة لديهم على تدريب الطفل .

5. تعتبر الخطة التربوية الفردية أداة فعالة وقوية لما ترتكز عليه من مسؤولية، لأنها تضع المدرسة أمام مسئوليتها تجاه الطفل من حيث القيام بجميع العمليات الكفيلة بتقديم الخدمة المطلوبة وفق معايير القياس المحددة، وأهداف التدريب واستراتيجياته المتنوعة والتقويم المستمر .

6. تنظم الخطة التربوية الفردية أدوار جميع العاملين من معلمين

واختصاصيين وآباء أثناء تقديم الخدمات للطفل .

ويعتمد نجاح الخطة على ما يلي :

1. مدى الدقة في استخدام أدوات القياس لتحديد مستوى الأداء الفعلي للطفل والتي تشتمل على نقاط القوة ونقاط الاحتياج لديه. وهي لمهارات التي يتقنها والتي لا يتقنها الطفل .

2. قدرة المعلم في تحليل المهارة المطلوبة للطفل وصياغتها في أهداف، فالهدف التربوي هو التغيير المراد استحداثه في سلوك الطفل، أو فكره، أو وجدانه .

مكونات الخطه التعليمية: إن الخطه تصمم بصورتها النهائية بعد اجتماع فريق العمل من الاختصاصيين وبعد اطلاع الأهل عليها .

تحتوي الخطه على معلومات عامه عن التلميذ والفترة الزمنية المقررة للخطة

التعليمية الفرديه وهي كالتالي: اسم التلميذ: الجنس: تاريخ الميلاد: نوع الإعاقة: الفترة الزمنية: ثم وبشكل جدول يكون مكتوب فيه الأتي :

الخانة الأولى للأهداف ويكتب هنا في البداية المجال النمائي ، ثم الأهداف مثلا المجال الإدراكي ـ

الهدف: أن يصنف التلميذ أحمد اللون الأحمر من عدة ألوان عندما تطلب منه المعلمة ذلك وبنسبة نجاح 85%.

ثم خانه مكتوب فيها أتقن المهمة يكتب فيها تاريخ انجازه للهدف ثم خانة لم يتقن وبعدها خانة أتقن بمساعده.

ثم تكتب الملاحظات العامه على الخطه .بعد انتهاء الفترة الزمنية المقررة لها

تحليل المهمة: وهو تجزئة المهمة الى أجزاء متسلسلة وتحليل المهارة أو المهمة يتعامل مع استجابات يمكن مراقبتها وقياسها بشكل مباشر . والأهداف يجب تشتمل على ثلاث عناصر وهم :

السلوك: الذي بدوره يجب أن يكون قابل للقياس المباشر ويجب أن يكون فعل سلوكي مثال أن يصنف - أن يكتب - أن يشرب .

الظروف: يتم تحديد الظرف للسلوك المراد تعليمه للتلميذ . مثال إن يشير التلميذ الى الرقم 10 عندما تطلب منه المعلمة ذلك

المعايير: المعيار يحدد مستوى الأداء المطلوب بناء على قدرات ومستوى التلميذ . مثال أن يشير التلميذ أحمد الى الرقم 10 عندما تطلب منه المعلمة ذلك وبنسبة نجاح 90 % .

مواصفات الأهداف: سلوك لا يستطيع المعاق تأديته في الوقت الحالي سلوك مفيد مهم في حياته اليومية.

هدف من الممكن أن يحققه إذا ما درب عليه .

إتباع أسلوب التحضير الأسبوعي وشكل صفحة التحضير كالتالي:

الأهداف: يتم كتابة الهدف التعليمي. الأساليب والأنشطة: يتم كتابة الأسلوب الذي سأتبعه لتحقيق الهدف وماذا سأستخدم من أدوات ووسائل تعليمية وأوراق عمل معينه للشرح. التقييم : كيف تم تقييمه وتاريخ انجازه للهدف.

الملاحظات : أية ملاحظات نراها مناسبة .

وبالطبع فإننا نقوم بتقييم الخطه بعد انتهاء الفترة الزمنية المتفق عليها وغالبا

ما تكون 3 أو 4 أشهر، وتاليا بعض تلك النماذج:

(أ)

نموذج الخطة التربوية الفردية

للعام الدراسي 2005-2006

الأهداف التربوية الفردية

البيانات الأولية

اسم الطالب:............... تاريخ الميلاد: ....

الصف: .... الفصل: ....

المادة: .... لتشخيص الطبي: ....

اسم المعلم: ....

الأهداف التعليمية الفردية

الرقم	الأهداف التربوية العامة	تاريخ المباشرة	الملاحظات
1-			
2-			
3-			
4-			
5-			

اسم المادة: ....

اسم المهارة: ....

الهدف التعليمي:

اسم الطالب:

الرقم	الأهداف التعليمية الفردية	تاريخ التقييم	الملاحظات
.2			
.3			
.4			
.5			
.6			
.7			
.8			
.9			

نسبة النجاح

(ب)

%													
100													
60													
80													
70													
60													
50													
40													
30													
20													
10													

نموذج مقترح الخطة التربوية الفردية

معلومات عامة:-

اسم الطالب.............. تاريخ الميلاد:..............

درجة الإعاقة:.......... العام الدراسي:.................

تاريخ الالتحاق بالمدرسة/المركز:.................

التقييم الأولي للطالب:

تاريخ التقييم الأولي :.......................

أعضاء لجنة التقييم:-   وظيفته

1- ....   معلم/معلمة

2- ....   أخصائي نفسي

3- ....   مدير

4- ....   موجه/أخصائي تربية خاصة

نتائج التقييم:-

1.تقرير اللجنة عن القدرات العقلية باستخدام قياس/اختبار

2.تقرير اللجنة عن المهارات التكيفية الاجتماعية باستخدام مقياس / اختبار:

3.تقرير اللجنة عن المهارات اللغوية باستخدام مقياس/اختبار:

4. تقرير للجنة عن المهارات الأكاديمية باستخدام مقياس/اختبار:

5.تقرير اللجنة عن القدرات الحسية الحركية باستخدام مقياس/اختبار:___

6.أي اختبارات أخرى:________________

رقم الفقرة	الأهداف التعليمية الفردية	ملاحظات

توقيع المدير   توقيع ولي أمر الطالب   توقيع معلم/ معلمة الصف   التاريخ

نموذج مقترح للخطة التعليمية الفردية

اسم الطالب: .... تاريخ البدء بالمهارة:.... المهارة:..... المجال:.....

الهدف التعليمي العام..................................

* ملاحظات..

لأهداف التعليمية الفردية	تاريخ البدء	الاسلوب التعليمي و الوسائل والأنشطة	التعزيز	تاريخ الانتهاء	التقويم	مصادر الدعم	تفاعل الطالب ومتابعة الأهل

*توصيات...

نموذج خطة تعديل السلوك

Behavior Modification Plan (BMP)

معلومات عامة :

السلوك المستهدف بالتعديل :

اسم الطفل: محمد السنة الدراسية: 2007/

الجنس: ذكر تاريخ الالتحاق بالمركز: 2003/9/10

العمر الزمني: 11 سنة و6 أشهر المدرسة الحالية: المنار للتنمية الفكرية

المستوى/ نوع الاقامة: بسيطة الصف: صف الاعاقة العقلية المتوسطة

مصدر الاحالة: مركز الطفولة للكشف المبكر مصدر المعلومات: ملف الطالب زيارة المنزل

السلوك الفوضوي...

_طرق قياس السلوك غير المرغوب فيه :

عن طريق الملاحظة ، والمتابعة .

_وصف السلوك غير المرغوب فيه (بعبارات سلوكية قابلة للقياس) :

السلوك الفوضوي هو الخروج من المقعد بشكل متكرر ، والتحدث مع الزملاء بدون استئذان، والتجول في غرفة الصف بدون استئذان، وإلقاء الأشياء (من أقلام وأوراق وألوان وأغراض زملائه وأغراضه الشخصية المتمثلة في حقيبته المدرسية وأدواته المدرسية) على الأرض ، والإزعاج اللفظي بالتعليق على كلام المعلمة والتعقيب عليه ومقاطعة المعلمة أثناء الشرح ، مغادرة الصف بدون استئذان ، نقل المقعد الذي يجلس عليه من مكان إلى آخر ، اللعب بالممتلكات (الشخصية وممتلكات المعلمة وممتلكات زملائه) ، عدم الامتثال لتنبيهات المعلم.

_نتائج رصد السلوك (قبل العلاج) :

(الأسبوع الأول): يوم الأحد 29 / 10

_وصف السلوك المرغوب فيه (بعبارات سلوكية محددة) :

السلوك غير المغوب فيه	عدد تكرار اتجاه السلوك	المدة الزمنية
× التحدث مع الزملاء بدون استئذان	/////// ////////	8 : 45 - 8 : 30
× عدم الامتثال لتنبيهات المعلم	/////////	**ملاحظات :**
× التجول في غرفة الصف بدون استئذان	///	قمت بقياس هذه
× إلقاء الأشياء والأغراض على الأرض	////	السلوكيات الثلاث
× الإزعاج اللفظي بالتعليق على كلام المعلمة	///	لأنها أكثر
× نقل المقعد من مكان لأخر بدون إذن	//	السلوكيات ظهوراً
× مغادرة المقعد بدون استئذان	/////////	لديه
	المجموع : 42	

يوم الاثنين 30 / 10

المجموع :43

يوم الثلاثاء 31 / 10

المجموع :43

يوم الأربعاء 1 / 11

المجموع :46

يوم الخميس 2 / 11

المجموع : 45

298

عدم التحدث إلى الآخرين دون استئذان (التحدث بطريقة مناسبة) الجلوس في المقعد وعدم التجول داخل الصف ، الامتثال لأوامر المعلم وعدم التعليق على كلامه ، التوقف عن اللعب في ممتلكات الآخرين ، وحفظ الأشياء في أماكنها المخصصة لها (وعدم إلقاء أغراضه وأغراض زملائه على الأرض) .

ـطرق تعديل السلوك المستخدمة :

1. التعاقد السلوكي   2. التعزيز التفاضلي

3. التصحيح الزائد / الممارسة الإيجابية

التعاقد السلوكي

إن هذا العقد بيني أنا المعلمة "رنا" والطالب "محمد" ويبدأ هذا العقد من تاريخ 2006/11/5 م وينتهي بتاريخ 2006/11/30م.

1. اذا توقف محمد عن التحدث مع الزملاء بدون إذن.

2. اذا سمع كلام المعلمة وأمتثل لتنبيهاتها (ولم يقبلها)

3. إذا لم يغادر مقعده بدون استئذان

أعطيه المعززات التي يحبها وهذه هي الضريبة لأفعاله.

اسم المعلمة	اسم الطالب
رنا الحاج	محمد نادر
توقيع المعلمة	توقيع الطالب

إجراءات التطبيق :

- تعزيز الطفل تعزيزاً لفظياً أو الانتباه له والابتسام له أو التربيت على كتفه ؛ عندما يقوم بسلوك مقبول ، وتجاهل الطالب عندما يقوم بسلوك غير مقبول

- إرغام الطفل بعد قيامه بالسلوك الفوضوي مباشرة على ممارسة السلوك المناسب ؛ لحث الطفل على التصرف بطريقة مقبولة وهذا ما يسمى بالممارسة الإيجابية .

- تطبيق بنود التعاقد السلوكي كما هي مذكورة.

معدل حدوث السلوك غير المرغوب فيه = مجموع التكرارات / عدد الملاحظات

م (الأسبوع الأول) = 5/219 = 43.95 م (الأسبوع الرابع) = 5/103 = 20.6

م (الأسبوع الثاني) = 5/ 132 = 26.4 م (الأسبوع الخامس) = 5/76 = 15.2

م (الأسبوع الثالث) = 5/173 = 34.6

(أزداد سلوك الطالب الفوضوي بسبب مزاجيته)

نتائج رصد السلوك (أثناء عملية العلاج) :

(الأسبوع الثاني) : يوم الأحد 5 / 11

المجموع :44

(الأسبوع الثالث) : يوم الأحد 12 / 11

المجموع : 40

(الأسبوع الرابع) : يوم الأحد 11/19

المجموع : 25

نتائج رصد السلوك (أثناء عملية المتابعة) :

(الأسبوع الخامس) يوم الخميس 30 / 11

المجموع : 14

الرسوم البيانية

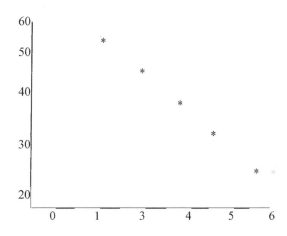

أساليب تعديل السلوك المستخدمة:

استخدمت مع الطالب محمود أساليب تعديل لسلوكه الفوضوي التالية :

التعزيز بالتربيت على كتف الطالب، والابتسام له وتعزيزه تعزيز لفظي إذا قام بالسلوكيات المغايرة للسلوك الفوضوي ، وأتجاهله عندما يسلك السلوك الفوضوي، وقد كان هذا الأسلوب أكثر الأساليب نجاحاً معه .

كما استخدمت معه أسلوب التصحيح الزائد الذي لم يبدي أي تقدم واضح معه ، كما كان أسلوب الإقصاء كذلك .

التوصيات النهائية :

1. أوصي السيد نادر جميل باستخدام أسلوب التعزيز التفاضلي مع ابنه وذلك لأن العقاب لا يفيد مع حالة محمود -كما أوصي زوجته بذلك.

2. محمود بحاجة إلى حنان الأم الذي فقده منذ الطفولة وأرجو من الأب نادر وزوجته توفيره له كم أحاول أنا ذلك .

3. لدى محمود قدرات عقلية قريبة إلى السواء يمكن استغلالها بعد إتباع الخطوات السابقة .

4. الاستمرار في متابعة السلوك .

تاريخ انتهاء البرنامج   توقيع معدل السلوك

11/2006/ 30   ــــــــــــــــــــ

مثال على اختبارات تقييم صعوبات التعلم

تعريف صعوبات التعلم:

هي اضطرابات في واحدة أو أكثر من العمليات النفسية الأساسية التي تضمن فهم واستخدام اللغة المكتوبة أو اللغة المنطوقة والتي تبدو على شكل اضطرابات في الاستماع ، التفكير، الكلام،القراءة، الكتابة،الرياضيات.

فئات صعوبات التعلم:

1- الصعوبات التعليمية الأكاديمية: والتي ترتبط بالأداء في المجالات الأكاديمية مثل الحساب والقراءة والكتابة وغير ذلك والتي تتضح في الصفوف الأساسية الأولى.

2- الصعوبات التعليمية النمائية: والتي ترتبط بضعف القدرة على الانتباه أو الإدراك أو حل المشكلات أو اكتساب المفاهيم أو التذكر وتظهر في مرحلة ما قبل المدرسة.

أسباب صعوبات التعلم:

- الأسباب البيولوجية: ومنها التلف الدماغي البسيط اضطراب في ترابط الخلايا العصبية مع بعضها البعض .

- الأسباب البيوكيماوي: ومنها اضطراب عملية التمثيل الغذائي ردود فعل تحسسيه لبعض المواد الغذائية خلل في وظائف الناقلات العصبية خلل في سرعة إيصال السيالات العصبية

- الأسباب البيئية: ومنها التدخين والكحول والعقاقير والانا ره الخاصة .

- الأسباب النمائيه ومنها تأخر نضج الجهاز العصبي المركزي .

خصائص صعوبات التعلم:

1- الخصائص اللغوية: وهي تتمثل في حذف بعض الحروف أو إبدالها أو تشويهها أو تكرارها أو إضافة حروف أخرى إلى الكلمة.

2- الخصائص الاجتماعية والسلوكية: ومنها النشاط الحركي الزائد (الانسحاب الاجتماعي) التغيرات الانفعالية السريعة (السلوك غير الاجتماعي) التغيب عن المدرسة كثيرا (السلوك غير الثابت) إساءة فهم التعليمات اللفظية تشتت الانتباه

3- الخصائص الحركية : تصنف إلى مشكلات حركيه كبيره وهي تتعلق بمشكلات التوازن العام بحيث تظهر في المشي والرمي والقفز والإمساك ومشي التوازن أما المشكلات الحركية الصغيرة الدقيقة تظهر في الرسم والكتابة ومسك القلم واستخدام أدوات الطعام .

4- الخصائص المعرفية : وتتمثل في انخفاض التحصيل الواضح في واحدة أو أكثر من المهارات الأكاديمية الأساسية وهي القراءة والحساب والتهجئة والكتابة .

الاختبار الغير رسمي لصعوبات التعلم

العنوان: الاختبار التشخيصي في اللغة العربية للصف الثالث الأساسي الفصل الأول والثاني

معلومات عامه عن الطالب :

اسم الطالب:	اسم المطبق
المدرسة:	
صفة الطالب:	توقيع المطبق
تاريخ ميلاد الطالب:	
تاريخ تطبيق الاختبار:	
اليوم والتاريخ:	

الأهداف المتوخاة من تطبيق هذا الاختبار :

1. يتم بناء الاختبار وتصميمها اعتمادا على المناهج المدرسية ويقوم المعلم بتصميمها وتطبيقها على الطلبة .

2. محتوى الاختبارات ترتبط بعملية التدريس بشكل مباشر من الأسهل إلى الأصعب.

3. ثم نطبق الاختبار لتقييم مدى صدق الامتيازات الرسمية للطلبة .

4. يتم تركيز الاختبارات على أي جانب من جوانب المنهاج .

5. يتم بناء أهداف الاختبار ضمن منهاج المدرسة ويشتمل على سلوك قابل للقياس.

6. تكون فقرات الاختبار متدرجة من الصعوبة وتراعي في تسلسلها المناهج المدرسية.

تصحيح الاختبار / عن طريق معلم

الأسئلة:

1- ركب من الحروف التالية كلمات ثم اقرأ:

ت ج و ل

ع ر ف و ه

ص ي ف ي ة

2- كون كلمات مختلفة من الأحرف التالية ثم اقرأ :

ق ، ب ، ل

2- ضع كل مقطع مما يلي في الفراغ المناسب ثم اقرأ :

يع أس نر

.....حل - .....باب - .....رفه

* رتب الكلمات في كل سطر لتؤلف جمله مفيدة ثم اقرأ:

(الأطفال، حديقة، تجول، الطيور، في)

....

(استقبال، أحسن، زميلهم، الطلاب،)

....

* أملا الفراغ بالكلمة المناسبة ثم اقرأ :

عرفوه - فريق - حدثوه - للطبيب

- اشترك خالد في .... كرة السلة

- شكر المريض .... حسن رعايته

- رحب المعلمون بالمدير الجديد............ بأنفسهم

@ صل ما في العمود الأول بما يناسبه في العمود الثاني ثم اقرأ :

شكر القائد جنوده	في شوارع المدينة
تجول الزائر	يتحدث عن مدرسته
جلس الصديقان واخذ كل منهما	لشجاعتهم في المعركة

* ضع حرف (السين) أو (العين) أو (القاف) في الفراغ المناسب ثم اقرأ:

كان ...... عيد ي .... كن ... مان ويدر .....في إحدى مدار ....ها

....ال س ... يد: ل ....د رج ... أبي إلى ال..زريه ليزر.... أرضنا

@ صل ما في العمود الأول بما يناسبه في العمود الثاني ثم اقرأ :

حضر الطالب	الصيفية
انتهت العطلة	الدراسي
ركضنا في الملاعب	المجتهد
بدا العام	الواسعة

* في بداية العام الدراسي الجديد وضع هاشم برنامجه الأسبوعي للدراسة على النحو التالي:- ما رأيك بهذا البرنامج ؟

اليوم	وقت الدراسة
السبت	من 9-11
الأحد	5-7 مساء
الاثنين	4-6 مساء
الثلاثاء	3-3.30 بعد الظهر
الاربعاء	3-5 عصرا
الخميس	....
الجمعة	6-7 مساء

- ما رأيك بهذا البرنامج؟

- يما الأيام التي يكثر فيها هاشم من الدراسة ؟

- لماذا لا يدرس هاشم يوم الخميس ؟

- لماذا يقل وقت الدراسة عنده يوم الثلاثاء ؟

- ماذا يفعل هاشم يوم السبت بعد الحادية عشرة ؟

- لو أردت أن تضع برنامجا للدراسة لك كيف تحدد أوقات الدراسة ؟

- وليد طالب جديد في صفك وأردت ات تحصل منه على معلومات عن أحواله

وأوضاعه

- ما الاسئله التي يمكن أن توجهها إليه ؟

أ- .... ث- ....

ب- .... ج- ....

ت- .... ح- ....

* حلل الكلمات التالية إلى أحرفها :

البندرة   الاشربة   الفساد

* صل بين المقاطع التالية ثم اقرأ :

اش

ر...به

ات

زم		حا
تم		كم

		تب
	ريد	
		تغ

* ركب من الحروف التالية كلمات ثم اقرأ :

ث	ل	ا	ج	ة

ا	ل	ك	ه	ر	ب	ا	ء

ا	ل	أ	ط	ع	م	ة

* كون كلمات مختلفة من الأحرف التالية ثم اقرأ

س د ع

* ضع كل مقطع من السطر الأول في الفراغ المناسب من السطر الثاني ثم اقرأ:

بن　　　اغ　　　كه　　　مة　　　بة

- ..... رباء - اشر ..... - ..... دوره - ..... لقة - أطع....

* رتب الكلمات في كل سطر لتؤلف جمله مفيدة ثم اقرأ:

البندوره ، مفيد ، عصير

....

الأردن، الكهرباء، إلى، قرى، وصلت، كل

....

* أملا الفراغ بالكلمة المناسبة ثم اقرأ :

الثلاجة - يوضع - كبيرة - قليلة

تحتاج الثلاجة إلى كميه .... من الكهرباء إذا ظل بابها مفتوحا.

نحتاج إلى.......... في الصيف والشتاء .

يفسد الحليب إذا لم .... في الثلاجة .

أعلنت مذيعة التلفاز .... فترة برامج الأطفال

* صل ما في العمود الأول بما يناسبه في العمود الثاني ثم اقرأ :

ألقى الطالب كلمه في	القصص والطرائف المسلية
قرأ اوس عدد من	في التلفاز
شاهدت الأخبار المصورة	يوم المرور

* ضع " ما " في الفراغ ثم اقرأ :

..... ذا ، ج.........عة، أ ....كن ، ج.....ل ، ال.............ء

@ نقول: استعان   استعانوا

أضف " وا " إلى الكلمتين التالية ، ولاحظ الفرق بين كل كلمتين متقابلتين ثم اقرأ:

صفق	صفق...
دخل	دخل.....
أعلن	أعلن....
شكر	شكر.....
اخبر	اخبر.....

* صل ما في العمود الأول بما يناسبه في العمود الثاني ثم اقرأ :

حافظ على الماء	فطار العصفور
نسي عمر باب القفص مفتوحا	عن فوائد الماء
تحدث المعلم	ولا تترك الحنفية مفتوحة

@ أقرأ ولاحظ الفرق في الكتابة والمعنى بين كل كلمتين متقابلتين:

حلق	خلق
فرح	فرج
حديد	جديد
حدود	خدود

* صل ما في العمود الأول بما يناسبه في العمود الثاني ثم اقرأ :

كرة	البحر
دفتر	الأطفال
باب	الكتابة
غابه	الثلاجة
شاطئ	القدم

* حلل الكلمات التالية إلى أحرفها :

- الأماكن   - نستطيع   - فكرة

* صل بين المقاطع التالية ثم اقرأ :

بار

أ   ثار

ذار

....

قل

عه

قط

....

* ركب من الحروف التالية كلمات ثم اقرأ :

ق	ص	و	ر

ا	ل	ع	ر	ب

ا	ل	ع	ر	ب

* كون كلمات مختلفة من الأحرف التالية:

س ، ح ، ر

* ضع كل مقطع من السطر الأول في الفراغ المناسب من السطر الثاني ثم اقرأ:

هب ، نر ، أي ، نة ، أر

ال...دن - نذ......... - حس...... -.....غب - ...ن

* رتب الكلمات في كل سطر لتؤلف جمله مفيدة ثم اقرأ:

الكرك ، المشهورة ، من ، قلعة ، الآثار

....

أعمده , قديمه ، جرش ، في ، ومسارح

....

* أملا الفراغ بالكلمة المناسبة :

- قصور - مسارح - العرب - قلعه

- في صحراء الأردن................ جميله.

- بني المسلمون.................. عجلون دفاعا عن الوطن.

- تحت.................... القدماء مدينة البتراء في الصخر.

* صل ما في العمود الأول ما يناسبه في العمود الثاني ثم اقرأ :

يد الله	في معركة اليرموك
انتصر المسلمون	من الحجارة السوداء
بنيت قلعة الأزرق	مع الجماعة

* صل كل كلمة في العمود الأول بما يناسبها في العمود الثاني ثم اقرأ :

قلعه	أماكن
مسرح	قلاع
اثر	قصور
بلد	مسارح
مكان	آثار
قصر	بلدان

* ضع "ى" أو "ي" في الفراغ المناسب ثم اقرأ :

سلم..........

معلمت........

عند...........

ال...........

نر...........

الذ..........

* أرادت مجموعة من الطالبات القيام برحلة قصيرة وتم تسجيل آرائهم في الجدول التالي:

وسيلة الرحلة	العدد
سيرا على الأقدام	5
استئجار حافلة	8
استئجار سيارات صغيرة	6
الاعتذار عن الرحلة	1

- كيف تحل هذا الموقف ؟

- ماذا تفضل أنت ؟

- لماذا اعتذرت إحدى الطالبات عن الرحلة ؟

- هل تؤيد الرحلة سيرا على الأقدام ؟

- لو قامت الطالبات بالرحلة سيرا على الأقدام ما الفوائد التي سيحصلن عليها؟

- قارن بين الرحلة سيرا على الأقدام والرحلة بالحافلة :

الرحلة سيرا على الأقدام	الرحلة بالحافلة
أ-................	أ- ....
ب-................	ب ....
ج-................	ج- ....
د-	د- ....

* حلل الكلمات التالية إلى أحرفها :

أذاعه	أخبار	أعلن	انشدوه
......	....	....	......

* ضع كل مقطع من السطر الأول في الفراغ المناسب من السطر الثاني ثم اقرأ:

(نا - ال - مل - اج)

.....مل نع.......... بر......مج ....قى

* رتب الكلمات التالية في كل سطر لتؤلف جمله مفيدة ثم اقرأ:

الطلاب ، بانتباه ، الطالب ، إلى ، استمع ، الإذاعة

....

الطلاب، إلى، الصباحية، الإذاعة

....

بانتظام - انتهاء - استعان - استفاد

.... الولد بأخيه في إصلاح دراجته .

اصطف الناس .... في موقف الحافلة.

* أملا الفراغ بالكلمة المناسبة ثم اقرأ :

الأجهزة - انتظار - الحديثة - الطبية

- يصطف الناس بانتظام في .... الحافلة .

- تساعد .... الطبية في علاج المرضى.

- تستعمل الآلات .... في عصر الزيتون .

* صل كل كلمه في العمود الأول بضدها في العمود الثاني مستعينا بالمثال ثم اقرا :

كثيرة	نعم
لا	قليلة
أول	رجع
ذهب	أجاب
سال	أخر

* رتب الكلمات في كل سطر لتؤلف جمله مفيدة ثم أقرا:

وزاره ، تعمل ، على ، المستشفيات ، الصحية ، مراقبه

....

يجري ، الجراح ، المستشفى ، العمليات ، في

....

* أملا الفراغ في كل جمله بإحدى الكلمتين المقابلتين ثم اقرأ:

- عاد المسافر .... بلده   (إلى ، من)

- أعجب عاصم ب............. المطار   (اتساع، ضيق)

- أشجار الزيتون .... في بلادنا   (قليلة، كثيرة)

- ثمار المشمش تكثر في ....   (لصيف، الشتاء)

* صل ما في العمود الأول بما يناسبه في العمود الثاني ثم اقرأ :

هل يقرا الطالب   في الصيف فقط ؟

هل نأكل الفواكه   في الخريف فقط؟

هل تسقط أوراق التين   كتب المدرسة فقط؟

*أملا الفراغ بالكلمة المناسبة لتؤلف جملا مثل الجملة الأولى ثم اقرأ ؟

فرسمت ، ففاز ، فكتبت

- أما عاصم فجلس في غرفة الانتظار.

- .... سامر .... في مسابقة القراءة.

- .... نهى .... في دفتر الكتابة .

- .... ديمه............ في حصة النشاط .

* اقرأ الجمل التالية ثم أملا الفراغ :

صعد خالد وأبوه إلى الغرفة (أبوه = أبو خالد)

جارنا مريض والحديث يتعبه (يتعبه = يتعب......)

نظر خالد إلى الجهاز وسال والده عنه (عنه = عن ....)

* أملا الفراغ فيما يأتي مستعينا بالمثال ثم اقرأ :

طبيب	طبيبه
جار	....
مريض	....
عامل	....
عربي	....

* صل ما في العمود الأول بما يناسبه في العمود الثاني ثم اقرأ :

ثور	أخت
ولد	فرس
أب	دجاجه
أخ	بنت
حصان	بقره
ديك	أم

* أملا الفراغ فيما يلي مستعينا بالمثال ثم اقرأ :

نجح عاصم	نجحت ليلى
فرح اوس	.... سلمى
.........هاشم	وقفت هدى
ابتسم احمد	.... سعاد
جلس زيد	.... هند

* الفظ الكلمات التالية، وضع سكونا على اللام التي تلفظها فقط:

الحسين - السيارة - الجيش - النظيفة - الطبية -

الجراح - المريض - الناس - الجديدة - الاجهزه

* أملا الفراغ بالكلمة المناسبة ثم اقرأ :

المنورة - المشرفة - يحتمون

- وقف الناس تحت المظلة................. من المطر

- أحب أن ازور الكعبة.......................

- دفن الرسول - صلى الله عليه وسلم - في المدينة...............

* رتب الكلمات في كل سطر لتؤلف جملة مفيدة ثم اقرأ :

الهر ، بيتنا ، المطر ، يحتمي ، إلى ، لجا ، من

....

الحجاج ، الكعبة ، سبع ، حول ، مرات ، يطوف

....

* صل ما في العمود الأول بما يناسبه في العمود الثاني ثم اقرأ :

رجع اللاعب مسرورا	لرؤية أهله
جلس الطبيب مبتسما	لفوز فريقه
عاد المسافر فرحا	لشفاء مريضه

* أملا الفراغ بالكلمة المناسبة لتؤلف جملا مثل الجملة الأولى ثم اقرأ:

اذهبوا فانتم الطلقاء

قاتلوا............... المنتصرون.

ابشروا .... الفائزون.

اصبروا .... الرابحون.

* صل ما في العمود الأول بما يناسبه في العمود الثاني ثم اقرأ :

أصبح للمدرسة	عصفور مغرد
كان في القفص	رصيف جديد
صار للشارع	حديقة واسعة

* احذف التاء المربوطة من آخر كل كلمه ثم أضف إليها الألف والتاء المبسوطة ثم أقرا :

عامله - طياره - مكتبه - حنفيه - كميه - كره

....

* أملا الفراغ فيما يأتي مستعينا بالمثال ثم اقرأ :

ولد أولاد

صاحب ....

.... طرق

مكان ....

.... كتب

* أملا الفراغ فيما يأتي مستعينا بالمثال ثم اقرأ :

كلمة كلمات

.... ثلاجات

سيارة ....

.... رحلات

مسلمة ....

فهرس محتويات الاختبار :

_ تركيب الحروف والمقاطع إلى كلمات .

_ توصيل الكلمة بما يناسبها بالعمود المقابل .

_ استخدام الكلمات في إنشاء جمل مفيدة .

_ وضع الكلمة المناسبة في الفراغ المناسب .

_ تقطيع الكلمات إلى حروف.

_ تميز الطالب للمعنى المناسب للكلم

الجزء الأول والثاني

معلومات عامه عن الطالب :

اسم الطالب:	اسم المطبق:
المدرسة:	
صف الطالب:	
تاريخ ميلاد الطالب:	
تاريخ تطبيق الاختبار:	توقيع المطبق:
اليوم والتاريخ:	

* الأهداف المتوخاه من هذا الاختبار :

1- أن يحدد الطالب عدد المنازل بشكل صحيح.

2- أن يمثل الطالب الأعداد بالطريقة التحليلية بشكل صحيح .

3- أن يحدد الطالب القيمة المنزلية لعدد معين بصوره صحيحة .

4- أن يكتب الطالب الأعداد بطريقه صحيحة .

5- أن يمثل الطالب العد القفزي التصاعدي والعد القفزي العكسي على خط الأعداد بصوره صحيحة .

6- أن يقارن الطالب بين الأعداد بطريقه صحيحة .

7- أن يرتب الطالب الأعداد بشكل تصاعدي وتنازلي دون أخطاء .

8- أن يقدر الطالب الأعداد بطريقه صحيحة .

9- أن يدور الطالب الأعداد بشكل صحيح.

10- أن يجمع الطالب الأعداد ويطرحها بطريقه صحيحة.

11- أن يمثل الطالب الكسور بشكل صحيح .

12- أن يجمع الطالب الكسور ويطرحها بشكل صحيح .

13- أن يحدد الطالب وحدات القياس المناسبة لمجموعه من الأشكال بصوره صحيحة

14- أن يتعلم الطالب عملية إجراء الضرب بطريقه صحيحة .

15- أن يتعلم الطالب عملية أجراء القسمة بطريقه صحيحة .

16- أن يتعرف الطالب على الأشكال الهندسية ومسمياتها .

17- أن يتعرف الطالب على طرق جمع البيانات وتمثيلها .

18- أن يتعرف الطالب على التجزئة العشوائية وفرصة الحدوث .

الدرس الأول: الأعداد ضمن 99999

س1: بلغ عدد طلبة مدارس إحدى مديريات التربية والتعليم في احد الأعوام 24937

طالبا ما عدد المنازل في العدد 24937

عدد المنازل =

في أي منزله يقع الرقم 2

س2: مثل الأعداد التالية بالطريقة التحليلية :

$\boxed{}$ + $\boxed{}$ + $\boxed{}$ + $\boxed{}$ + = 23657

$\boxed{}$ $\boxed{}$ $\boxed{}$ $\boxed{}$

+ + + + = 98753

س3: أقرا الأعداد الاتيه ثم حدد القيمة المنزلية للرقم 7 في كل عدد مما يلي:

$\boxed{}$ 1754 $\boxed{}$ 76859 $\boxed{}$ 62375

س4 : اكتب الأعداد التالية بالأرقام واجزئ كل منها بوضع خط تحت كل ثلاث منازل:

- سبعون ألفا وتسعمئة وثلاثون $\boxed{}$

- سنة وتسعون ألفا وخمسمئة وثلاث $\boxed{}$

- ثمانية عشر ألفا وسبعة $\boxed{}$

س5 : مثل الأعداد الاتيه في لوحة المنازل :

17502   59763   78292

$\boxed{\text{الألوف}}$

عشرات الألوف	أحاد الألوف	مئات	عشرات	أحاد

الدرس الثاني : العد القفزي التصاعدي والعد القفزي العكسي

س1: فتحت أمينه حصالتها فوجدت فيها 230 قرشا وذهبت لشراء لعبه فوجدت أن ثمنها 240 قرشا فقررت أن توفر من مصروفها قرشين يوميا لشرائها ، بعد كم يوم يمكنها شراء اللعبة ؟

(استخدم خط الأعداد بحيث تكون الفقرة بمقدار 2)

230 231 232 233 234 235 236 237 238 239 240

س2 : أكمل بالعد عكسيا خمسات على خط الأعداد :

10 12 12 13 14 15 16 17 18 19 20 21 22 23 24 25

3: أكمل :

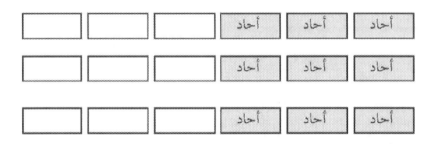

أحاد	أحاد	أحاد			
أحاد	أحاد	أحاد			
أحاد	أحاد	أحاد			

س4: يخصص سعيد مبلغ للمواصلات شهريا 60 دينار إذا كان ينفق ديناران على المواصلات يوميا كم دينارا يبقى معه بعد خمسة أيام ؟

الدرس الثالث:مقارنة الأعداد وترتيبها

س1: جمعت إحدى المحافظات لصندوق الزكاة في احد الأعوام 99645 دينارا، وفي العام الذي يليه 121453 دينارا أي المبلغين أكثر؟

س2: اكتب الرمز المناسب > أو < في

54267	526467	
350462	341572	
132517	231517	

س3: يبين الجدول الأتي عدد سكان ثلاث مدن:

المدينة	عدد السكان
الأولى	314506
الثانية	63516
الثالثة	107531

* أي المدن فيها اكبر عدد من السكان ؟

* أي المدن فيها اقل عدد من السكان ؟

س4: رتب الأعداد الاتيه :

871635 ، 451356 ، 239876 ، 572635

تصاعديا:

تنازليا:

س5: اكتب جميع الأرقام الممكنة التي تجعل المقارنة الاتيه صحيحة :

7280 < | 357280 |

3465 > | 553465 |

496987 = | 6987 |

الدرس الرابع: التقدير والتدوير

أولا: التقدير

س1: قدر عدد المثلثات الموجودة في الصندوق ؟

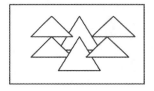

س2: قدر عدد النجمات الموجودة في الصندوق ؟

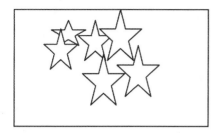

ثانيا: التدوير

س3: دور الأعداد التالية لأقرب عشره ؟

43	253
538	68

س4: لو كان معك 535 قرشا أيهما أكثر صوابا:

أن تقول معي 500 قرش تقريبا

أو أن تقول معي 600 قرش تقريبا

س4: دور الأعداد التالية لأقرب مئه :

192

1941

3856

الدرس الخامس: جميع الأعداد ضمن 999999

س1: أنتج مصنع للاغذايه 245734 قطعة بسكويت في الشهر الأول و 742225 قطعة من البسكويت في الشهر الثاني ما مجموع ما نتجه المصنع في الشهرين ؟

س2: اوجد ناتج ما يلي :

276243
+12354
____

398764
+ 145672
____

= 423154 + 237692

= 331243 + 15762 + 275421

س3: ضع العدد المناسب في   فيما يلي :

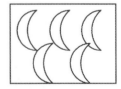

+ 4 6 5 4 2 1
4 5
____
□ 7 7 □ 3

5 8 6 7 5 3
□ □ □ 2 9 +
____
91599 □ □

س4: اوجد ناتج ما يلي :

نماذج من حصص المشاهدات الصفي لتدريس الطلبة ذوي صعوبات التعلم

أولا:

المادة : اللغة العربية

اسم المعلمة : مها آبو نواس

اسم المدرسة : الجلمة الأساسية

الحصة:الأولى

الصف:الثاني الأساسي

الفئة المستهدفة : صعوبات التعلم

نوع التعلم:جماعي   عدد الطلاب: (6)

هدف الحصة :آن يتعرف الطالب على حرف (ج)

التهيئة: قامت المعلمة بتهيئة الطلاب من خلال مسح اللوح وكتابة اليوم والتاريخ .

الأسلوب المستخدم : وزعت المعلمة الدفاتر على الطلبة أولا .ثم عرضت الحرف في بداية الكلمة ووسطها وأخرها عن طريق البطاقات ثم كتبت الحرف على اللوح وطلبت من الطلاب آن ينظروا إلى الحرف المكتوب بالأسهم ثم طلبت من كل طالب لفظ الحرف وكتابته على اللوح ثم عرضت ثلاث بطاقات تحمل

الحرف في أول الكلمة ووسطها وآخرها وطلبت منهم استخراج الحرف في أول ووسط الكلمة .

بعد ذلك عرضت كلمات تحتوي على الحرف(ج)في أول الكلمة وآخرها ووسطها ثم يحدد الحرف في الكلمة ويضع عليها دائرة. ثم طلبت منهم تهجئة الكلمات (جمل، حجر ، جبل)ثم طلبت من الطالب قراءة الكلمة كاملة ووضع اشاره بإصبعه على حرف (ج)في الكلمة ثم طلبت من الطالب تحليل كل كلمه إلى حروفها ثم كتابة الحرف على الدفاتر ثم عززت كل طالب كتب صحيح نجمه وكل دفتر مرتب لتثبيت الحرف أعطت كل طالب ورقة عمل لكتابة الحرف في أول الكلمة وأواسطها وآخرها ثم وضع دائر حول حرف (ج) في هذه الكلمات(جرافه) (جرجير) (جوافة) (جرار).

ثانيا:

المادة اللغة العربية

الصف :الرابع

الحصة :الثالثة

الفئة المستهدفة: صعوبات التعلم

هدف الحصة :آن يقرا الطالب الفقرة الثانية من درس العناية بالأسنان قراءة سليمة بالحركات مراعية علامات الترقيم قراءة صحيحة

تهيئة : تهيئة الدرس من خلال سؤال الطلبة كيفية العناية بالأسنان والوقاية من خلال الفرشاة وتجنب آكل الحلوى .

الأسلوب :قامت المعلمة بقراءة الفقرة أمام الطلبة مراعية علامات الترقيم والحركات وطلبت من الطلبة نسخ الفقرة أثناء الحصة وصححت الدفاتر وطلبت من الطالب قراءة الفقرة من دفتره وقامت بتصحيح الكلمة التي اخطأ فيها من خلال تفصيل الكلمات الصعبة على اللوح وتحليلها إلى حروفها..

كان الطلبة يخطئوا في الكلمات التالية (يمضغه ، وهضمه، ابتلاعه) وتحليل تلك الكلمات إلى حروفها ثم الطلب من الطالب تهجئة الكلمة .ووضع تعزيز على لوحة التعزيز .

وأخيرا طلبت من الطلبة قراءة الفقرة تلو الآخر بعد آن قانت بقراءتها مرة ثانية.

ملاحظة :لم يتم تحقيق الهدف.

ثالثا:

المادة : العلوم

الصف : الأول

الحصة : الخامسة

الفئة المستهدفة :المعاقين سمعيا(الصم)

هدف الحصة: آن يعدد الطالب استعمالات الماء وتوضيح كيفية توفير الماء.

التهيئة والتمهيد: بدأت المعلمة بتقديم الأسئلة للطلبة عن فوائد الماء وذلك من خلال طريقة التوصل بالإشارة بالأيدي والأصابع والنطق أيضا.

ثم طرحت أسئلة لتوضيح استعمالات الماء وإعطاء أمثلة مثل (الطبخ ،الاستحمام).

أيضا استخدمت المعلمة صور الكتاب لبيان كيفية التوفير في المياه .

ثم عرضت على الطلبة مجموعة من الصور تتضمن صور صحيحة وصور خاطئة لاستعمال المياه ثم طلبت من الطلبة وضع اشاره (√)

رابعا:

مركز مؤته للتربية الخاصة

موضوع الحصة : مهارات حسابية

آن يجمع الطالب الأعداد ضمن العدد 9

بدأت المعلمة بمراجعة الأرقام مع الطلبة من 1-10 بطريقة العد الآلي

ثم عرضت الأرقام على الدفتر وطلبت منهم كتابتها وعززت كل طالب كتبها

عرضت مجموعة من الأرقام وطلبت منهم ذكرها

ثم وضعت لهم مسائل رياضية من خلال أشكال أي 4 مربعات + 5 مثلثات
ويستخرج الناتج من خلال عدها مع بعضها

استخدمت المعلمة التعزيز اللفظي والمعنوي وصححت الدفاتر

الدوات المستخدمة :أقلام ، سبورة ،ألوان ،بطاقات ، أشكال هندسية .

خامسا:

مدرسة الجلمة الأساسية

الصف الثالث

هدف الحصة: أن يجمع الطالب أي عددين ضمن العدد99 بنسبة نجاح
100% لوحده دون مساعدة .

التهيئة: بدأت المعلمة بمراجعة الأرقام وتنقلهم الأعداد بطريقة عشوائية من 1-40 .

لم يستطع بعض الطلبة كتابة الأعداد ضمن منزلتين مثل 25 كان يكتبها الطالب 52
أيضا 20 -02

قامت المعلمة بتصحيح الكتابة لتلك الأرقام والشرح للطلبة عن طريقة الكتابة
الصحيحة وطرح أمثلة على ذلك ثم مسحت اللوح وطلبت من الطالب أن يكتب لوحده

ثم عرضت أربعة مسائل من خلال بطاقات واحدة تلو الأخرى مثل كتابة 4 + 5= 9 على البطاقة عرضها على الطلاب وشرح طريقة الجمع 4 أولا ثم 5+ وكتابة هذه المساله على اللوح وحلها أمام الطلاب ثم مسح الإجابة وطلب من الطالب حلها أمام الطلاب مره أخرى ، وقراءة الأرقام الموجودة على اللوح والقيام بعملية الجمع وبعد التأكد من معرف الطالب للأرقام

عززت الطالب من خلال لوحة التعزيز ثم المسالة الثانية وهكذا ...

سادسا:

مركز مؤتة للتربية الخاصة

هدف الحصة : أن يصنع الطالب سندوتش بالزيت والزعتر لوحدة .

أولا:ا بدأت المعلمة بالشرح ماذا نريد أن نفعل .

ثانيا: أحضرت المعلمة المكونات (خبز حمام ، صحن زيت ، صحن زعتر)

ثالثا: أمسكت المعلمة قطعة خبز الحمام وفتحتها أمام الطلبة وكانت عند كل خطوة تنبه الطلبة حتى يروها وهي تعمل وتتكلم وهي تصنعها .

ثم وضعت قليل من الزيت في الخبز بالملعقة ودهنتها .ثم وضعت قليل من الزعتر في الخبز بالملعقة أيضا وكانت حريصة المعلمة على أن لا تتسخ يداها أو الطاولة التي تصنع عليها .

ثم وضعت المكونات أمام الطلبة وأعطت كل طالب قطعة خبز وطلبت منهم أن يصنعوا سندوتش ، وكانت تعزز كل طالب لفظي ثم عززت الطالب الذي صنعها دون أن تتسخ يداه والطاولة بقطعة بسكوت ونجمة على لوحة التعزيز .

سابعا:

مركز التربية الخاصة

الفئة المستهدفة: الإعاقة العقلية البسيطة

هدف الحصة : تمييز الألوان والأشكال (تمييز اللون الأصفر)

وضعت المعلمة الأشكال الملونة أمام الطلبة وبدأت بمسك الشكل ذو اللون الأصفر أمام الطلبة وطلبت منهم ذكر هذا اللون .

كانت تعزز كل طفل أجاب صحيح تعزيز لفظي .

ثم عرضت لهم الأشكال ذات ألوان مختلفة وطلبت من كل طالب آن يخرج الشكل ذو اللون الأصفر ثم طلبت منهم تسمية أشياء ذات لون اصفر مثل (ليمون، موز).

ثم طلبت من كل طالب أن يأخذ شكل هندسي ويطابق مع الشكل المماثل من نفس المجموعة

ثم عرضت صور متفرقة وطلبت منهم أن يطابقوا طل صورة مع الصور المماثلة.

بعد أن أنهت المعلمة من الهدف عززت الطالب تعزيز رمزي بوضع نجمة على لوحة التعزيز .

الأدوات المستخدمة: أشكال هندسية وخشبية ، بطاقات مطابقة، أدوات من البيئة مثل(الدب).

أشركت جميع الطلبة في كافة الأهداف كل حسب قدرته ...

خاتمة

التحدي الأهم بأن تصل إلى نهاية الطريق في مثل هذه الموضوعات، وموضوع التربية الخاصة في الأردن ليس بالأمر السهل، فالكتابة حوله بحاجة إلى مجلدات ، فالموضوعات متشعبه وكثيرة وحاولت جاهداً بأن أضع في الفصول الثمانية خلاصة تجربة عايشتها في عملي الإداري في وزارة التنمية الاجتماعية وعملي الأكاديمي في جامعة مؤته، لقد كان لتسلم جلالة الملك عبد اللـه الثاني جائزة روزفلت الدولية في عام 2007 الحافز الأكبر لانجاز هذا الكتاب وعملت على مدار سنتين وراجعت الكثير من الوثائق الأردنية وتقارير الوزارات حتى حققت هذا المؤلفة لأقدمه إلى القارئ الأردني العربي عن تجربة أردنية رائدة في العمل الإنساني لفئة طالما حلمت في الحياة الكريمة والتي نأمل بأن تحقق طموحاتها في السنوات القليلة القادمة.

و اللـه ولي التوفيق

المراجع العربية والأجنبية:

1- الدستور الأردني، مجلس الأمة
2- الاتحاد العام لجمعيات الخيرية، تقارير سنوية، عمان، الأردن
3- المجلس الأعلى للأشخاص المعوقين (2007) قانون الأشخاص المعوقين، الجريدة الرسمية عمان.
4- المجلس الوطني للمعوقين (1993) قانون رعاية المعوقين، الجريدة الرسمية، عمان.
5- الروسان ، فاروق (2007)سيكولوجية الأطفال غير العاديين، دار الفكر ، عمان.
6- الميثاق الوطني الأردني (1990)، عمان .
7- الغرير، احمد(2008) تطبيقات في التربية الخاصة، دار الشروق ، عمان، الأردن.
8- الغرير، احمد(2008) وسائل وأجهزة تعويضية للمعوقين، دار الشروق، عمان، الأردن.
9- بلال عودة(2008) الإشراف في التربية الخاصة ، دار الشروق ، عمان
10- قانون وزارة التربية والتعليم 1988، الجريدة الرسمية، الوزارة.
11- الصندوق الأردني الهاشمي، التقارير السنوية، عمان.
12- وزارة التربية والتعليم، التقارير السنوية، عمان..
13- وزارة التنمية الاجتماعية، تقارير سنوية 1970-2007، مكتبة الوزارة،. عمان.

14- Hallahan,D & Kauffman, J(1994) Exceptional children, Hall-inc Englewood, cliffs, Newberys USA

15- American Psychiatric Association. (1994). Diagnostic and statistical manual of mental disorders (4th ed.). W,D C: Author.

16- Thorndik,L,M, et,al,(1991)Measurement and Evaluation in ,Mazewell-Macmillan International, Psychology and Education

Printed in the United States
By Bookmasters